教科书的力量

革命根据地中小学教科书的抗战社会动员研究

李新　杨杨　著

时代出版传媒股份有限公司
安 徽 教 育 出 版 社

图书在版编目（CIP）数据

教科书的力量：革命根据地中小学教科书的抗战社会动员研究 / 李新，杨杨著. —合肥：安徽教育出版社，2022.9

ISBN 978-7-5336-9782-2

Ⅰ.①教… Ⅱ.①李… ②杨… Ⅲ.①革命根据地-抗日战争-政治动员-教材-研究-中小学 Ⅳ.①G633.202

中国版本图书馆 CIP 数据核字（2022）第 144485 号

教科书的力量：革命根据地中小学教科书的抗战社会动员研究

JIAOKESHU DE LILIANG: GEMING GENJUDI ZHONGXIAOXUE JIAOKESHU DE KANGZHAN SHEHUIDONGYUAN YANJIU

出 版 人：费世平
策划编辑：文 乾
责任编辑：文 乾
装帧设计：阮 娟
责任印制：陈善军

出版发行：安徽教育出版社
地 址：合肥市经开区繁华大道西路 398 号 邮编：230601
网 址：http://www.ahep.com.cn
营销电话：(0551)63683012，63683013
排 版：安徽时代华印出版服务有限责任公司
印 刷：合肥市宏基印刷有限公司

开 本：710 毫米×1010 毫米 1/16
印 张：15
字 数：230 千字
版 次：2022 年 9 月第 1 版 2022 年 9 月第 1 次印刷
定 价：48.00 元

课本的力量（代序）

80多年前，经过万里长征，中国共产党领导下的中央红军拼死抵达陕北时，已经只剩下不到1万人了。在艰苦卓绝的烽火岁月中，在交通不便的黄土大地上，弱小的中国共产党凭什么成为千百万民众心中的太阳？谁架起了共产党的理想与农民现实主义之间的桥梁？共产党靠什么动员民众、赢得民心？共产党何以将奋斗目标构建为广大工农群众内心深处的信仰？

没有现代媒体可以依靠。

重要的是依靠学堂，依靠课本。

课本的影响力虽不及政治类文本来得猛烈，但与之相比更加持久、更加深远。正因为课本有力量，中国共产党从成立之日起，就以其敏锐的斗争意识和深邃的政治眼光，创造性地运用课本这一思想宣传利器，将党的理想熔铸其中，上演了一出通过小课本进行大宣传的历史剧，帮助自身从一个弱小的政党华丽转身为世界上第一大执政党。

研究表明，党自成立之日，即以马克思主义为指导，认识到政治宣传的重要性，将舆论引导作为动员民众的主要方式。党的创始人陈独秀、李大钊、毛泽东等，都把宣传教育作为党建的首要工作。毛泽东历来既倚重“枪杆子”，也倚重“笔杆子”。他曾经总结道：“我们共产党人闹革命，几十年了，就是靠造舆论。”①在古田会议上，毛泽东撰写了《红军宣传工作问题》一文，提出“红军的宣传工作是红军第一个重大工作”。

建党前后，党进行宣传引导的方式集中在办杂志和报纸上，《新青年》就是其中的典范。但报刊的读者都是读书人（主要是家庭条件相对较好的城里人），对于识字很少的人、家境贫寒的人，特别是广大农村的青少年儿童，报刊并不是最有效的宣传教育工具。依靠普及面更广、权威性更强的课本，实现对民众的发动，是中国共产党人又一重要策略。

课本对大众的影响力不如政治宣言来得直白，但受千百年来尊师重教的儒家文化和科举制度的影响，课本被认为是最经典、最权威的圣贤之书，在民众中比一般读物的影响力更深刻、更久远。而且，它们是发行量最大的读物。② 尤其在农村，课本几乎是广大民众唯一能够接近的“师者”，是最可

① 李德生. 李德生回忆录[M]. 北京：解放军出版社，1997：373.

② 如《新青年》创刊后的一年多时间里，发行量多徘徊在1000册左右。最高记录是1917年“发行量达到一万六千多份”（张静庐辑注. 中国近代出版史料（二编）[M]. 北京：中华书局，1957：315—316）。与教材相比，这一数字几乎可以忽略不计。仅1949年春季，东北解放区发行了小学教材770余万册，华北解放区发行了500余万册（袁亮. 中华人民共和国出版史料[M]. 北京：中国书籍出版社，1995：117）。

靠的“智者”。党早期负责宣传的凯丰说过:“正确地组织苏维埃的出版事业,是党和苏维埃政府一个最重要的武器。”[1]确实,课本即武器。毛泽东高度重视课本的作用,亲自指导苏区教材建设。1942年,他在延安得知凯丰、徐特立、范文澜编写的文化课本即将面世,欣然提笔作序,认为是打了一个“大胜仗”[2]。枪林弹雨的年代,把一本薄薄的课本的面世视为打了一个“大胜仗”,这是多么看重课本的武器般的作用!事实上,一个诞生于艰难困苦之中且处处被打压的政党,欲赢天下,先赢民心。中国共产党人做到了,用散发着泥土味的课本!方志敏在苏区看到:“开头,苏维埃三个字,有许多人不懂得。现在,苏区内的儿童团员,都懂得苏维埃政府是工农劳苦群众自己的政府。”[3]这足以彰显课本的力量。

课本凝聚着厚重文化的力量。中国千百年的传统文化就是重学堂、重书本的文化。我们把教师称为“教书先生”,我们把教师的教学称为“教书”,我们把孩子去上学称为去“读书”。万般皆下品,唯有读书高。这个书,更多的是科举书、考试书、学堂书,也就是我们今天所讲的教科书,即课本。课本历来就是广大民众最信赖的智慧之书、信仰之书、圣贤之书。所以,今天,人们将正确完美的系列行为形容成“教科书级”的做法(例如“教科书级的自救”“教科书级的救人”“教科书级的报警”等);今天,人们见惯了其他类图书存在大大

① 凯丰.凯丰文集[M].南昌:江西人民出版社,2008:70.
② 凯丰,徐特立,范文澜等.文化课本[M].华中新华书店二分店翻印,1948:序.
③ 方志纯.赣东北苏维埃创立的历史[M].北京:人民出版社,1980:5.

小小的问题与不足，却很难容忍教科书有瑕疵。教科书的瑕疵，随时可能引起舆情呼啸。

课本的力量源于它们是最接地气、最具普及意义的智慧源。革命根据地时期，极少有读物能够像课本那样深入到社会底层。在这一点上，课本几乎成了近百年前广大农村的“元媒介”“元智慧”。中国共产党人知道如何把党的政策与农民的切身利益结合起来，知道怎么将共产主义的伟大目标翻译成农民能理解的朴实语言。根据地的课本抛弃了繁文缛节和鹦鹉学舌，前所未有地与民众亲近，长期受压迫的农民的大量通俗语言进入其中——而这一点是国统区课本没有实现的。

正是这种课本，架起了党和千百万农民之间的桥梁，成为党的最有效的宣传工具和动员媒介。[①] 孩童在学堂学习课本、在家中翻阅课本并向家长传递课本知识的过程，本质上成为共产党进行入心入脑的政治动员的过程，成为对根据地乡村社会意识形态改造和重塑的过程。正是通过薄薄的课本，根据地千百万少年儿童以及他们的家长，有生以来第一次受到了系统的政治文化洗礼。与此同时，共产党的政治信念和话语体系也开始为农民所了解、所接受。事实上，翻身、解放、分田地、做主人、共产党、毛泽东……这类术语，一旦被民众咀嚼成碎片，碎成农民田间地头、茶余饭后熟悉的口头语言时，中国共产党就已经赢得了民心，而唯有赢得民心，才

① 石鸥，吴驰. 中国革命根据地教科书的政治宣传效应[J]. 教育学报，2011(3).

能赢得天下。

共产党赢了,中国的政治版图变了。依靠课本在其中起重要作用的各种力量,共产党“成功地在根据地的农民心目中确立了自己牢不可破的正统感”,“瓦解了当时还是正统国家政权的代表者国民党政府的权威,到了1945年抗战胜利时,在根据地农民心目中,蒋委员长的地位已经被毛主席完全取代了”。[①] 结局很快被验证:抗战胜利后,在解放战争中,国民党兵败如山倒,共产党率领广大人民群众向着新中国阔步走去。

那么,中国共产党在极度艰苦的抗战时期,在贫瘠的广大农村,到底是如何利用课本发动民众、赢得民众支持、赢得抗战胜利的?十几年来一直深耕于教科书研究的李新博士给出了他的答案。在《教科书的力量:革命根据地中小学教科书的抗战社会动员研究》一书中,他力求为分析这些问题提供特定的角度。作者以我收藏的革命根据地中小学教科书实物为主要研究对象,在对全面抗战时期革命根据地中小学教科书的发展状况进行系统梳理的基础上,对教科书社会动员的一般特征、过程与类型进行了较为全面的阐述,指明了革命根据地中小学教科书抗战社会动员的指导思想与目标定位,分析了根据地教育工作者为发挥教科书抗战社会动员作用所做的种种努力。最后,作者对根据地教科书抗战社会动员的效果进行了评析,并总结了若干特点及经验教训。

① 张鸣.乡村社会权力和文化结构的变迁(1903—1953)[M].西安:陕西人民出版社,2008:223—224.

党的革命根据地教科书，不仅是党从弱到强的历史记录，更是党的历史的一部分，是红色文化中的宝贵精神资源。这是值得创造性继承的资源，是值得进一步挖掘、整理的资源，期待更多的学人关注这一资源及其蕴含的丰富意义。

石　鸥

2022 年 7 月 12 日于北京学童书斋

目　录

引　言………………………………………………………………………… 1

第一章　全面抗战时期革命根据地中小学教科书发展概述………… 7

第一节　全面抗战时期革命根据地中小学教科书的发展历程……… 8

第二节　全面抗战时期革命根据地中小学教科书的出版与发行 … 24

第三节　全面抗战时期革命根据地中小学教科书的编审 ………… 50

第二章　教科书社会动员的理论阐释 …………………………… 59

第一节　社会动员与教科书社会动员 …………………………… 60

第二节　教科书社会动员的一般特征 …………………………… 73

第三节　教科书社会动员的过程与类型 ………………………… 78

第三章　革命根据地中小学教科书抗战社会动员的指导思想与目标定位 ······ 89

第一节　教科书抗战社会动员的指导思想 ······ 90

第二节　教科书抗战社会动员的目标定位 ······ 102

第四章　革命根据地中小学教科书抗战社会动员的主要内容 ······ 117

第一节　革命根据地中小学教科书的抗战政治动员 ······ 118

第二节　革命根据地中小学教科书的抗战经济动员 ······ 137

第三节　革命根据地中小学教科书的抗战文化动员 ······ 155

第四节　革命根据地中小学教科书的抗战军事动员 ······ 169

第五章　革命根据地中小学教科书抗战社会动员的效果与评估 ······ 187

第一节　革命根据地中小学教科书抗战社会动员的效果评析 ······ 188

第二节　革命根据地中小学教科书抗战社会动员的特点剖析 ······ 197

第三节　革命根据地中小学教科书抗战社会动员的经验教训 ······ 204

结　语 ······ 217

参考文献 ······ 221

后　记 ······ 231

引　言

2020年6月27日，著名电影表演艺术家于蓝去世，享年99岁。她曾在轰动一时的电影《烈火中永生》中饰演江姐一角，使“江姐”的形象通过电影得到了广泛的传播。回首于蓝的一生，“抗战”在她身上留下了永久的烙印。作为在延安文艺座谈会精神指引下成长起来的一代演员，她慢慢明白“文艺能唤醒民众参加抗日”。诚然，电影、小说等文艺作品确实具有非常强大的社会动员力量，尤其是在革命战争年代，这种社会动员价值更加凸显。那么，除了电影、小说之外，学生人手一册的教科书，是否也具有这种社会动员作用呢？从一本本泛黄的教科书中，我们能否解读出一些时代的密码，窥见它的社会动员价值？这值得我们研究。

革命根据地中小学教科书的抗战社会动员研究需要重点解读三个关键词，即抗日根据地、教科书、社会动员。

敌后抗日根据地（简称抗日根据地），是抗日战争时期由中国共产党领导的八路军、新四军、华南人民抗日游击队和其他抗日军队在日寇占领区开辟的革命根据地。到抗日战争后期，中国共产党创建了包括陕甘宁、晋察冀等在内的大小19块根据地，根据地人口也由最初的150万人发展到1亿人，中国共产党领导的革命武装力量由抗日战争初期的4万人发展到120万人。[①] 在世界反法西斯战争中，中国共产党领导的抗日根据地广大军民

① 李松林. 中国国民党史大辞典[M]. 合肥：安徽人民出版社，1998：629.

为打败日本侵略者作出了巨大贡献，也为随后进行的解放战争取得胜利奠定了坚实基础。

抗日根据地的发展与抗战大环境的变化密切相关。正如毛泽东所言："中国人民的抗日战争，在1931年就开始了。"[①]从1931年到1945年，中国人民的抗日战争经历了14个春秋。1931年到1936年为局部抗战时期，这一时期的抗战主要发生在东北、华北和上海等地，其开始的标志是九一八事变。九一八事变既是中国人民抗日战争的起点，同时也揭开了世界反法西斯战争的序幕。1937年到1945年为全面抗战时期，中国人民全面抗战的开端是七七事变（又称卢沟桥事变）。本书所指的"抗日根据地""革命根据地"均特指全面抗战时期（1937年七七事变至1945年抗战胜利），在中国共产党领导下的革命根据地。这主要是基于以下几方面的考虑：其一，课题设计和论证时主要以全面抗战时期为时间跨度；其二，土地革命战争时期和局部抗战时期中国共产党领导下的革命根据地编撰的教材数量较少，流传下来的就更加稀缺，可供研究的资料相对匮乏，所以我们将研究的时间段界定在全面抗战时期；其三，全面抗战时期敌后抗日根据地的教科书抗战宣传意味更加浓厚，更有利于凸显教科书的抗战社会动员价值。需要说明的是，因为抗日根据地教科书有一个基本的承继关系，所以我们的论述会稍微往前或者推后一小段时间，以保证研究内容的连续性。

全面抗战时期经历了战略防御、战略相持和战略反攻三大阶段，与之相适应，抗日根据地经历了稳固、发展、整顿和强化的过程。抗日根据地的建设重心因抗战处于不同阶段而有所不同，到抗战处于相持阶段时，抗日根据地的文化教育事业才有一个相对稳定的改革发展环境。在整个抗战过程中，根据地需要不断加强军事保障、推动经济发展、促进文化教育变革，以此适应抗日战争的需要。

教育领域的变革是从课程教材领域开始的，尤其是教科书改革。一般认为教科书是根据教学大纲（或课程标准）编制的、系统反映学科内容的教学用书。教科书主要用于满足学生的学和教师的教。从教师的角度看，这

---

① 毛泽东．毛泽东选集（第三卷）[M]．北京：人民出版社，1966：935．

是一种“教材”;而从学生的角度看,这是一种“学材”。二者的目的都统一于“教学”。有学者提出了现代意义的教科书标准,认为现代教科书应该以现代学制为基础,根据学制,按学年、学期分门别类编写、出版,同时配套教授书或者教学法、教学参考书。① 由于抗日根据地教科书的特殊性,有些仅有教材而没有配套的教授书,有些甚至是学校自编的临时课本,如果按以上严格意义上的教科书定义,那么抗战时期革命根据地的“教材”不能都算教科书。因此,我们将教科书的涵盖范围扩大,抗日根据地的中小学教科书,主要是抗日根据地中小学校学习所用教材,包括了正式编撰出版的教材和部分学校自编教材。需要特别说明的是,各抗日根据地的中等学校类型较多,有陕甘宁边区的鲁迅师范学校、边区师范学校、三边师范学校等中等师范学校和一些中等农业学校、干部培训学校,也有诸如边区中学、延安中学、陇东中学、新米脂中学、子长中学等普通中学。这些中等学校在开设普通班、接收小学毕业生的同时,普遍增设了“地干班”,用于培养地方干部。② 我们的研究无法关注到所有中等学校,主要涉及的是普通中等学校的教科书。此外,在当时文盲率将近95%的情况下,高级小学毕业生就已经称得上“知识分子”,能够作为小学师资储备,甚至充实到干部队伍中。所以,抗日根据地中小学从数量上看,小学占绝大多数,而中学数量非常少,留存下来的中学教科书就更加稀少。鉴于此,我们研究的教科书文本来自初级和高级小学的居多,也有部分普通中学教科书。

抗日根据地中小学教科书的历史价值可以从多个角度进行挖掘,其中社会动员价值就是一个非常重要的维度。所谓社会动员是一个国家、政党以及社会组织,借助一定的动员工具,从国家和民族利益出发,广泛发动各种思想或者政治宣传,获取社会资源、发动社会成员参与社会活动,进而促进社会成员在思想观念或者行为方面发生预期的改变,从而实现既定目标的行为和过程。简而言之,社会动员就是动员主体通过动员中介,以高强度的宣传与组织活动,使得被动员客体的态度、期望、价值观与行为等发生预

① 石鸥.最不该忽视的研究——关于教科书研究的几点思考[J].湖南师范大学教育科学学报,2007,6(5).

② 董纯才.中国革命根据地教育史(第三卷)[M].北京:教育科学出版社,1991:456.

期改变的活动。教科书作为一种社会动员的载体，在社会动员过程中有其独有的特点。这是由教科书及教科书所承载内容的特点所决定的。作为学校教学用书，它有最广泛的受众群体——儿童和青少年，这些受众与一个个家庭相联系，串联起了整个基层社会。通过对教科书的学习，基层社会的分散群体有了组织的可能。因此，教科书具有独特的社会动员意义和价值，尤其是在抗日战争这一特殊的历史时期。在知识极为缺乏的抗日根据地，需要动员边区人民积极抗战、指导边区社会生产、提升边区人民的知识文化水平，教科书的地位和价值就更加凸显。这时的教科书就好比士兵手中的"刀枪"。

综上所述，将"抗日根据地""教科书""社会动员"三个关键词关联起来，我们就会发现，中国共产党在抗日根据地内以中小学教科书为媒介，开展了政治、经济、文化和军事的广泛动员。教科书起到了非常重要的抗战社会动员作用，这就是我们研究的总逻辑。在这一研究总逻辑的框架之下，我们按照抗日战争发展的三个历史阶段，详细梳理了抗战时期革命根据地教科书发展的历程，论证了其抗战社会动员的指导思想和目标定位，进而从抗战的政治动员、经济动员、文化动员和军事动员四个维度阐释了革命根据地中小学教科书的抗战社会动员内容，评析了其抗战社会动员的效果、主要特点和经验教训。

遗憾的是，在此前的研究中，革命根据地中小学教科书的抗战社会动员的问题，一直被研究者们有意或者无意地忽略。梳理已有研究可以发现，目前关于各个抗日根据地的政治、经济、军事、教育等的研究已经较为丰富，尤其是对中共中央所在地(陕甘宁边区)的研究更是汗牛充栋；但是，从基础教育教科书的视野切入，探讨学校教科书在抗战社会动员方面的研究少之又少。究其原因是，有些研究者认为小小的课本能起到的作用有限，不需要给予太多的关注。当然，还有一个非常现实的原因在于，抗日战争时期的教科书由于年代久远，加之当时战乱频仍，保存下来的实物非常少，而各大图书馆又很少收藏教科书，且所收多为"珍藏本"，极少对外开放。上述原因使得中国共产党领导下的革命根据地的宝贵财富——中小学教科书被尘封起来，不论是党史研究者还是教育研究者，都较难触及。

我们疾呼，应该积极收集和整理根据地出版的教科书，它们是非常宝贵的史料，同时也应积极关注教科书在中国共产党发展历程中的价值。抗日战争是中华民族生死存亡的转折点，这场旷日持久的反侵略战争之所以能取得胜利，与中国共产党人带领广大人民群众共同抗战密不可分。但是，已有的关于抗日根据地的研究大多是一种宏大叙事的思路，较多关注上层精英和重大事件，很少有人从学校教科书的角度，深入挖掘抗日根据地众多教科书所起的作用，而这恰恰是不可忽视的研究。教科书是当时抗日根据地学生和群众的重要知识来源，它们塑造着人们的思想，指引着人们的行为。由于留存至今的抗日根据地教科书相对稀少及一些研究者本身的偏见等，抗日根据地教科书研究进展缓慢。

我们认为，革命根据地中小学教科书具有不可忽视的抗战社会动员价值。“学堂如战场，课本似刀枪。”艰苦卓绝的抗日战争，不仅体现在惨烈的战场上，还体现在薄薄的教科书中。教科书的价值和作用还远没有被挖掘出来。① 中国共产党在抗战的特殊时期，借助教科书宣传了抗日政策、普及了抗战常识、传播了党的思想。中国共产党人以敏锐的革命意识和深邃的历史眼光，发动了一场声势浩大的抗战社会动员，而这场社会动员的中介之一，恰恰是小小的课本，是看起来不那么重要的教科书。

80 多年前，抗战时期革命根据地的教科书宣传着“好男儿，要走上疆场，为国家杀敌，那才是荣光”，尽管纸质低劣、印刷粗糙、字迹模糊、版本不一，但是作用巨大。中国共产党人成功动员了千千万万的民众，将日本帝国主义置于人民战争的汪洋大海之中，小小的教科书功不可没。循着这一思路，我们系统收集和整理抗战时期的教科书，希望通过研究抗日根据地中小学教科书，来探索中国共产党人抗战社会动员的艰辛历程以及中华民族最终取得抗战胜利的奥秘。

① 石鸥．红色星火——中国革命根据地教科书[M]．广州：广东教育出版社，2016：序．

第一章　全面抗战时期革命根据地中小学教科书发展概述

中国人民的抗日战争经历了14个春秋。从1931年到1936年为局部抗战时期，其开始的标志是九一八事变；1937年到1945年为全面抗战时期，其开始的标志是七七事变。抗日根据地教科书发展的基本脉络与抗日战争的发展脉络基本一致。全面抗战爆发前，根据地编写的教科书数量较少，留存下来的教科书实物更是奇缺，并且书中关于抗日战争的内容涉及较少。

因此，本研究集中考察1937年至1945年全面抗战期间，革命根据地中小学教科书的抗战社会动员问题，重点梳理此时期革命根据地中小学教科书的发展历程及其出版、发行等基本情况。

第一节　全面抗战时期革命根据地中小学教科书的发展历程

关于全面抗战时期的阶段划分，存在“三阶段说”“两阶段说”“三期七阶段说”等不同观点。[①] “三阶段说”以战争形态的变化来划分抗日战争的阶段，它将抗日战争分为战略防御阶段、战略相持阶段和战略反攻阶段。这种划分方式最早可以追溯到1938年5月毛泽东的《论持久战》和《抗日游击战争的战略问题》两篇文章。《论持久战》提出，抗日战争将经历“敌之战略进攻、我之战略防御时期”，“敌之战略保守、我之准备反攻时期”，“我之战略反攻、敌之战略退却时期”三阶段。[②] 这一观点在1938年11月中共六届六中全会《中共扩大的六中全会政治决议案》中得以明确表述：“在敌方为进攻—相持—退却，在我方为防御—相持—反攻。”[③]这一划分方式是目前为止多数学者认可的传统划分方法。[④] 从具体时间段来看，战略防御阶段从1937年7月卢沟桥事变到1938年10月武汉、广州失守，共1年4个月时间；战略相持阶段从1938年11月至1943年12月，这是抗日战争各阶段中时间最长、作战最艰苦的阶段；战略反攻阶段从1944年1月至1945年8月，八路军、新四军开始由游击战为主向运动战为主转变，各解放区于1944年接连发动了对日军的进攻，攻克日军占领的据点和城市，抗击着64%至69%

① 黄华文.抗日战争史[M].武汉：湖北人民出版社，2007：17.

② 毛泽东.毛泽东选集(第二卷)[M].北京：人民出版社，1991：462—468.

③ 中共扩大的六中全会政治决议案//中共中央文件选集(第十一册)[M].北京：中共中央党校出版社，1991：748.

④ 黄华文.抗日战争史[M].武汉：湖北人民出版社，2007：17.

的侵华日军和95%的伪军。[①] 鉴于此，我们也以此三阶段划分教科书的发展历程。

需要指出的是，抗日战争形态的转变具有较明显的标志，但是根据地教科书的出版和改编具有一定的滞后性。因此，一些抗日根据地教育问题研究专家就提出了不同的划分思路，如中国革命根据地教育史研究专家、华东师范大学陈桂生教授就认为，从教育学的角度，抗日根据地的发展分为三个阶段：第一阶段，从1937年7月到1940年底，这是抗日根据地形成与初步发展的阶段；第二阶段，自1941年至1942年底，是为巩固根据地而斗争的阶段；第三阶段，从1943年春开始恢复、1944年局部反攻直到1945年抗日战争胜利。[②] 这样的划分也有其道理，但是本研究侧重将教科书作为社会动员的媒介来分析，教科书与社会环境联系更为紧密，因此我们选择以战略防御、战略相持和战略反攻的大时代环境来划分教科书的发展阶段。我们在讨论各阶段教科书的发展时，可能会存在一些向前或向后适当推延的情况，在具体论述或者举例说明时可能略早于1937年或者略晚于1945年。

一、逐步正规化：战略防御阶段的教科书发展(1937—1938)

(一)战略防御阶段的教育形势

1937年，以七七事变为开始标志的全面抗战爆发后，中国共产党领导人民军队深入敌后，开辟多块敌后抗日根据地，积极抗战。在抗日根据地，虽然抗战形势严峻，但是中国共产党依然非常重视学校教育的发展。根据地建立后，广大军民迅速整顿并且恢复了学校教育。尤其是在一些战乱较少、社会相对稳定的地区，党的教育事业在艰难的环境下蓬勃发展起来，学校的学制、课程设置以及教科书的编写都在逐步规范。

抗日根据地虽然条件极其困难，但是依然将发展教育作为最重要的事项。边区政府在经济非常困难的情况下，依然将25%以上的经费用来发展

① 中国第二历史档案馆，《中国抗日战争大辞典》编写组. 中国抗日战争大辞典[M]. 武汉：湖北教育出版社，1995：500.

② 陈桂生. 中国革命根据地教育史(中)[M]. 上海：华东师范大学出版社，2016：3.

教育事业。[①] 虽然25%以上的经费都投给了教育，但是由于总的基数较小，教育经费依然捉襟见肘。在贫穷的抗日根据地，在民族危难之际，发展好的教育成为一个非常紧迫的任务。[②] 中国共产党审时度势，分析当时的教育形势，认为边区原有的传统的旧式教育与人民生活脱节，使得人民对教育提不起兴趣。1922年新学制实施后，走资本主义道路的教育依然不符合当时中国的需要，不符合抗日特殊历史时期的需要，也不符合农村教育发展的需要。因此，在战时不能沿袭传统的教育和课程制度，必须尽快实现教育和课程教材的改革。[③] 由此，根据新形势的需要，中国共产党认真总结了中央苏区的教育经验，对原有的教育方针进行了调整，形成了新的教育方针。

1937年7月，中国共产党在《抗战宣言》中指出："全中国人民、政府和军队团结起来筑成民族统一战线的坚固长城，用全力援助神圣的抗日自卫战争，抵抗日寇侵略。"[④]同时进一步强化了教育与战争的结合，号召全国青年把民族独立、抗击日寇的责任担当起来，提高文化水平和政治能力，增强国防意识，从而为抗战提供优秀的人才。1937年8月，中共中央在洛川会议上通过了《抗日救国十大纲领》，其中的"抗日的教育政策"提出"改变教育的旧制度旧课程，实行以抗日救国为目标的新制度新课程"。1937年11月，《新中华报》发表的《陕甘宁特区政府施政纲领》指出："实行国防教育，实施普及的义务的免费的教育，提高人民民族觉悟的程度。"1938年4月，在陕甘宁边区国防教育会上，毛泽东进一步指出："应该用全力来应付抗战，教育来支持抗战。目前的抗战是规定一切的东西，我们的教育也要听抗战的命令。这就叫做抗战教育。"[⑤]根据以上精神，中国共产党积极创办教

① 陕甘宁边区财政经济史编写组.抗日战争时期陕甘宁边区财政经济史料摘编：第六编财政[C].西安：陕西人民出版社，1981：473.

② 石鸥，曾艳华.小课本大宣传——根据地教科书研究之一[J].湖南师范大学教育科学学报.2010，9(5).

③ 根据地普通教育的改革问题(1944年4月7日《解放日报》社论)//教育科学研究所筹备处.老解放区教育资料选编[M].北京：人民教育出版社，1959：12.

④ 邓光荣，王文荣.毛泽东军事思想辞典[M].北京：国防大学出版社，1993：666.

⑤ 皇甫束玉等.中国革命根据地教育纪事(1927.8—1948.9)[M].北京：教育科学出版社，1989：130.

育，推行教育为抗日战争服务、教育与生产劳动相结合的总方针。①

在抗日根据地从事教育工作的郝晋瑞回忆："根据地当时的中心任务是：一切为抗日战争服务。口号是'抗日高于一切，一切为了抗日'……这也是当时根据地搞教育、办学校总的指导思想。"②与此同时，抗日根据地提出了尽快普及义务教育的要求，1938 年 10 月，毛泽东在党的六届六中全会上提出的应该"办理义务的小学教育"，③正是中国共产党高度重视根据地教育事业发展的表现。根据地的教育事业在全面抗战爆发初期虽然发展艰难，但是克服了诸多困难，总体上朝着正规化的方向发展。

（二）教科书逐步正规化的历程

为了适应全面抗战的需要，中国共产党必须迅速建立起适应特殊时期的学校教育体系。因此，伴随着学校教育的发展，教科书的统一势在必行。全面抗战初期，根据地教科书的类型较为复杂，传统教材（如《三字经》《千字文》《百家姓》等蒙学教材）还在根据地使用，这些旧课本起到了应急的作用，但是显然不是长久之计。为了应对学校教材发展的需要，各个学校通过各种途径解决教材缺乏问题。有些学校采用报纸杂志上的文章作为学校教材，把《新中华报》《边区教师》等报纸杂志上的文章或者口号作为补充教材。

为了推进教科书的正规化，1937 年 4 月，中国共产党领导下的革命根据地颁布了《小学教育制度暂行条例草案》和《关于群众的文化教育建设草案》，对根据地小学教育和群众教育的课程、教材、学时、学制等作出详细规定。其中，《小学教育制度暂行条例草案》部分内容如下：

小学教育制度暂行条例草案④

第一章　基本原则

第一条　对于小学教育的建设不仅要根据一般的儿童的特点，尤其要根据目前国难时期儿童的特点用客观的具体的分析来

① 高华. 试论延安教育的价值和意义[J]. 江苏社会科学. 1999(6).

② 郝晋瑞. 抗日根据地的小学教育[J]. 山西教育科研通讯，1982(4).

③ 阎树声等. 毛泽东与延安教育[M]. 西安：陕西人民出版社，1993：31.

④ 小学教育制度暂行条例草案[N]. 新中华报，1937 年 4 月 29 日.

进行儿童教育。

……

第二条　儿童在或迟或早的时期将是无阶级社会的主人，目前应该一切儿童不分男女、成分施以同等免费的教育，更要特别注意的是，在历史上被排除在教育外的女儿和贫民子弟。

第三条　在集体的分工、合作、会议、批评中，吸收他人的新意见、新方法以发展每一个儿童的天才，同时每一个儿童在群众中加强他们的纪律性和组织性。

第四条　读书和工作，校内和校外，亲密联系着，使儿童一切活动都含有教育意义，使一切教育都是领导儿童的活动。

第五条　依照信教个人自由的原则，学校不得列入宗教科目和孔子的经学。

第二章　编制

第六条　目前的编制不过是一个基本的规定，同时要在各种不同的经济文化条件和民族革命战争的特殊环境中，在一定的基础上须有若干临时的变更和补充。

第七条　从满七岁至十二岁为学龄，修业期间共计五年，分为前后两期……在前期必须修完最基本的课程，使之有升学和服务的两种出路。

……

第三章　课程

第十七条　为着学习时间的经济和思想科学化，一般课程的规定必须体系化，同时在儿童工作方面采用设计教学法以破除体系中凝固的部分，以充分地配合抗日和民主的运动。

第十八条　校外的非书上的及其他一切没有列入课程中而有一般教育意义的和民族解放意义的活动，需在学年历月历周中适当编入，与有体系的课程有机的联系着。

《小学教育制度暂行条例草案》要求不分男女、成分，实施免费教育；要从民主的、具体的生活中来发展他们的天才；要把读书和工作、校内和校外密切联系；学校不得列入宗教科目和孔子的经学等。由此可见，全面抗战爆发前夕，中国共产党就已经意识到了教育和教科书的重要性，提出了施行义务教育和统一课程教材的计划。同时我们注意到，虽然此时离抗日战争全面爆发还有几个月，但是当时的抗日形势已经较为严峻，中国共产党在公开的文件中已经进行了宣传和动员，明确使用了“抗日”二字，且申明了配合“抗日”的要求。

同时期颁发的《关于群众的文化教育建设草案》(以下简称《草案》)驳斥了教育和战争对立论，并在此基础上提出了停止内战、大规模准备抗日战争的要求，同时将实施民族解放和民主政治作为教育的核心内容，并将这一内容适时有效地融入教科书之中。《草案》提出了采取夜校、冬学、巡回训练班、识字促进会和识字组等形式迅速扫除文盲，要求各地教材由各地办事处教育部统一编印。①

到 1938 年，各根据地课程教材基本实现了制度化，这为教科书的后续发展奠定了坚实基础。抗战初期的课程教材制度化是以各根据地相关教育法规的形式予以规范的。如 1938 年初，陕甘宁边区教育厅在《抗战时期小学应该注意的几个工作》的通告中指出，边区小学需要使学生对抗战的形势和抗战的工作有初步了解，主要是防空、防毒、反奸、反土匪等。② 通告还提出，抗战时期小学实行军事化、加强团体纪律，课程重心转移到统一战线和抗战政治的教育，课外组织学员参加抗战动员工作。1938 年 2 月到 8 月，陕甘宁边区教育厅组织编写的第一套小学课本陆续出版发行。1938 年 8 月颁布的《陕甘宁边区小学法》规定，边区小学依照边区国防教育宗旨及实施原则，以发展儿童的身心，培养他们的民族意识、革命精神及抗战建国所必需的基本知识技能；小学课程由边区教育厅规定，教材一律采用教育厅编辑和审定的课本及补充读物。

如 1938 年 1 月，晋察冀边区颁布法规提出恢复各类小学教育工作，编

---

① 陕西师范大学教育研究所. 陕甘宁边区教育资料·社会教育部分(上)[M]. 北京：教育科学出版社，1981：3—6.

② 吴洪成等. 中国近现代教科书史论[M]. 北京：知识产权出版社，2017：431.

订各类救亡读物和教材。1938年2月,晋察冀边区《边委会通知本区域内小学开学办法数条》中规定:“学校课本,一、二年级由边委会编定令发,三年级以上者,仍用教育部审定课本,由边委会编定补充教材。但在边委会未编定以前,各县选集有关抗战教材暂行教授。三年级以上课本,因交通限制,购买不得时,可尽量搜集旧本分用。”[①]边区政府教育科规定,发行各种国民教育的教科书,应有人与机关负责编辑审查出版教材与参考书,并力求其完备与统一。[②] 晋察冀边区教科书的编写程序大致是:在编写前广泛搜集各地教师自己创作的临时课本,油印小报、黑板报上刊登的故事、农谚、儿歌等加以分析研究,作为主要参考资料,同时参考邻区的课本和抗战前的旧课本。教材的编写是按以下大纲进行的:配合政府法令;解释申述抗战建国工作;注意儿童需要;启发群众的国家民族观念;认清国际形势;侧重政治训练。[③] 1938年,晋察冀边区临时行政委员会指示设立民族革命中学,以“救济失学青年,提高文化政治水准,训练地方工作人员,培养民族革命基本干部,充实抗战建国的力量”。

抗日根据地成立初期,由于根据地教科书的编写经验相对较少,而教科书又是学校教学活动开展的首要材料,为解燃眉之急,有些地区直接采用了国统区的教材。但是,国统区教材主要是面向城市儿童,教材的内容选择和组织都是以城市生活为背景,这和边区的实际情况大不相同,所以使用国统区的教材不是长久之计。据陕甘宁根据地教科书的主要编写者辛安亭回忆,当时的教材内容里有很多烦琐的礼节,如要求学生每天回家给父母鞠躬行礼等。这种内容与边区生活格格不入。“有一个学生对他疲劳了的父亲行了一个鞠躬礼后,他父亲不是高兴,而是生气地责骂。这不是笑话,而是深刻的教训!”[④]由此可见,最初边区使用的教科书,没有从边区实际出发。

---

① 王谦.晋察冀边区教育资料选编:初等教育分册(上)[M].石家庄:河北教育出版社,1990:3.

② 河北省社会科学院历史研究所.晋察冀抗日根据地史料选编(上册)[M].石家庄:河北人民出版社,1983:248.

③ 李公朴.华北敌后——晋察冀[M].北京:生活·读书·新知三联书店,1979:139.

④ 辛安亭.编写教材必须注意联系实际——延安时期编写教材的经验[J].课程·教材·教法,1982(1).

抗日根据地教科书的编撰人员对这种情况进行了反思，并在不断反思中积极调整教材内容，使根据地教科书日益适应当地社会经济文化发展的需要，成为喜闻乐见的读本。从抗日根据地教科书中可以感受到一股浓厚的乡村气息，这种乡村气息和抗战的大主题相结合，形成了与国统区教材完全不同的风格。

总之，抗战全面爆发后，国统区的教科书无法适应抗日战争形势发展，所以必须在根据地迅速建立新的教育体系和编订新的教科书，以适应边区民主政治建设以及培养抗日建国人才的需要。抗战初期教科书的发展是一个逐步规范化的过程，这一过程并非一蹴而就的，而是在曲折中不断发展的。战略防御阶段的教育和教科书发展是以实现全面抗战为目标的。鉴于当时编撰人员和参考书都极其缺乏，因此教科书一般由各边区政府教育行政部门组织，并且成立了相应的教科书编辑室，专门负责教科书的编写和审定。我们将在教科书的出版发行部分对此做详细介绍。

二、规范与整顿：战略相持阶段的教科书发展（1939—1943）

（一）战略相持阶段的教育形势

1938 年 10 月，广州、武汉失守，抗日战争进入战略相持阶段。随着战线的拉长、战局的扩大，日军已无力发起大规模的进攻战。此时，日军将矛头指向中国共产党领导下的敌后战场，发起了大规模的“扫荡”，实行“三光政策”。国民党反动派在 1941 年发动的皖南事变使得抗战形势异常艰难。根据地抗战进入了最为艰苦的时期。

1939 年 1 月，《陕甘宁边区抗战时期施政纲领》确定了“发展民众教育，消灭文盲，培养抗战人才”①的教育方针。从此，边区各级各类的国防教育轰轰烈烈地开展起来。1940 年 1 月，为进一步推进国防教育的开展，边区发动了声势浩大的“军民誓约”运动，边区军民一道生产、学习，同时向民众传授抗战技能，对其进行抗战动员。“军民誓约”运动加深了军民之间的联系，也进一步推动了国防教育的实施。这一时期各抗日根据地开始编撰国

① 张静如. 中国共产党通志(第四卷)[M]. 北京：中央文献出版社，2001：511.

防系列教科书，以山东抗日根据地为代表，其国防系列教科书在当时产生了重要影响。使用范围较广、全方位渗透了国防教育思想的教科书进一步助推了国防教育的实施。

为了发展教育、推动广大学龄儿童入学，边区采取了一系列措施。1940年3月18日，中共中央书记处发出《关于开展抗日民主地区的国民教育的指示》，要求各地“大量地动员学龄儿童入学，同时设法克服学龄儿童不能入学的实际困难”。[①] 各根据地积极响应，晋冀鲁豫边区制定了《强迫儿童入学暂行办法》，陕甘宁边区颁布《实施普及教育暂行条例》，山东抗日根据地颁布了《战时国民教育实施方案》，等等。[②] 这些文件都要求适龄儿童必须入学。如陕甘宁边区的《陕甘宁边区实施义务教育暂行办法》规定：“不论贫富，凡学龄儿童(8岁到14岁)，一律入学，否则予以处罚。”[③]晋察冀边区的《强迫儿童入学暂行办法》规定：“凡8岁至14岁之学龄儿童，除有特殊情形经当地主管教育机关之特许外，概须强迫入学。14岁以上之失学儿童，亦应继续强迫入学。”[④]大量适龄儿童和部分失学儿童进入学校，使得在校人数激增，这也使得教科书的供应压力加大。

抗战时期，各根据地的中小学与国统区学校有所差异。当时抗日根据地小学包括初等小学和高等小学，中等学校包括普通中学和中等师范学校等。抗日根据地的中等学校数量很少，主要任务是培养干部。如1940年3月晋察冀边区行政委员会颁布的《晋察冀边区中学暂行办法》就明确指出：边区中学的性质是抗日民族统一战线的中学教育、干部准备教育；边区中学的教育方针是提高学生的民族自尊心与抗战胜利的自信心，锻炼学生科学的头脑的基础及初步的组织能力，初步了解社会发展的规律，锻炼学生基础的军事知识和技能；边区中学的学制定为2年，每6个月为一学段；边区中

① 中央教育科学研究所. 老解放区教育资料(二)：抗日战争时期(上册)[M]. 北京：教育科学出版社，1986：8.

② 山东老解放区教育史编写组. 山东老解放区教育资料汇编(第一辑)[M]. 济南：山东教育出版社，1985：48.

③ 检讨边区教育历史[N]. 解放日报，1944年11月5日.

④ 皇甫束玉等. 中国革命根据地教育纪事(1927.8—1948.9)[M]. 北京：教育科学出版社，1989：218.

学招收高小毕业或具有同等学力而身体健康、积极抗日、年龄在 14 岁以上 25 岁以下的男女青年。[①]

1941 年 5 月，晋察冀边区杂志《边区教育》刊登《晋察冀边区中学课程标准》，其中规定，中学课程应是抗日民主的、统一战线的、科学的、现实的、普通的基本知识。1942 年 2 月，毛泽东先后发表了《整顿党的作风》《反对党八股》等重要讲话，号召开展反对主观主义以整顿学风、反对宗派主义以整顿党风、反对党八股以整顿文风的运动。[②] 整风运动延续到了教育领域，各地开始审查教育领域存在的诸多问题，并着手改革课程和教材。1942 年 6 月，《陕甘宁边区政府关于整顿边区各直属学校的决定》(1942 年 6 月 25 日第二十六次政务会议通过)发布，其中规定[③]：

> 学校课程的设置，要根据学校性质，以“学以致用”的原则，适当配备。文化课、专门课、政治课的比例，应依各校情况决定。中学师范课程，详细列入中学师范规程。其他各校课程，亦应列入备校学则。各种课程的内容标准，广征专家意见，根据边区历史的、地理的具体环境及抗日根据地的实际需要，拟定各种必要的课本、教科书及参考书，应由各主管机关有计划的购置编印或翻印。
>
> 教学要理论与实际一致，教的内容要适合边区的实际需要，要教学做合一，所教所学都应是要用要做的。教的要多用启发、辅导、实验，学的要自动、虚心、实事求是。教员要随时作在职学习，提高自己的政治认识、学术水平，改进教学方法，并多采用实际材料，丰富教学内容。学生要团结互助，养成正确的集体生活与集中的民主作风。

---

① 皇甫束玉等. 中国革命根据地教育纪事(1927.8—1948.9)[M]. 北京：教育科学出版社，1989：169.

② 李捷，于俊道. 实录毛泽东(二)：崛起挽狂澜(1927—1945)[M]. 北京：北京联合出版公司，2018：276.

③ 陕西省档案馆，陕西省社会科学院. 陕甘宁边区政府文件选编(第六辑)[M]. 西安：陕西人民教育出版社，2015：111.

尽管战略相持阶段的抗战形势异常艰难,但是抗日根据地中小学仍有所发展。陕甘宁边区在 1937 年秋只有小学 545 所,小学生 10396 人,到 1940 年春,小学增至 1432 所,学生人数增加至 41458 人。① 晋察冀根据地仅据 48 县统计,1938 年小学 4898 所,学生 220460 人,到 1941 年,小学已增至 8000 所以上,学生人数达 469416 人。② 山东根据地 1941 年时小学有 1 万多所,学生 40 多万人,到 1945 年小学已发展到 25000 所以上,学生 170 余万。③ 中学教育方面,1941 年陕甘宁边区已有中等学校 6 所,学生 1062 人。山东根据地在 1941 年已有中学 8 所,学生 1000 多人。文化比较发达的苏中根据地 1943 年时已有中学 54 所,学生 8000 多人。④ 需要注意的是,抗日根据地由于经常遭到敌人的围攻,同一时期各地区以及同一地区不同时期的情况都很不一样。例如,小学在学制上,有的是五年制,有的是六年制。晋察冀边区行政委员会于 1940 年在学制方面就规定:"小学修业年限定为 6 年,初级 4 年,高级 2 年。学龄由 7 周岁至 12 周岁。"修业期满均需进行毕业测验及鉴定,合格者发给毕业证。⑤

1943 年,整风运动向基层进一步深入,整风与整学进一步结合。在整学方面,为了总结前期教育经验,根据地开展了大规模的教育调查,进一步指出了前期教育工作的问题。例如,晋西北根据地就提出 1943 年教育工作的中心是确定边区教育施政方针,检查国民教育、中学、师范教育的方针、内容、原则、课程、教材、训导、行政诸问题;陕甘宁边区政府也提出,1943 年的重要任务是做好中等教育、国民教育的总结工作,总结并解决教育上关于理论与实际的各种问题。

1943 年的整学还对学校进行精简与合并,对在职干部教育、干部学校教育、社会教育和小学的整顿进行部署。小学阶段的整顿措施是:"巩固完全小学,提高中心小学,合并普通小学,奖励私学;逐渐改变中心小学、普通

---

① 陕甘宁边区小学教育概况(上)[N]. 新华日报,1944 年 6 月 3 日.

② 边区小学教育的概况[N]. 晋察冀日报,1943 年 1 月 7 日.

③ 董纯才. 中国革命根据地教育史(第二卷)[M]. 北京:教育科学出版社,1991:35.

④ 董纯才. 中国革命根据地教育史(第二卷)[M]. 北京:教育科学出版社,1991:35.

⑤ 康俊娟. 抗战时期晋察冀边区教育事业的发展[J]. 档案天地,2002(增刊).

小学由区、乡负责办理；学校招收学生采取劝导方式。”[①]经过整顿，中小学教育的规模有所缩减、集中，小学也不再实行义务教育制度，恢复了劝学的方式，同时也提高了完全小学的地位，加强了中心小学的建设。

另外，在抗日战争的战略相持阶段，根据地中小学的办学形式也相当灵活，既有公办小学也有民办小学。例如，陕甘宁边区有群众自办的米脂高家沟式学校，这类学校自己办、自己管、自己教；也有群众自办、政府委派教师的延安市杨家湾式学校；还有在识字班基础上创办的米脂杨家沟式学校，甚至还有各村共请教师的旧式轮学以及少量的家庭学校。[②] 这些灵活的办学形式在一定程度上适应了抗战特殊历史时期的需要，保证了基本的教学活动的开展。

总之，1943 年的整学运动具有承上启下的性质，对前几年边区政府的教育活动进行系统总结，对学校实行了精简合并，重点总结和反思理论与实际结合、教育与生产劳动结合的问题，并且有针对性地推动边区教育进一步发展。在这一调查、反思、总结过程中，根据地涌现出了一批教育典型，进一步推动了战略反攻阶段教育领域的持续改革。

(二)教科书规范与整顿的历程

战略相持阶段教科书发展的特点是规范与整顿相结合。教科书的规范延续上一时期的特点，主要是以课程的规范为依据。例如，根据 1939 年 8 月公布的《陕甘宁边区小学规程》的规定，初小课程为国语、算术、常识、美术、劳作、音乐、体育 7 门，高小课程为国语、政治、算术、自然、历史、地理、美术、劳作、音乐、体育 10 门。社会活动、生产劳动被列入正式课程。1941 年 2 月，陕甘宁边区教育厅修正并公布了《陕甘宁边区小学规程》，其中规定初小课程为国语、算术、常识、美术、音乐、体育 6 门，高小课程为国语、算术、政治、自然、卫生、历史、地理、美术、音乐、体育 10 门，与之前的课程相比增加

---

① 陕西师范大学教育研究所. 陕甘宁边区教育资料：教育方针政策部分(下册)[M]. 北京：教育科学出版社，1981：385.

② 中央教育科学研究所. 老解放区教育资料(二)：抗日战争时期(上册)[M]. 北京：教育科学出版社，1986：43.

了卫生课程，取消了劳作课程。①

根据这一阶段的课程设置，各根据地对前一时期教科书进行进一步修订和改编。1939年11月，鄂豫边区党委宣传部下设国民教育科，编写抗日小学的课本。1941年陕甘宁边区教育厅对1938年出版的小学教科书进行了改编，改编的教科书自1942年起陆续出版。1941年3月，胶东区行政联合办事处决定将国防教育委员会改称国防教材编辑委员会，专门负责教材编写工作，并先后编写了初级小学国语课本、常识课本、高级小学国语课本、常识课本、自然课本、民众课本、妇女课本等多种教材，供各地学校采用。1942年，鄂豫边区正式成立教科书编审委员会，以赵季为主任，先后编辑出版了小学国语课本4册，算术课本2册、初中自然课本2册。到1942年底，鄂豫边区共印刷出版各种课本34000本。1942年春季，淮南行署教育处和路东总文抗编印出版了小学教材，有国文、算术、常识以及自然等。1943年2月，陕甘宁边区政府教育厅发布《1942年工作总结与1943年工作计划的大纲》，指出1942年教育部门进行的5项中心工作的第4项是编审小学课本。此后，陕甘宁边区政府教育厅再次组织人力，修改了这套小学课本。

总之，战略相持阶段抗日根据地的教科书发展经历了两个时段：第一个时段延续上一时期教科书的发展趋势，进一步推进教科书的制度化和规范化建设，各抗日根据地在1941年左右，陆续修订出版了新的教科书；第二个时段是从1942年开始，随着整风运动的推进，根据地教育部门对课程教材进行了进一步改革，尤其突出课程教材与边区实际相结合，与边区生产劳动相结合，并开始根据整风运动的要求修订和改编教科书。

三、发展与改造：战略反攻阶段的教科书发展(1944—1945)

(一)战略反攻阶段的教育形势

1944年，抗日战争进入战略反攻阶段。1944年4月国民党统治区掀起了抗战以来空前规模的爱国民主运动。民主政团同盟、国民党民主派以及爱国学生成立的爱国团体纷纷举行群众集会，批评国民党排斥异己、拒绝民

① 吴洪成.中国近现代教科书史论[M].北京：知识产权出版社，2017：431—432.

主的专横做法，要求改革政治，实行民主、自由。9月15日，中共代表林伯渠在国民参政会三届三次会议上提出废除一党专政、成立民主联合政府的主张。1945年2月4日至14日，苏、美、英举行雅尔塔会议，会议通过了《关于日本问题的协定》，其中规定苏联在对德战争结束后3个月内参加对日作战。5月2日，苏军攻克柏林，8日德国签署无条件投降书。这也预示日本侵略者的失败已成定局。

这一阶段，教育改革也顺应当时反攻形势的需要，全力宣传党的政策。在前一阶段整风和精简合并学校的基础上，学校教育也进行了一系列改革。1944年1月，陕甘宁边区政府主席林伯渠在边区政府委员会第四次会议上提出了当年的教育工作要求。他认为边区国民教育和中等教育均存在一定的问题，尤其是教条主义倾向严重，甚至还留有旧型正规化的问题，这种教育与边区人民的需要相背离，亟须改革。同时，他还提出了1944年的教育改革重点，包括进一步确认边区中学、师范学校担负提高现任干部与培养未来干部的双重任务；要求从思想上确定学校的革命观点、劳动观点与群众观点；内容应该以文化教育为主；各学校学制不必强求一致；各学校与附近乡、村政府和生产部门建立经常的协作制度；改革学校作风；重新调整干部教育；坚持各学校由分区直接领导的原则。① 这些措施从多个方面改革边区学校教育，为抗战胜利后的教育发展做准备。

1944年的教育改革还表现在加强民办教育。1944年4月15日，中共中央西北局召开陕甘宁边区文教建设工作座谈会，讨论贯彻毛泽东关于陕甘宁边区文化教育建设的指示。4月18日，陕甘宁边区政府发布了《关于提倡研究范例及试行民办小学的指示信》，信中提道："现在我们应该来一个大的转变，把大多甚至全部的小学，交给地方群众自己办，政府则在物质上予以补助，在方针上加以指导。"②但是民办小学并不是无条件的民办，须遵守规定如下：第一，民办小学的形式与实行民办公助的步骤，一般按照各地

① 林伯渠．关于边区政府工作一年总结的报告//陕西师范大学教育研究所．陕甘宁边区教育资料：教育方针政策部分（下）[M]．北京：教育科学出版社，1981：395．

② 关于提倡研究范例及试行民办小学的指示//陕西师范大学教育研究所．陕甘宁边区教育资料：小学教育部分（上）[M]．北京：教育科学出版社，1981：154—157．

具体情况决定，不求一律，逐渐达到自中心小学以下均归民办；第二，民办小学的学制、教学内容等，按群众自己的需要，学制的长短、上课时间均不求一律；第三，民办与公助不能分离，不能听其自流，应加强指导。① 这在更大程度上解决了学校发展的难题，为更大范围调动学校发展的积极性创造了条件；同时又加强了对学校的有效指导，促进了学校的规范化发展。

除了对小学教育进行改革外，对中学教育也加大了改革力度，主要表现在强调了中学教育的干部教育作用，即中学教育应体现“提高现任干部和培养未来干部的双重任务”，中等教育的设置应突出“实际、精简、集中、连贯”的特点。这些教育改革措施于 1944 年 4 月 7 日和 5 月 27 日由胡乔木起草，陆续在《解放日报》上发表，包括影响较大的《根据地普通教育改革的问题》(毛泽东审阅并修改)、《论普通教育的学制与课程》等社论。这些文件定下了抗战后期边区教育发展的总基调，为教育改革发展指明了方向。

1944 年，随着抗日根据地局部反攻的加速，培养本地干部的需求愈加强烈，完全小学的干部培养责任更加凸显。陕甘宁边区政府指出“把高级小学以上的学校纳入干部教育范畴”，明确“今后招收学生的标准，地方干部应重于(优先于)完全小学的毕业生”。② 此外，高级小学人数比中等学校人数多得多，所以抗日根据地的高级小学的规范化发展就成为重中之重。在人才缺乏的特殊年代，“高小毕业”就已经能够被称为知识分子了。

1944 年 12 月 4 日，陕甘宁边区第二届参议会第二次全体会议召开。林伯渠作了政府工作报告，肯定了教育改革的方向。李鼎铭作了《关于文教工作的方向》的报告，列举了教育改革的主要成就，包括中小学在校人数增加，中等教育的干部培养定位逐步清晰；小学尤其是完全小学基本上是干部性质或干部准备性质的学校，进一步确定了完全小学的主要任务为培养干部；同时中等学校和完全小学教育内容脱离实际的问题也逐步得到了解决。教育改革存在的主要问题是中小学过分强调生产，妨碍了教学；对在职干部

① 关于提倡研究范例及试行民办小学的指示//陕西师范大学教育研究所. 陕甘宁边区教育资料：小学教育部分(上)[M]. 北京：教育科学出版社，1981：154—157.

② 陕甘宁边区政府关于各中等学校今后招生标准的指示信[N]. 解放日报，1944 年 4 月 7 日.

教育重视还不够等。[①] 1944 年以后，延安的教育方针有所调整，小学开始探索民办公助的办学方式，进一步落实教育为群众服务、为工农兵服务、为战争服务、为生产服务的方针。

从 1944 年的教育改革可以大致看出，在教育领域，1943 年被认为是“开展批评的一年”，而 1944 年则是“发展、改造的一年”。[②] 1944 年直至 1945 年抗战胜利，教育领域持续进行着教育联系实际、教育联系群众的发展与改造活动，同时学校教育的干部培养责任愈加凸显。1945 年抗日战争胜利后，教育改革的进度不断加快。

(二)教科书发展与改造的历程

1944 年至 1945 年，抗日战争接近尾声，中国人民迎来了战略大反攻。此时，学校教育的环境相对宽松，课程教材内容也主要是配合战略大反攻，同时开始探讨抗战胜利后中国的发展道路。教科书在这一时段有一次较大的改编，充分吸收了整风运动的积极成果，逐步从突出战争转向更加关注民生。

总的来看，战略反攻阶段抗日根据地教科书的发展，一方面延续了前一时期的发展趋势；另一方面着手对原有教科书进行改造，以适应并配合全面反攻的需要。这个时期的教科书是在吸收了整风运动的精神后进行改编的，编写指导思想与整风运动紧密结合，教科书的封面也开始向生产、民生方面的风格转变。改编后的教科书在 1944 年陆续出版。例如，陕甘宁边区在 1944 年改编出版了新的教科书，其封面形式、内容与以往相比都有较大区别：之前版本的封面图案给人强烈刺激的是战争画面，改编后的封面图案则突出延安人民的生活——窑洞、纺车、牛羊、粮食、军民共同放哨等。这显示出随着抗战形势的变化，教科书封面设计和内容选择也随之发生变化，教科书在改编中适应抗战和边区生产生活发展的需要。

抗战进入最后阶段，教科书也配合抗战进行反攻宣传，同时融入了新的内容，即寻求抗战胜利后中国社会的发展道路。此时，教科书的出版机构也

---

① 李鼎铭. 关于文教工作的方向//陕西师范大学教育研究所. 陕甘宁边区教育资料：教育方针政策部分(下)[M]. 北京：教育科学出版社，1981：508.

② 今年是发展改造的一年[N]. 解放日报，1944 年 12 月 19 日.

发生了变化，各地新华书店蓬勃发展，出版印刷教科书的能力明显提升，教科书的供应量也明显增加。例如，陕甘宁边区教科书1944年前的版本主要由华北书店出版，1944年修改后的版本主要由新华书店出版发行，同时又被各地大量翻印。

第二节　全面抗战时期革命根据地中小学教科书的出版与发行

根据地小课本的大宣传，在中国革命史上写下了浓墨重彩的一笔。① 在抗战时期，为了服务抗战，各根据地中小学根据实际情况，实施灵活的教育形式。一方面，总的目标、课程是一致的；另一方面，各地可以根据具体情况机动变化。总之，在抗战的大背景下，根据地政府高度重视教科书的作用，利用教科书进行抗战宣传、号召农业生产、传播党的思想。抗战、共产党、生产，既是抗日根据地的教科书的三大主题，也是根据地教科书的基本取向。② 下面我们对抗战时期各主要根据地的教科书发展情况做简要梳理。

一、各主要根据地中小学教科书的出版情况

（一）陕甘宁边区教科书

陕甘宁边区是党中央所在地，其政治、经济和文化教育建设都起到了模范带头作用。陕甘宁边区是在土地革命时期的陕甘苏区基础上发展起来。全面抗战时期，陕甘宁边区先后3次集中编辑出版了中小学教科书。第一

① 石鸥，吴驰. 中国革命根据地教科书的政治宣传效应[J]. 教育学报，2011，7(3).

② 石鸥，曾艳华. 小课本大宣传——根据地教科书研究之一[J]. 湖南师范大学教育科学学报，2010，9(5).

次是 1937 年至 1938 年，第二次是 1941 至 1942 年，第三次是 1944 年。其实，在全面抗战爆发之前，大致在 1935 年前后，陕甘宁边区已经开始编写出版教科书。[①] 全面抗战爆发后，为适应抗战新形势的需要，各根据地重新开始编撰中小学教科书。1938 年 2 月到 8 月，陕甘宁边区出版了全面抗战以来的第一套教科书。这套教科书包括：初级小学国语、算术各 6 册，政治常识 1 册；高级小学历史 2 册，地理、图画、劳作、唱歌教材各 1 册。[②] 据统计，从 1937 年秋起，到 1940 年止，陕甘宁边区教育厅共编印初级小学教材 9 种，共计 29 册，每册印数最多约 1 万册；高级小学教材和补充读物 9 种，共计 20 册，每册印数 1000—1500 册。此外，还有社会教育课本和补充教材 11 种，共计 15 册，也被作为小学教材使用。[③] 从全面抗战前期陕甘宁边区的统计数字可以看出，此时总体上课本印刷的数量较多，但是由于广泛地普及了学校教育，学生人数大量增加，印刷数量跟不上，教科书数量依然无法满足当时学校教育的需求。

全面抗战初期，各抗日根据地都出现了一轮较大的“课本荒”。随着边区正规化教育的推进，学校数量和就学人数急剧增加，而课本供应能力提升缓慢，根据地的教材供应无法支持全民教育体系。据陕甘宁边区教育厅统计，1937 年春，陕甘宁边区仅有小学 320 所，在校学生 5600 名，到 1938 年秋，小学扩增到 733 所，学生达到 15348 名。[④] 学生人数的急剧增加和印刷设备、纸张的紧缺，导致教科书非常缺乏。“有的学校六七个学生合读一本书；还有连一本也没有，全是教员抄的，重念或越册的现象，有时也在发

---

① 晋绥边区行政公署民教处. 卫生课本(小学高年级上册用)[M]. 晋绥新华书店. 书中开头“编者的话”提到，“本书是参考陕甘宁边区的卫生课本”而修改编写的，编者落款时间为 1936 年 4 月，由此断定，在此之前陕甘宁边区已经编写出版了相关教科书，时间应在 1935 年前后.

② 皇甫束玉等. 中国革命根据地教育纪事(1927. 8—1948. 9)[M]. 北京：教育科学出版社，1989：135.

③ 陕西省档案馆，陕西省社会科学院. 陕甘宁边区政府文件选编(第二辑)[M]. 西安：陕西人民教育出版社，2013：228.

④ 陕甘宁边区小学教育概况(上)[N]. 新华日报，1944 年 6 月 3 日.

生。”[①]为了缓解教科书供应紧张的矛盾，一方面学校积极组织翻印，另一方面教师主动替学生抄写课本、高年级学生替低年级学生抄写课本。但这样也仅能缓解一时的供需矛盾，不能从根本上解决教科书缺乏问题。

从1941年底到1942年初，陕甘宁边区教育厅对教科书进行了全面的改编，包括《初级新课本　国语常识合编》《算术》《自然》(如图1-1、图1-2所示)等。这些改编的课本在1941年至1942年陆续出版，参与改编的主要有董纯才、辛安亭、温济泽、张养吾等。

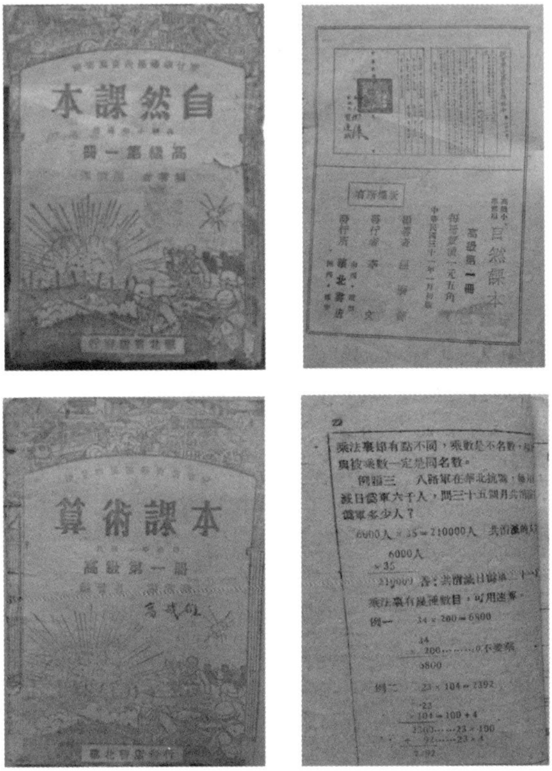

图1-1　1942年陕甘宁边区教育厅审定的《自然课本》《算术课本》

① 陕西省档案馆，陕西省社会科学院.陕甘宁边区政府文件选编(第三辑)[M].西安：陕西人民教育出版社，2013:228.

1942年，抗战进入相持阶段，一切工作都以服务抗战为中心。因此，陕甘宁边区中小学教科书的编印也带有浓重的抗战色彩。从图1-1的教科书封面可以看出，一张炸弹爆炸的大幅图案在最显眼的位置，军队在战斗，号角在吹响。这套1942年陕甘宁边区教育厅审定的高小课本供春秋两季入学学生使用。在《算术课本》中编者提到，该书共4册，专供高小两年算术科教学之用。一学期按18周计算，每周上课4小时，每学期可授完1册。每册按两个大单元编制，前后互相呼应，各册都有联系，教学时必须循序渐进，不可躐等。这套书是根据一般高小程度的学生编写的，如果别的地区觉得太浅或者太深，教员有伸缩的余地。特别是练习方面，教员可以补充更实际的题目让学生来做。①

图1-2 1944年陕甘宁边区教育厅审定的《初级新课本：国语常识合编》

1944年，陕甘宁边区教育厅国民教育科在1942年出版的教科书基础上，新编了一套临时教科书，到1945年这套课本基本出齐。这套课本更加注重与边区实际相结合，针对边区儿童春季入学的特点，注意课本的衔接；同时，因为战争形势的变化，教科书内容的重心也有所改变。② 这套教科书

① 张养吾. 算术课本(高级·第一册)[M]. 陕甘宁边区教育厅，1942：编辑大意.

② 陕甘宁边区教育厅. 初级新课本：国语常识合编(第四册)[M]. 新华书店发行，1945：封三.

一直使用到了抗战结束，并被各个根据地大量翻印。参与当时教科书编写的辛安亭就曾指出，1942 年出版的课本赢得了教师和教育主管部门的肯定。[①] 延安整风运动开始后，根据整风运动的精神，编者重新修订了这套课本。这次修订用了一年半时间，在修订过程中，编者一方面对儿童需要进行了调查，另一方面对过去所编课本进行了反思和批判，尤其是清除了“洋教条”，改进了过于简单的宣传方式，放弃了以往直接抄袭报纸新闻的做法，使得内容的分量和深度符合了边区学生的特点。教材中大量渗透了劳动教育的内容。初小国语教材中有将近 30%的内容与劳动教育直接相关，包括反映大生产运动，教导学生热爱劳动、热爱劳动人民等。教科书倡导破除迷信，针对边区实际提出了一些生活卫生习惯的要求，同时对梦、鬼神等作出科学的说明。算术教材也与边区生活息息相关，如不规则图形的面积计算在边区生活中较为常用，因此增加了这一内容分量。同时增加了一些实用的生理卫生知识；史地课程的内容也进行了精简，难度有所降低。各篇课文的观点和立场都经过了再三斟酌。[②]

因为这套教科书是在整风运动之后编订的，所以按照整风运动的精神，要把新的教育理念融入教科书。除董纯才、辛安亭外，余森、魏东明、温济泽、张养吾、朱光、刘御等一大批教育家加入了陕甘宁边区中小学教科书的编写之中。编者们在这次教科书的编写中，对以前教科书中出现的脱离实际、脱离边区生活的倾向进行了纠正。

陕甘宁边区中小学教科书的典型特征就是服从抗战的需要，结合边区的生产生活实际，指导边区的抗战生活，传授抗战本领。教育工作围绕抗战展开，课程教材亦以抗战为中心。陕甘宁边区赤水县完全小学实施课程教材改革，自然课改学地雷与手榴弹的制造与使用，历史和国语课学习革命先烈及英雄故事；新宁完全小学加紧学习防空、防毒、救护伤病等实用常识；新正完全小学组织了 8 个看护队，积极准备为战争服务。[③]

① 辛安亭. 辛安亭论教育[M]. 长沙：湖南教育出版社，1983：131.

② 辛安亭. 辛安亭论教育[M]. 长沙：湖南教育出版社，1983：137—139.

③ 陕甘宁边区中小学实施战时教育情况//教育科学研究所筹备处. 老解放区教育资料选编[M]. 北京：人民教育出版社，1959：125.

陕甘宁边区中小学教科书编有大量与抗战直接或间接相关的课文。有的直接介绍抗战的重大战役，如平型关大捷、百团大战等，以此鼓舞民众，提振军民士气。有的课文旨在激发学生的抗日决心，如《放哨》一文就用韵文的形式，通过描述小孩放哨，号召全体人民加入到抗战的队伍中来："小娃小，也放哨。不怕冷风如刀割，不怕烈日如火烧。手拿红缨枪，路口查路条。"[①]为了取得抗战的胜利，社会各界包括青少年学生都被积极调动起来，为抗战献出自己的力量。

陕甘宁边区中小教科书编撰质量较高，不仅在陕甘宁边区受到普遍欢迎，还被晋西北、晋察冀、山东等抗日根据地纷纷翻印出版。据晋西北抗日根据地记载："1942 年，行署……又翻印了陕甘宁边区编的初级课本、高级国语、高级算术、初级算术，共 46000 余本，发给各县，以解决小学教材的困难。"[②]由此可见陕甘宁边区中小学教科书的影响力。

陕甘宁抗日根据地中学教育主要服务于革命干部培养。1940 年，边区教育厅规定：初中开设政治、国文、数学、历史、地理、自然、军事、音乐、美术等课程，高中在此基础上增设社会科学和生物学等课程。1942 年，中学课程做了调整：初中开设公民知识、国文、外语（英语、俄语）、历史、地理、数学、自然（动物、植物、物理、化学）、生理卫生、美术、音乐、军事训练等课程，将体育课安排于课外进行，并在课外增设劳作课。高中设社会科学概论、国文、外国语、中外历史、中外地理、数学、生物、物理、化学、哲学、美术、音乐及军事训练等课程，体育和劳作亦安排于课外进行。通过 1943 年的学校整风和 1944 年的文教大会，边区教育厅对中学课程再次进行了改革，确定中学三年课程为：边区建设、国文、数学、史地、自然、政治常识、生产知识、医药知识。[③] 按照边区教育厅规定，中等学校的教材由教育厅统一编撰，学校选用或自编的教材须符合课程要求，并经过教育厅审查。因此，除了教育部门组织编写的教科书以外，一些中学也组织编写了部分教科书，其中延安中学的

---

① 董纯才. 初级新课本（第四册）[M]. 陕甘宁边区教育厅审定，1942：第一课.

② 刘淑珍. 晋西北抗日根据地教育简史[M]. 成都：四川教育出版社，2000：52.

③ 彭小奇等. 毛泽东教育思想研究（卷三）：毛泽东延安时期教育实践与教育思想研究[M]. 湘潭：湘潭大学出版社，2013：129.

自编教科书比较突出。

延安中学创建于 1938 年 8 月，位于延安市北关西山脚下，面临延河水，背依凤凰山。延安中学自编的教科书“力求打破旧教本之传统，编辑秩序系大胆的初创尝试”，在很大程度上适应了特殊历史时期的特殊需要。

在全面抗战后期，1945 年由胡乔木主持编撰、新华书店出版发行的《中等国文》在根据地产生了较大的影响。《中等国文》全书共 6 册，每册 30 课，每 5 篇课文为一个教学单元，每单元前四课是读文，后一课是语文规律的说明。该套教材的“课文说明”提道：“除了着眼于国文教学的价值即语文规律的价值外，同时着眼于政治价值与一般知识的价值。”这套教科书收录题材广泛，如英国作家王尔德的童话《安乐王子》、清代传奇剧本《桃花扇》中的《哀江南》、史书《三国志》中的《隆中对》等。整套教科书从全书到各分册、各单元，均有其整体构思，并使课与课之间、单元与单元之间、册与册之间具有联系，同时注重循序渐进。[①] 该套教科书后来被多个根据地翻印，产生了较大的影响。（如图 1－3 所示）

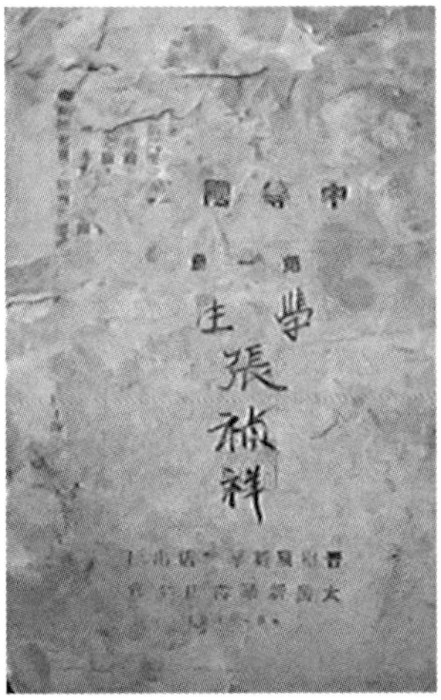

图 1－3　1945 年胡乔木主编、新华书店出版发行的《中等国文》教科书

① 吴洪成等. 中国近现代教科书史论[M]. 北京：知识产权出版社，2017：462.

(二)晋察冀边区教科书

1937年9月,八路军115师取得平型关大捷后,副师长聂荣臻带领留守的2000余人,创建了晋察冀敌后抗日根据地。1937年10月27日,按照八路军总部命令,晋察冀军区司令部在山西五台成立,聂荣臻为军区司令员兼政治委员,率部开辟了以河北阜平、山西五台为中心的晋察冀抗日根据地。不久之后,平西、冀东、冀北抗日根据地逐步发展起来。晋察冀边区地处山西省东北部同蒲路以东,东到河北的津浦路,南到沧石路以北,北到热河、察哈尔的部分地区。在全面反攻中,晋察冀边区抗日民主政权发展到包括察哈尔与热河两省、河北省大部、山西省东北部、绥远省东部和辽宁省西部在内的4个行署区、1个边区直辖市(张家口)、19个专区和140多个县的广大地区,人口达到3000万。①

1938年2月,晋察冀边区政府发布通令,凡没有遭受炮火威胁的学校,一律开学上课,学生男女兼收,一律免学费,同时通过各种途径消除边区群众的疑虑,扭转"战争环境不需要也不可能办教育""兵荒马乱,连命都保不住,还念什么书"的错误观念,开始迅速恢复中小学校教学工作。此外,晋察冀边区行政委员会颁布《晋察冀边区小学教学科目及每周教学时间表》(如表1-1所示),对课程设置和教学时间作出规定。

表1-1　晋察冀边区小学教学科目及每周教学时间表②

(单位:分钟)

科目	一、二年级	三、四年级	五、六年级
国难讲话	60	120	180
国语	540	420	420
社会自然(常识)		180	180(120)

① 谢忠厚等.晋察冀抗日民主政权简史[M].石家庄:河北人民出版社,1985:109.

② 王谦.晋察冀边区教育资料选编:初等教育分册(上)[M].石家庄:河北教育出版社,1990:1.

（续表）

科目	一、二年级	三、四年级	五、六年级
算术	120	150	180
劳作	120	90	60
美术			60
体育音乐（唱游）	240	240	180（120）
总计	1080	1200	1260（1140）

晋察冀边区教育委员会还明确规定了各门课程的比重："初级小学：国语 30%，常识（政治社会自然）25%，算术 20%，工艺 10%，唱歌 5%，游戏 10%。高级小学：国语 25%，政治常识 15%，社会（史地）10%，自然 10%，算术 15%，劳作 5%，美术 5%，军事 10%，音乐 5%。"[①]高小的历史、政治常识课程主要是教授社会发展简史、新民主主义简明教程、反法西斯统一战线等。[②] 在边区政府全力推动下，到 1939 年，晋察冀边区小学已经发展到 7063 所，入学儿童 367727 人。其中，北岳区 33 个县，有初小 3902 所，高小 46 所，入学儿童 158037 人；冀中区 21 个县有初小 3019 所，高小 96 所，入学儿童 207390 人。[③] 教育的大发展必然需要配套的教学材料，扩大晋察冀边区的教材供应就成了当时的重要问题。学生数量急剧增加，印刷能力有限，教材供需矛盾突出。边区学校通过重复使用教材及教师手抄等各种努力，基本保证学生两人或三人能有一本教材，勉强解决了教材不足的问题。

晋察冀边区曾多次编撰中小学教科书。据统计，从 1939 年冬开始，晋察冀边区教育处与教育研究会编辑了《初小国语课本》《初小常识课本》各 8 册，《高小国语课本》、《高小算术课本》（4 册）。这套教材的特点是由浅入

① 王谦. 晋察冀边区教育资料选编：初等教育分册（上）[M]. 石家庄：河北教育出版社，1990：133.

② 潘万静. 抗战时期晋察冀边区小学教育研究[D]. 北京：首都师范大学，2008：28.

③ 董纯才. 中国革命根据地教育史（第二卷）[M]. 北京：教育科学出版社，1991：345.

深、由简到繁，内容循序渐进，形式上较为完整，总体知识面较宽，但是也存在政治化倾向较明显、内容与实际联系稍显欠缺的问题。①

1940年，为了加强抗战教育，晋察冀边区政府对《初小国语课本》和《初小常识课本》进行了较大的修订。这套教科书的一个特点是以“抗战时期”为统领，目的是提高儿童文化政治水平，培养抗战意识，丰富抗战知识和塑造革命道德品质。②《初小国语课本》的修订在“内容方面，力求适合儿童生活经验、边区特点和解放区形势的新发展。文字方面，力求浅明生动、儿童化”。③ 这套课本的初版编写者为边区教育研究会和华北联合大学教育研究室，出版与印刷机构主要是边区点滴社，重修版则由边区教育出版社出版。

点滴社是一个以编辑出版初、高小学生教科书、教学参考书等教育方面书籍为主的出版社，成立于1941年，1944年并入边区教育阵地社。点滴社在晋察冀边区教科书出版方面作出了较大贡献，编印出版了高小、初小学生使用的《算术》《国语》《常识》等课本，还编印出版了中级干部使用的《算术课本》《民校识字课本》《小学教育法》等书。除此以外，点滴社还出版了一些政策性、理论性读物，如《政治经济学讲话(上、下册)》《怎样学习二十二个文件》《论政权机构》《论党内斗争》《民政法令》《土地问题参考资料》等。后来，点滴社也负责发行经销课本和书刊。1944年1月，边区教育阵地社成立，点滴社并入。④

编写教科书需要投入较多的人力、物力和财力，而为了满足教科书的需要，抗战时期各边区都鼓励翻印教科书。教科书版权页部分都印有“欢迎翻印”的字样，也有一些教科书是在原有教科书基础上的修改版本。如冀中行署教育科“为适合新形势及冀中地区环境”，就修改出版了《初小国语课本》(8册)；1945年冀东行署编印的新课本也是在此基础上进行修订的版本。

根据晋察冀边区教科书编写人员回忆，从1938年2月到1948年9月，

---

① 石鸥，吴小鸥. 中国近现代教科书史(上)[M]. 长沙：湖南教育出版社，2012：545.

② 刘松涛. 对七部小学国语课本的检讨[J]. 人民教育，1950(6).

③ 张腾霄等. 初小国语课本(第五册)[M]. 冀中行署教育科，1945：编辑大意.

④ 齐峰，李雪枫. 山西革命根据地出版史[M]. 太原：山西教育出版社，2010：57.

晋察冀边区的初小国语课本，前后重编与修改了 6 次。编者刘松涛认为：“绝不同于抗战前的任何旧有的初小国语课本。旧有的初小国语课本，最大的毛病是思想贫乏。这些新课本却是思想丰富，它是从劳动人民出发，体现了现时代的新精神，反映了新民主主义社会在艰苦斗争时代的实践。”①（如图 1－4 所示）由此可以看出，晋察冀边区教科书修订比较频繁，教科书内容突出抗战特色，同时与农村联系紧密。其中的一些经典选文流传至今，如《狼牙山五壮士》就来自晋察冀边区行政委员会教育处审定的高级小学《国语课本》第三册。这些经典选文成为那个时代的印记。

图 1－4　1942 年晋察冀边区教育研究会编

《抗战时期初级小学：国语课本》（手抄本）

中共中央认为，晋察冀边区是敌后模范抗日根据地。这不仅仅是因为晋察冀根据地的地理位置重要、人口众多，也因为晋察冀的教育工作起到了一定的模范作用。在全面抗战时期，晋察冀边区根据抗战形势发展多次改编教科书，以适应抗战不同阶段的需要。同时，边区发动各方力量，有效地满足了边区学校对教材的需求，最大限度解决了教材缺乏的问题，而且所编教材质量较高，被其他根据地翻印借鉴。晋察冀边区的中小学教育工作者

① 刘松涛. 对七部小学国语课本的检讨[J]. 人民教育，1950(6).

是边区教育战线上的一支主力军，他们坚持用教育抗战、用课本抗战，为抗日战争的胜利发挥了不可忽视的重大作用。

（三）晋冀鲁豫边区教科书

晋冀鲁豫边区是中国共产党领导的重要抗日根据地之一，包括太行、太岳、冀南、冀鲁豫 4 个行政区，177 个县，根据地人口 2400 万，[①]其中以太岳区、太行区的教育事业发展最快。晋冀鲁豫边区将战争、生产和教育当作最重要的事情来抓。边区各学校规定：(1)今后不准停课开会；(2)各区村政府如无县教育科命令不得召集小学教员会议；(3)中心小学会议两周一次，应利用星期日举行；(4)各种纪念日集会，学历上有规定者可以参加；(5)小学教员参加村上各种会议以不妨碍上课时间及自愿参加为原则。晋冀鲁豫边区进一步明确了学制和课程，加强了教科书的建设。边区大多实行四二学制，即初小四年、高小两年。课程方面也做了调整，初小为国语、算术、体育、音乐、图画；高小为国语、算术、历史、地理、时事、自然、音乐、体育、图画，课本内容突出民族的、大众的、科学的和反对封建迷信与奴化教育的思想。

晋冀鲁豫边区一直非常重视教育发展，具有较好的教科书编撰经验与基础。1938 年 10 月，太行文化教育出版社在山西长治建立，专门编辑教育类图书和中小学教科书，先后编辑过《战时读本》(刻本)和中小学校用的地图以及辅助教学的《新千字文》等教材。1940 年，太行区小学课本编审委员会设立，新编了一批教科书，使得教材供应和教材质量都上了一个台阶。教科书不能满足需要的地区主要是通过地方、学校和教师自编补充学习材料来解决。当时有不少教师主动为学生抄写课本，也有教师采取木版、土油印机翻印课本。

1943 年至 1944 年，晋冀鲁豫边区的代表性教科书是《战时新课本》系列，由晋冀鲁豫边区教育厅编审委员会审定出版。其中，董纯才主编的《国语常识合编》(8 册)“印数无多，专供教员”，教师“要仔细保存，不得损失，在

---

① 戴逸. 中国近代史通鉴(1840—1949)：抗日战争(九)[M]. 北京：红旗出版社，1997：220.

移交时，必须将原课本交代清楚”。①《战时新课本》系列还包括《初级算术》8册，《高级语文》《高级算术》《高级历史》《高级地理》《高级自然》各4册。

1945年，根据抗战形势的发展，编辑对《战时新课本》系列进行了修订。编辑指出：“因为过去编印的战时新课本取材不是从本区实际出发，不适合群众的需要，我们决定停止教学……”②初版和修订版有一些显著的区别。就外在形式来看，初版的战争气息非常浓厚，封面主要是战争图案，而修订后的版本突出生产生活风格。此外，修订版的内容也根据抗战形势的变化做了调整。

晋冀鲁豫边区教科书主要由华北书店和太岳新华书店出版。华北书店到1944年已出版初级《战时新课本》4种，初级《算术课本》4种，高级《国语课本》2种，高级《算术课本》2种，高级《历史课本》2种，高级《地理课本》2种，高级《自然课本》2种，高级《公民课本》2种。③ 因为战争环境下书店允许各地翻印，所以各根据地翻印者众多。（如图1－5所示）

至于教科书的内容，国语主要传播抗战的常识和基本观点，突出宣传民族英雄和揭发日军的暴行；算术主要结合生产生活实际，如减租减息、公粮、公草、公柴等方面的计算；历史和地理突出民族英雄和祖国大好河山；音乐重点是学习抗日救亡歌曲；体育课突出“打游击”“捉俘虏”“捉汉奸”等内容。④

---

① 晋冀鲁豫边区教育厅编审委员会.国语常识合编（初级·第五册）[M].边区政府印刷局印刷发行，1944：封三.

② 晋冀鲁豫边区教育厅编审委员会.国语常识合编（初级·第六册）[M].振华印刷厂，1945：几点说明.

③ 温济泽.自然课本（高级·第一册）[M].华北书店，1944：版权页.

④ 石鸥，吴小鸥.中国近现代教科书史（上）[M].长沙：湖南教育出版社，2012：550.

图 1-5　晋冀鲁豫边区教育厅审定的教科书概览(1941 年至 1945 年)

(四)山东抗日根据地教科书

山东抗日根据地是抗战时期中国共产党领导下的华北地区四大根据地之一,具有重要的地位。1940 年 7 月 26 日,山东省各界救国联合大会召开。大会制定了《山东省战时工作推行委员会组织大纲》,选举成立全省统一的行政权力机关——山东省战时工作推行委员会,张经武、李澄之、黎玉、罗舜初等 23 人当选委员。委员会下专设了教育组。[①] 教育组委员有杨希文、李竹如、刘子超、张立吾、孙陶林,组长杨希文。同年 12 月,山东省文化教育委员会成立,专设了编审组,主要负责编审各类学校教学大纲和教材,并陆续编辑出版了小学课本和农民识字课本。[②] 1941 年 3 月,编审组改为国防教材编辑委员会,继续负责教材编辑工作,编有小学初级国语、高级国语、常

---

① 中共山东省委党史研究室. 中共山东编年史(第三卷)[M]. 济南:山东人民出版社,2015:298.

② 石鸥,吴小鸥. 中国近现代教科书史(上)[M]. 长沙:湖南教育出版社,2012:554.

识、自然、民众、妇女课本等。

1942 年 8 月，山东省战时工作推行委员会颁发《山东省战时小学课程标准总纲(草案)》，提出新教材的学习，须以已有的经验为基础；教员教学之前，须先了解儿童已有的经验基础；在开始教学之后，教员又应随时唤起其已有经验，以与新的教材相结合，使儿童对新教材，不仅感到浓厚的兴趣，而且得到真正的理解。①

山东抗日根据地的学校教科书主要由山东省战时工作推行委员会编辑出版。各区主任公署教育处也设有教材编审委员会，主要是编审一些补充教材以及少量编印供应各分区的课本。此时负责印刷出版教科书的机构，包括山东文化出版社、大众印书馆以及各区印书馆等。这一时期的教科书大多冠名“国防”，以体现特殊时期的教科书特点。(如图 1－6 所示)

图 1－6　山东抗日根据地教科书概览(1937 年至 1945 年)

1943 年 8 月，山东省战时工作推行委员会改为山东省行政委员会，委员会任命田佩之为教育处处长。教育处设学校教育科、群众教育科、编审室、督学室，并设《教师之友》编辑室，编辑出版《教师之友》，指导教师进行业

① 车吉心等. 齐鲁文化大辞典[M]. 济南：山东教育出版社，1989：267.

务学习和研究。[①] 教育处编审室承担了山东抗日根据地教科书编写和审查的任务，负责根据地的教科书编审事宜。1943 年 9 月，山东省行政委员会发布《关于教育工作的指示》，指出“今后教育有四个中心：一、普遍深入开展冬学运动；二、扩充并健全中学，为根据地储备干部；三、普遍加强训练小学教师，提高教师质量；四、编审教材读物、修正课本，并发展印刷事业”。[②] 1945 年 8 月，山东省政府成立，下设教育厅，杨希文任厅长，教育厅设学校教育科以及编审室等部门负责教科书编辑，[③]同时由山东教育社主要负责教科书的出版。

山东胶东根据地编写的教科书使用也非常广泛。胶东区出版了一系列的中小学教科书，这些教科书版权页上的编者部分一般不署个人姓名，而称“山东省胶东区行政公署教育处”。此外，胶东区的教科书区分了初级（小学一、二年级）、中级（三、四年级）和高级（五、六年级）三类，而一般抗日根据地的教科书只区分初小和高小两类。另外，胶东抗日根据地教科书封面设计多样，且有一些教科书没有版权页。胶东抗日根据地的教科书一般由胶东新华书店或胶东印刷社出版，亦有少量西海印刷局、海阳印刷社等机构发行的教科书，目前留存下来的胶东教科书集中在抗战后期，一般在 1945 年至 1946 年前后，但是很多教科书的出版时间应该比这个时间更早。

山东抗战时期的教科书种类繁多，有中小学校的、民众识字班的、妇女学校的等，还有一种比较罕见的“抗属子弟学校”教科书。抗属子弟学校在各抗日根据地都有设立，包括陕甘宁、晋察冀、晋冀鲁豫等边区。山东抗日根据地抗属子弟学校较多，而且培养出了许多党的人才。曾经在山东沂水县抗属子弟学校就读的孔周回忆道：[④]

---

① 董纯才. 中国革命根据地教育史(第二卷)[M]. 北京：教育科学出版社，1991：462.

② 山东省地方史志编撰委员会. 山东省志 · 教育志[M]. 济南：山东人民出版社，2003：1053.

③ 董纯才. 中国革命根据地教育史(第二卷)[M]. 北京：教育科学出版社，1991：462.

④ 中共沂水县委党史资料征集委员会. 沂水县党史资料汇编(第三辑)[M]. 沂水：中共沂水县委党史资料征集委员会出版，1986：86—87.

> 沂水县抗属子弟学校于一九四一年春在今院东头乡岩峪村开办。这是一所适应当时战争环境的学校。当时开办这所学校的宗旨是:保存革命后代,培养革命人才。因为凡是参加这个学校学习的学员大都是抗属子女,大部分家在敌占区,父母都参加抗战,子女在家随时就有被鬼子、汉奸逮捕的危险,所以,为了安全,就把子女带到根据地,送进这所学校,一方面学习文化知识,一方面学习抗战道理……
>
> 学生行动一律军事化,早上吹哨起床,先叠铺盖,然后跑操,跑操完毕,集体到河沟刷牙洗脸。每人一个书包、一个小木凳和一块方板,木凳和方板是用绳子拴在一起的,上课时就把方板放到腿上用于看书、写字。学习课程,记得有国语、算数、时事,课本是个石印的小册子。时事课,主要是讲日寇侵华罪行,唤起民众抗日救国,再是苏联红军如何战胜德、意帝国主义等,授课人主要是安善平和朱孝亭。当时还学一些革命歌曲,如《大刀向鬼子们的头上砍去》《八路军进行曲》《皖南事变》等歌。

因为处在战争年代,大多数学员经短期培训后即被派到部队、机要部门、文工团、军工厂、医院等单位工作,许多学员成长为各个领域的骨干。抗属学校的课程主要包括国语、算术、常识、政治等。部分抗属学校有自编教科书,如山东莱阳县第四区立抗属子弟学校就编写了各科教材,包括《国语讲义》(如图 1-7 所示)、《公民讲义》、《历史讲义》、《博物讲义》等,出版于 1943 年,印刷质量尚可。

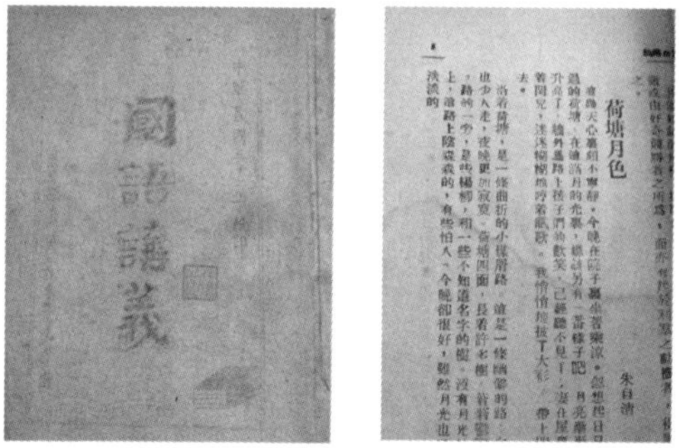

图 1-7　1943 年山东莱阳县第四区立抗属子弟学校自编《国语讲义》

1943年,山东莱阳县第四区立抗属子弟学校编印的《国语讲义》封面是手抄稿,正文内容是印刷体,其中有励志的课文如《总理的革命精神》《舍己为群》等,也有散文如朱自清的《荷塘月色》等。该讲义中的选文来源较为广泛,内容较为丰富。

(五)晋绥抗日根据地教科书

晋绥抗日根据地是中国共产党在山西西北部和绥远东南部创建的抗日根据地。1937年9月,八路军第120师师长贺龙率部开赴晋西北,到12月底,开辟了以管涔山为中心,包括10余县范围的晋西北抗日根据地。1938年8月,第120师第358旅政治委员李井泉率2000余人,挺进绥远,协同中共地方组织和其领导的蒙汉抗日武装,于当年冬开辟了大青山抗日游击根据地。[①] 因晋绥两地相邻,受中共中央统一领导,因此合称晋绥抗日根据地。1940年2月,晋西北行政边区行政公署(后改称晋绥边区行政公署)成立,国民党爱国将领续范亭为主任;11月,晋西北军区(后成晋绥军区)成立,贺龙任司令员,关向应任政治委员。1942年9月,中共中央晋绥分局建立,关向应任书记。[②] 全面抗战时期,晋绥抗日根据地军民同日、伪军作战3万余次,歼敌13.8万余人。[③] 晋绥抗日根据地战略地位非常重要,它既是中共中央所在地陕甘宁边区的屏障,又是中共中央与敌后战场联系的通道。晋绥抗日根据地为抗日战争的胜利作出了重要贡献。

1941年以后,晋绥抗日根据地的学校课程逐步统一,初小以国语、常识、算术为主科,高小以公民、国语、历史、算术(含珠算)为主科,地理、劳作、自然、音乐作为副科。晋绥抗日根据地的教科书出版,亦分为两个时间段:一是在1942年中共中央晋绥分局成立以前,教科书以“晋西北”和“绥远”名义出版;二是在1942年以后,教科书以“晋绥边区”名义出版。

1942年以后的课本大多以陕甘宁边区的课本为蓝本,加以部分修改,使之适合晋绥边区的具体情况。因此,目前晋绥抗日根据地留存下来的教科书,大多是在其他抗日根据地教科书基础上的修订本,如由晋绥边区行政

---

① 郑文翰.军事大辞典[M].上海:上海辞书出版社,1992:1158.
② 郑文翰.军事大辞典[M].上海:上海辞书出版社,1992:1158.
③ 郑文翰.军事大辞典[M].上海:上海辞书出版社,1992:1158.

公署民教处审定的《卫生课本》中"编者的话"写道:"本书是参考陕甘宁边区的卫生课本,依照本边区群众需要修订而成","本书的取材及写法都力求地方化,希望学生学过之后不只能够彻底理解,而且能够实际应用,使本书知识与社会生活适当地联系起来"。(如图 1-8 所示)该书"编者的话"落款时间是"1936 年 4 月",封面上的出版发行机构是"晋绥新华书店"。晋绥新华书店是 1942 年 10 月才成立的,且该书的参考版本是 1936 年陕甘宁边区教科书的版本,所以这套课本使用时间非常长。由此可以推测,晋绥抗日根据地教科书的改编频率并不高。目前,留存下来的晋绥抗日根据地教科书为数不多。据统计,1940 年到 1944 年 5 月底,晋绥抗日根据地共翻印小学课本 38 种,供给各种通俗读物、参考书 37 种,教学参考资料 28 种,共计 146866 册,分发到各专署、县翻印。①

图 1-8　晋绥边区行政公署民教处审定《小学校高级用:卫生课本》(上、下册),晋绥新华书店发行(版权页缺失,1942 年或 1943 年)

晋绥边区的教科书早期由晋西北行政公署教育处翻印,晋绥分局成立后由晋绥边区行政公署民教处审定出版。目前比较常见的晋绥抗日根据地教科书有两套,其中一套小学课本于 1945 年至 1946 年出版,另外一套在 1948 年解放战争时期出版。1945 年的这套课本是根据晋绥边区的实际情况,参考陕甘宁根据地和晋察冀根据地的国语课本编写而成的,共 8 册,前四册是国语与常识合编,后四册是国语与常识分编。②(如图 1-9 所示)作

① 董纯才. 中国革命根据地教育史(第二卷)[M]. 北京:教育科学出版社,1991:448.

② 石鸥,吴小鸥. 中国近现代教科书史(上)[M]. 长沙:湖南教育出版社,2012:559—560.

者有东方明、刘正力、辛景月、陈洪、马琰等，由新华书店晋绥分店出版发行。“编辑说明”部分强调“各地教师，于教授本书时，可根据当时当地情况，先后调整或选择一些补充材料，与本书配合教学，但须注意生字的配备”，练习部分“建议各地教师于进行教学时，可根据儿童智力及心理，适当增减及调剂，务使儿童做到会念、会写、会讲、会用”。①

图 1-9　1941 年晋西北行政公署教育处翻印陕甘宁边区《初级新课本：国语常识合编》

总体来看，晋绥抗日根据地课本更迭速度没有陕甘宁边区快，且大多参考陕甘宁边区课本，进行适当改编后使用，有些课本甚至是直接翻印使用。为了满足中小学教材的供应，除了翻印和少量编印教科书之外，晋绥抗日根据地各学校还从《抗战日报》《大众报》等报纸上直接节选关于边区建设、对敌斗争和生产拥军的报道材料，通过这些材料进行补充学习，同时进行思想政治教育。这在一定程度上弥补了教科书数量和内容广度方面的不足。

(六)其他抗日根据地教科书

除以上几大抗日根据地教育事业发展较快、教科书编写影响较大外，中国共产党领导的其他根据地也根据形势发展，编撰或者翻印了一些各具特色的教科书。这些教科书亦具有根据地特色，凸显抗战精神，为根据地的抗战和生产、为宣传中国共产党的政策以及广泛发动群众作出了重要贡献，我

① 晋绥边区行政公署民教处审定. 国语课本(初级 · 第六册)[M]. 新华书店晋绥分店发行，1946：编者的话.

们择要进行介绍。

淮南、淮北、皖中抗日根据地集中了许多本地教育界名流学者和教师参与教科书编撰。1942年春,淮南行署教育处和路东总文抗编辑出版了小学教材,包括一、二年级的国文、算术,三、四年级的国文、算术、常识、自然等,国文课本的内容中有抗战道理和历史英雄故事,自然课本的内容以自然科学知识为主,并且有密切结合生产实际的知识。[①] 据当时天长县铜城小学记载,“教材大都改为农村实际生活的内容。国语都采用根据地内和本地发生的战斗故事、民兵故事、生产英雄和抗战民主建设等实际材料作为内容。应用文如请假条、路条、发票、官牛纸和书信等都是自己编写的。算术、珠算是计算当时日用品价格和伙食账目,或计算公粮田亩与挑方等内容。自然是讲本地农产品、生产方法、医药卫生。历史是讲简明中国近代史。地理是讲根据地的建立和建设情形。政治常识采用《淮南大众》作教材。”[②]中学无统一教材,各校自编或自选,政治课常以毛泽东的有关著作、根据地的一些政策法令和宣传部门编的宣传材料为教材;国文除选进步文化人士的著作外,还选一些进步意义的古典文学著作,如《出师表》《讨元檄》《讨清檄》等。[③] 这也反映出,当时淮南、淮北、皖中抗日根据地自编教材较多,且内容整体上反映了抗战特色。

鄂豫边区在全面抗战爆发前后,中小学教材五花八门、十分混杂。有些采用“四书五经”、《增广贤文》等传统教材,有的采用战前国民党编写的旧教科书。鄂豫抗日根据地建立后,各学校的课程教材开始规范化。1939年11月,中共鄂豫边区委宣传部下设国民教育科,负责统筹中小学教育事宜。1942年,鄂豫抗日根据地正式成立鄂豫边区教材编审委员会,以赵季为主任,先后编辑出版了小学《国语》课本4册、《算术》课本2册、初中《自然》课本2册,还改编了《抗日三字经》1册,到1942年底,共印刷出版各种课本

---

① 皇甫束玉等.中国革命根据地教育纪事(1927.8—1949.9)[M].北京:教育科学出版社,1989:236.

② 董纯才.中国革命根据地教育史(第二卷)[M].北京:教育科学出版社,1991:504.

③ 董纯才.中国革命根据地教育史(第二卷)[M].北京:教育科学出版社,1991:508.

34000本。[①] 鄂豫边区新编教科书以开明书店、商务印书馆、中华书局、世界书局出版的课本为蓝本，并增加了一定分量的以抗日民主教育为主的思想政治内容。

豫皖苏抗日根据地包括苏西北根据地、皖北根据地、豫东抗日根据地等。这些地方的文化和经济基础比较好，都编写印刷了一些教科书。在浙东抗日根据地，浙东行署文教处编印了《新民主主义国语教科书》，以及一些题材新颖、政治思想性很强的临时教材和补充教材。国语课程增加了抗日故事讲读；常识教学增加了时事讨论和时事报告；历史教学以中国抗战史和世界反法西斯战争史为重心；体育则重于增强体质，与抗战生产相配合。[②]

由于环境动荡、战事不断，教科书的编写和保存都非常困难。各抗日根据地往往是几个人共用一套课本，有时甚至是教师帮助学生手抄课本，所以这些教科书格外珍贵。抗日根据地的教科书既是学生的重要精神食粮，也是非常重要的财产。根据地政府采取各种措施，力争学校有课本，师生有书读。在大家的共同努力下，各个根据地发挥自身优势，有些以自编教科书为主，有些以翻印为主，有些在借鉴其他根据地教科书的基础上适当改编以满足自己的需要。这些作为教育物质中介的教科书有着共同的主题，那就是动员广大读者支持抗战、参与抗战。在此过程中，中国共产党的政治理想也内化进教科书内容，被广大人民群众所接受和认可，最终赢得了广大人民群众的拥护和支持。

二、中小学教科书的主要出版发行机构

虽然全面抗战时期经济困难、内忧外患，但是根据地文教出版事业却发展较快，这与中国共产党高度重视这项工作有关。1940年9月10日，中共中央发出《关于发展文化运动的指示》，要求“注意组织报纸、刊物、书籍的发行工作，要把运输文化食粮看得比运输被服弹药还重要”。[③] 1940年12月

---

① 石鸥，吴小鸥. 中国近现代教科书史（上）[M]. 长沙：湖南教育出版社，2012：561.

② 董纯才. 中国革命根据地教育史（第二卷）[M]. 北京：教育科学出版社，1991：555.

③ 本书编委会. 新四军和华中抗日根据地史料选（第二辑）：1937—1940[M]. 上海：上海人民出版社，1984：37.

25日，毛泽东在起草对党内的指示《论政策》中再次强调："每个根据地都要建立印刷厂，出版书报，组织发行和输送的机关。"①根据地的华北新华书店、太行文化教育出版社、华北书店等机构，出版发行了大量的报纸、图书等。据统计，从1940年到1944年，太行抗日根据地就出版发行了《新华日报·华北版》《胜利报》等四五种报纸，其中出版发行《新华日报》(华北版和太行版)达5828536份，出版发行各类图书达1602525册，其中就包括了大量的边区中小学教科书、农民识字课本、战士读本等。仅1944年一年，太行区就出版发行54400多册中级学校读物、21756册群众读物、56697册国民教材和2151册宣传品，②抗日根据地的出版事业轰轰烈烈地开展起来。

总的来看，抗日根据地的出版发行机构包括以下几类。一类是专营图书出版发行的机构，如各根据地的新华书店、华北书店、太行文化教育出版社等，它们规模较大，集编、印、发于一体，是抗日根据地教科书出版的中坚力量。另一类是报社、杂志社兼营出版发行业务，如胜利报社等；另外，还有各党政军单位自办的出版机构，这类出版发行机构较具灵活性。最后是一些条件较好的中小学自办印刷厂，利用简单的印刷设备翻印出版教科书。以下择要介绍。

(一)太行文化教育出版社

1938年5月，中共中央北方局在长治成立太行文化教育出版社，出版社的主要任务就是出版教科书，同时发行刊物、图书、年画和宣传品。首任社长是张柏园。出版社下设编辑部、文化教育部、出版后勤部。出版社成立后的第一个任务就是编写一套《战时读本》，供小学和部队战士使用，由陆定一统一领导。1931年出版发行的《战时读本》共计四册，为木板刻，成为当时各学校的重要教材。该出版社还出版了一些理论读物，如毛泽东的《论持久战》《论新阶段》《辩证法唯物论》等；通俗读物出版包括《新千字文》《抗战大鼓书》《防空知识》《游击小组讲话》等。1939年底，北方局将太行文化教育出版社与华北新华日报社合并，此后，太行文化教育出版社成为华北新华

① 中共中央文献研究室，中央档案馆. 建党以来重要文献选编：1921—1949(第十七册)[M]. 北京：中央文献出版社，2011：705.

② 皇甫建伟，张基祥. 抗战文化[M]. 太原：山西人民出版社，2012：245.

日报社的丛书编辑部，但在一个时期内仍沿用“太行文化教育出版社”的名义出版图书。[①] 太行文化教育出版社也成为抗战早期非常重要和知名的一个教科书出版部门。

(二)新华书店

新华书店是整个抗战时期最重要、影响最广、辐射面最大的图书出版发行部门，承担了抗日根据地图书发行的主要任务，出版发行了大量的中小学教科书。但因为特殊的历史条件，新华书店允许和鼓励各抗日根据地翻印新华书店出版发行的教科书。抗战时期新华书店设置了众多分支机构，在教科书出版领域影响较大的有以下几个分支机构。

新华书店总店创立于 1937 年 4 月 24 日，由中共中央党报委员会在延安北门外建立，初名新华书局，同年 10 月改称新华书店。延安出版的各种书报杂志，都由该书店统一向全国发行。

晋绥新华书店 1940 年 3 月在山西兴县成立，又称晋西北新华书店，1942 年改称晋绥新华书店，由中共中央晋绥分局宣传部领导，首任经理江奔海，主要销售延安出版物和教科书，1949 年改制为新华书店山西分店。

华北新华书店 1942 年 1 月创办于晋冀鲁豫边区的辽县(今左权县)，由中共中央北方局宣传部领导。该店设有编辑部、印刷厂、发行部，创办了多家分店。其前身是太行文化教育出版社。华北新华书店在教科书出版方面作出了突出贡献。

山东新华书店前身是 1940 年 4 月成立的山东文化出版社，主要出版教科书与通俗读物，1942 年 4 月并入大众日报社，此后报社以山东新华书店的名义出版发行图书，1944 年 7 月，正式成立山东新华书店，继续从事教科书及其他图书出版工作。[②]

总之，新华书店在抗日战争时期为中小学教科书出版发行作出了极大的贡献。据不完全统计，新华书店在抗战时期出版的代表性教科书有：1942 年出版的教材类图书包括徐特立主编的《中级简明算术课本》、朱光编著《算

---

① 齐峰，李雪枫. 山西革命根据地出版史[M]. 太原：山西人民出版社，2013：174.

② 郑士德. 中国图书发行史[M]. 北京：高等教育出版社，2000：700.

术课本》(第五册)、温济泽编著的《自然课本》(第四册)等;1943年出版的张养吾编著的《算术课本》(第三、四册);1944年出版的包括陕甘宁边区政府教育厅编的《历史地理》等。① 新华书店出版的各类教科书对满足抗日根据地干部教育、国民教育和社会教育需要发挥了重要作用。

(三)华北书店

1941年10月,华北书店在延安北门外开业。重庆的生活、读书、新知三家书店奉中共中央南方局周恩来的指示,联合派人来延安,以民营面貌创办华北书店。柳湜任总经理,曾任生活书店重庆分店经理的李文任经理,林默涵主持编辑工作。华北书店的出版重点是各类教材,其中包括辛安亭编著的《地理课本》(高级第一册)(1942年)、张养吾编著的《算术课本》(第二册)(1942年)、陈原编著的《中国地理基础教程》(1943年)、温济泽编著的《自然课本》(第二、三册)(1943年)、范文澜等编著的《中级国文选》(1945年)、陕甘宁边区政府教育厅编的《中等国文》(第一、二、三册)(1945年)等中小学课本;辛安亭编著的《老百姓日用杂字及其它》(1945年)等社会教育方面的冬学课本。华北书店还出版了艾思奇的《哲学研究提纲》(1943年)等哲学、社会科学著作,出版了张仲实译的《苏联历史讲话》(1941年)、伊达编的《半殖民半封建的中国》(1944年)等历史类图书。② 此外,华北书店还出版了《铁流》《毁灭》《中国史话》《从猿到人》等各类图书40余种。③ 1942年整风运动开始后,华北书店与陕甘宁边区新华书店合并。

(四)韬奋书店

1944年至1945年,浙东、江苏如皋等地成立了多家韬奋书店,以"韬奋"为名,主要是为了纪念革命家邹韬奋。韬奋书店出版发行了一定数量的教科书,因为地处江浙,经济基础比较好,教科书的印刷质量相对西北等根据地要高。如浙东韬奋书店,积极编撰进步书籍,宣传马列主义、毛泽东思

---

① 中国延安精神研究会.中共中央在延安十三年史(十):文化工作史(下)[M].北京:中央文献出版社,2016:397.

② 中国延安精神研究会.中共中央在延安十三年史(十):文化工作史(下)[M].北京:中央文献出版社,2016:398.

③ 郑士德.中国图书发行史[M].北京:高等教育出版社,2000:693.

想，为抗日军民供应精神食粮，同时也积极宣传党的方针政策。[①] 韬奋书店的出版工作主要是翻印各解放区出版的图书，包括翻印中小学教科书。韬奋书店自编的书籍较少，浙东韬奋书店出版的图书中仅有两种自编书。[②] 1948 年，韬奋书店与苏北新华书店合并，改称华中新华书店。[③] 韬奋书店在抗战后期为教科书的翻印作出了重要贡献。

（五）自主翻印出版

从 1939 年起，国民党消极抗日，各敌后根据地也被敌伪分割包围，为解决运送图书困难的问题，部分根据地从延安发出样书或纸型，由各地自行翻印，就地供应。除了以上正规教科书出版发行机构之外，抗日根据地教科书允许各书店、各文化合作社翻印。所以边区有大量的翻印教科书。有铅印、石印、油印、木板印、手抄本等，纸张质量、印刷质量都参差不齐。各县教育科附设印刷室，高小、中心小学备印刷机，随时翻印小学教材。如 1942 年晋西北行署就拨出专款，印刷了大批的课本，又翻印了陕甘宁边区编的初级课本、高级国语、高级算术、初级算术共 46000 余本，以解决小学教材的困难。[④] 根据地教育创造了一种巡回印刷的方式，将刻好了的课本木板用驮骡分运各地，在纸厂附近印刷，印够一定数量后，又整理好木板，驮往别处去印。后来在实践中发明了“胶泥制版”的方法，减少了铅印课本的许多困难。当时的课本大部分是用毛头纸刻印的，比较粗糙。在日本帝国主义军队扫荡晋察冀抗日根据地之后，小学的教学设施被严重破坏，大印刷厂被毁，油印机也被破坏了。在冀中地区，人们发挥自己的聪明才智，自制简易油印机，“选一个大木轴裹上 3 层旧自行车里带作油滚子，用旧罗底贴上一个底，仍旧可以印讲义”。[⑤]

---

① 浙东抗日根据地革命文化史料编纂委员会. 浙东抗日根据地革命文化史料选编（上册）. 1992：409.

② 浙东抗日根据地革命文化史料编纂委员会. 浙东抗日根据地革命文化史料选编（上册）. 1992：411.

③ 叶绪昌. 江苏革命史词典[M]. 南京：南京大学出版社，1993：919.

④ 刘淑珍. 晋西北抗日根据地教育简史[M]. 成都：四川教育出版社，2000：52.

⑤ 中共河北省委党史研究室，冀中人民抗日斗争史资料研究会. 冀中抗日政权工作七项五年总结（1937. 7—1942. 5）[M]. 北京：中共党史出版社，1994：213.

除了教师抄写课本和高年级学生帮助低年级学生抄写课本外，各地教育部门还提出“爱护课本”口号，灵寿县不少小学订有“爱护课本公约”，束北县教师更经常对学生进行爱护课本的教育。[①] 学生一入学即告诉学生如何隐蔽课本、保护课本，学习时不要在课本上乱画乱写字，包课本时不要揉折了书角，有的地区还采用了上届学生课本保存较好的，由学校统一收购，再分发给新升级的学生接着使用的办法。[②] 晋冀鲁豫边区教育厅审定、董纯才编写的战时新课本《国语常识合编》(1944 年)的封三就明确要求教员“仔细保存、不得损失，必须将原课本交代清楚”。由此可见，当时教科书被视为非常重要的物品，不论是教育管理者还是教师都千方百计保证课本供应。

经济条件和文化条件较好的陕甘宁边区正规编辑出版机构较多，山东、晋察冀等抗日根据地也培育了一批较具实力的出版机构，而其他一些根据地则以各种方式保证教科书的供应。在抗战时期，各根据地积极鼓励翻印教科书，学校和教师也采取各种“土办法”自印教科书，基本满足了教科书的印刷需求。

第三节　全面抗战时期革命根据地中小学教科书的编审

一、中小学教科书的编审过程

1937 年 9 月，陕甘宁边区政府成立，边区政府内设教育厅，厅长为徐特立。各分区所属各县的县政府内设第三科，负责领导本县的文化教育工作。陕甘宁边区教育厅成立编审科，专门负责中小学教科书的编审工作。陕甘宁边区教育厅编审科是全面抗战初期成立最早的系统编审教科书的机构，首任编审科科长为柯柏年。1938 年初夏，柯柏年调任延安马列学院，董纯

---

① 曹剑英等. 晋察冀边区教育史[M]. 石家庄：河北教育出版社，1995：67.

② 王谦. 晋察冀边区教育资料选编(回忆录分册)[M]. 石家庄：河北教育出版社，1990：5.

才接任编审科科长，主要成员有辛安亭、刘御、刘端棻、沈九昌等。柯柏年担任编审科科长的时间并不长，在中小学教科书领域产生的影响不及董纯才，此后柯柏年主要从事马列经典著作的翻译。① 随后，其他各根据地也相继成立了专门负责教科书编审的教育行政机构。抗战时期最早一批官方编审的教科书于 1938 年问世，最初教材的编写更多是"书斋式"的创造，而且是以编审合一的方式进行的，即编写者和审查者是同一机构。参与这批教科书编写的辛安亭回忆：

> 一九三八年春天，我来到革命圣地——延安……当时领导上要我同时编写高小历史和地理教材，我稍加考虑，即承担了。先写出编写计划和提纲，经过讨论，接着就双管齐下，写几课历史，再写几课地理，积极地工作起来。写出一部分，马上审查、修改，立即油印发出，供学校使用。②

辛安亭是从国统区过来的知识分子，有一定的编写经验，较早参加根据地教科书的编写工作。从他的描述可以看出，早期抗日根据地教科书的编审流程一般是：下达编写任务—提出编写计划和提纲—组织讨论—开始撰写—送审通过—投入使用。在抗战初期特殊的历史背景下，教科书的编者们在非常短的时间内完成了教科书的编写，并在 1938 年开始供根据地教学使用。抗战进入相持阶段后，这种教科书编写模式的问题就暴露出来，例如教科书与边区生活脱节、教科书考虑儿童不够以及教科书过于政治化等。后续教科书的编写开始进一步深入边区生活，例如晋察冀边区在抗战时期编写中小学教科书的基本流程是：在编写前广泛收集各地教师自己创作的临时课本和油印小报、黑板报上刊登的故事、农谚、儿歌等，作为主要参考资料。同时也参看了郊区的课本和抗战前的旧课本；编好之后，邀请当地小学教师参加修改，有时还请教师试教或在儿童中朗诵，经过多次修改，最后付

---

① 方晓东等. 董纯才传[M]. 北京：教育科学出版社，2012：63.
② 辛安亭. 教材编写琐忆[M]. 西安：陕西人民出版社，1981：1.

印。[①] 而中学教材多是利用假期，由边区政府教育行政部门邀请各地水平较高的中学教师，自带个人讲义，集中一处，集中商讨，把大家认为较好的教材，加以修改补充，印发下去，作为统一教材。因为战争频繁，尤其是在反“扫荡”中，随时都要准备转移，每个编辑人员都备有稿纸、墨水，遇有敌情，背起挎包就随着机关走，一住下来，马上就进行工作。[②]

因此，总体来看，抗日根据地教科书的编撰以各边区政府教育行政部门主导，邀请一线中小学教育专家参与编写。编写的依据主要是自由讲义，同时采取集体创作的方式进行。抗日根据地教科书编审在特殊的历史时期采取了特殊的方式，取得了较好的效果。

二、中小学教科书的编撰群体

（一）主要编撰群体

抗日根据地教科书的编撰主要由各级教育行政部门组织，各级各类出版社也积极参与教科书的编写工作。此外，也有部分教科书由各级各类学校自主编撰。

例如，晋冀鲁豫根据地的太岳中学曾自编教科书。1940 年 8 月 1 日，太岳中学在沁源县城成立。它是当时太岳抗日革命根据地的最高学府，由中共太岳区委、太岳行署创办和领导。其宗旨是培养解放区所需要的县区初级干部。[③] 1945 年，太岳中学的武伯年教官负责编写了《实用中等数学课本》，分为上、下两册，摆脱了旧课本的束缚，内容符合实际需要。此后他又编写了《农业生产基础知识》《天文常识》《药用植物常识》三种教材。郭惟凡教官和任平教官编写了《中等语文课本》（上、下册），不但注意了语文知识的要求，而且在选材上特别注重思想性、政治性。

（二）主要编撰人员

抗战时期，革命根据地大量吸收知识分子充实革命队伍，不断有国统区

---

① 吴洪成. 中国学校教材史[M]. 重庆：西南师范大学出版社，1998：346.

② 董纯才. 中国革命根据地教育史（第二卷）[M]. 北京：教育科学出版社，1991：358.

③ 太岳中学校史编委会. 晋冀鲁豫边区太岳中学校史[M]. 太原：山西人民出版社，2004：1.

或沦陷区的知识分子涌入抗日大后方。毛泽东在《大量吸收知识分子》一文中就指出："没有知识分子参加，革命的胜利是不可能的。""只要是愿意抗日的比较忠实的比较能吃苦耐劳的知识分子，都应该多方吸收，加以教育。"[①]因此，随着全面抗战的爆发，全国各地知识青年奔赴敌后抗日根据地，并在抗日根据地的恢复重建中起到了重要作用。随着大量知识分子加入军队、加入政府、加入学校，抗日根据地的文化教育事业也轰轰烈烈地开展起来。据统计，仅仅是1938年5月至8月，奔赴延安的知识分子就有2288人，全年共计10000多人到达延安。到1940年初期，延安已经形成一个40000人的知识分子群体。[②] 他们中有教育家、外文翻译家、经济学家、历史学家、作家、艺术家、自然科学家、工程师、海外留学生，这显然是一个高知的群体。这么短的时间内聚合这么多人才，这在历史上也是很罕见的。为了吸引知识分子从事边区教育工作，边区政府采取了一系列优惠政策，保障教师的生活，提高教师待遇，吸引了一大批优秀青年的加入，其中就包括日后在教材编撰事业上作出重要贡献的董纯才、辛安亭、张养吾、温济泽、刘御、皇甫束玉等人。

1. 董纯才

董纯才（1905—1990），中国现代著名教育家，出生于湖北省大冶县。曾就读于武昌教会学校、上海浦东中学、上海光华大学教育系、南京晓庄师范、南京中央大学生物系等，先后担任陕甘宁边区文协常委、陕甘宁边区教育厅编审科科长、陕甘宁边区师范学校副校长、东北人民政府教育部副部长兼党组书记、东北教育行政学院院长、教育部副部长、中央教育科学研究所所长、中国教育学会会长、《中国大百科全书·教育卷》主编、全国政协教育组组长等。[③] 董纯才长期致力于教科书编撰工作。20世纪30年代，他在上海为世界书局编写农民识字课本。在延安工作时，他编写了两套小学语文课本、一

① 毛泽东. 毛泽东选集(第二卷)[M]. 北京：人民出版社，1991：618—619.

② 张正光，张远新. 延安知识分子群体的概况、成因及其基本特征[J]. 云南社会科学，2009(2).

③ 张念宏，教育百科辞典[M]. 北京：中国农业科技出版社，1988：314.

套政治常识课本和一套公民识字课本。[①] 他是中国共产党教科书编撰事业的开拓者。董纯才于1937年9月从上海来到延安,加入革命的大家庭,开始从事教科书编写的相关工作。作为陶行知的学生、重要的知识分子,董纯才来到延安后受到高度重视。他被安排到陕甘宁边区政府教育厅教材编审科工作,与徐特立同吃同住。1938年,为了能在最短的时间内把教材编出来,争取在开学之前将书发到学生手中,边区政府教育厅编审科迅速开展教科书编写工作。时任编审科科长柯柏年准备安排董纯才编写自然常识课本,因为董纯才在抗战前已经编写了不少科普读物和小学自然课本。当时董纯才正好看到一本过去编写的小学《国语》课本,其中一课竟是《蒋委员长领导抗战》,觉得很不是滋味,就顺口说了句:"这样的《国语》课本我也能编。"刚好当时没有人主持语文教科书编写,柯伯年听见后就答应了。这样,董纯才在陕甘宁边区主持编写的第一套课本就是《国语》课本。[②] 1940年,中共中央宣传部决定重新编写陕甘宁边区小学课本,张闻天部长调董纯才任中共中央宣传部国民教育科副科长,负责小学课本的编写工作。董纯才亲自编写了国语与常识合编本。到1942年,整套《国语常识》以及编审科负责编写的算术、历史、地理、自然、卫生等34册教科书全部问世。这套课本成为抗日根据地教科书编写的范本,被多个根据地翻印。在整风运动中,董纯才在《解放日报》上发表的《怎样以反对党八股的精神编教材》引起了极大的反响。董纯才此后一直从事教育相关工作,为根据地教育发展和新中国教育事业的发展作出了巨大贡献。

2. 辛安亭

辛安亭(1904—1988),山西离石人。1935年毕业于北京大学历史系,此后回山西就任中学教员,1938年春赴延安,入陕北公学集训。不久他被分配到陕甘宁边区政府教育厅任职,协助董纯才负责教材的编写和审定工作。次年加入中国共产党,后升任陕甘宁教育厅编审科科长。他负责编写了高小的历史和地理教材。在编写中他结合战时教育的特点,每完成一部

① 安树芬,彭诗琅. 中华教育通史(第十卷)[M]. 北京:京华出版社,2010:2210.

② 方晓东等. 董纯才传[M]. 北京:教育科学出版社,2012:62—63.

分即油印分发各学校试用，及时征求意见后再予以修订。这套教材于1942年正式编印出版，获得各方面好评。除了中小学教科书，辛安亭还编辑出版了多种成人识字和脱盲教材，包括1944年的《日用杂字》《识字课本》和《农村应用文》。这些教材结合边区成人学习的特点，配合"冬学运动"，在农闲时或者夜校供成人学习，为边区成人脱盲作出了重要贡献。1945年前后，他又主持修订了陕甘宁边区中小学教科书，在编写中努力克服教条主义，突出儿童特点。[①] 辛安亭是知名教育家、出版家，他编教一生，滋育万众。

3. 张养吾

张养吾（1905—1995），陕西西乡人。1933年加入中国共产主义青年团，1938年加入中国共产党。1936年毕业于北平民国大学教育系。曾任陕甘宁边区教育厅秘书主任、西安市教育局局长、中国人民解放军第一野战军司令部秘书主任。新中国成立后，历任中国人民志愿军司令部办公厅主任，西北军政委员会办公厅主任，民族学院党委书记兼副院长，中央民族事务委员会文教司司长，中央民族学院党委副书记、副院长，中国少数民族经济研究会首届会长，中国教育学会少数民族教育研究会理事长，中国民族理论研究会副理事长，北京市高等教育学会常务理事。[②] 抗战时期他所编数学教科书影响广泛。

4. 温济泽

温济泽（1914—1999），1914年生于江苏淮阴，1929年参加革命。1937年到达延安，先后任陕北公学教员、中央宣传部干事、延安中央研究院研究员。1943年至1946年，先后任《解放日报》副刊部秘书、编辑、主编，撰写了大量普及科学知识和历史知识的文章。1946年6月任新华社口头广播部第一任主任。温济泽在抗战时期主要从事科普宣传和《自然》等教科书编写工作。新中国成立以后，温济泽历任中央人民广播电台副总编辑、中央广播事业局副局长等职。1978年1月后，历任中国社会科学院科研组织局副局长，中国社会科学院党组成员，中国社会科学院研究生院副院长、院长等职。

---

① 顾明远. 中国教育大系·历代教育名人志[M]. 武汉：湖北教育出版社，2015：800.

② 刘巧云，张俊朴. 张姓历代名人（下）[M]. 北京：世界文明出版社，2004：1107.

他还主编了《瞿秋白文集》、《革命烈士传》和《中华英烈》杂志，并发表了大量学术论著。① 他编辑的《自然》教科书在抗日根据地广泛使用，产生了较大影响。

5. 刘御

刘御(1912—1988)，原名杨春瑜，知名的教育家、儿童文学家。1912 年生于云南省临沧县清华乡。1928 年考入云南东陆大学附属中学。1931 年到上海入立达学园，参加共青团。1934 年改名扬采，考入北京师范大学，积极参加学生运动及左联工作。1936 年 5 月被捕。出狱后暂赴日本，自学马列主义。七七事变后直奔延安。在陕甘宁边区政府教育厅编审科任副科长，致力于小学教科书编写工作。新中国成立后先在西北教育部任编审副主任，后调北京人民教育出版社任小学编辑室主任。1955 年回滇，先后任昆明师范学院党委书记及云南作协常务副主席等。“文化大革命”其间长期受害，十一届三中全会后拨乱反正，恢复党籍，调任云南教育学院院长。1980 年，先后被选为云南中学语文教学研究会会长及云南小学语文教学研究会名誉会长。著作主要有《国语》《常识》等小学教科书，另有诗集《延安短歌》及《新歌谣》《边区儿童的故事》《小青蛙》《红山茶》等儿童文学作品。②

6. 皇甫束玉

皇甫束玉(1918—2015)，山西左权人，1918 年 5 月 20 日出生在左权县一个富农家庭。1937 年考上太原成成中学，但因抗战爆发，投笔从戎，参加革命，先在辽县三区战地动员委员会工作，后从事教育和教材编辑出版工作。他先参加了冬学战时课本的编写工作，后担任晋冀鲁豫边区教育厅编审委员，编著了《初级新课本》。抗战时期的重要贡献在于中小学教科书的编撰和边区民歌、小花戏和戏剧的创作。他创编了众多的民歌，是当时太行根据地的文艺“大腕”。他创编的民歌《左权将军》流传至今，传唱不衰。这首民歌被晋冀鲁豫边区小学国语课本收录，改为同名课文。1949 年，皇甫

① 中华人民共和国年鉴编辑部. 中华人民共和国年鉴 2000(下)[M]. 北京：中华人民共和国年鉴社，2001：1844.

② 智仁勇. 作家教你写作文[M]. 郑州：文心出版社，1989：138—139.

束玉到华北人民政府任职，其间又编撰了华北农村《民校识字课本》。[①] 新中国成立后，他先后任国家教育部社会教育司处长、教育部办公厅副主任、高等教育出版社党委书记等职，起到了高校教材出版工作奠基人的作用。

全面抗战爆发后，一大批知识分子来到抗日根据地，为边区教育事业贡献了力量。中国共产党将教科书作为思想启蒙的文本，深入宣传抗战思想和中国共产党的主张，掀起了一场全面而深入的社会动员运动。参与抗日根据地中小学教科书编撰的董纯才、辛安亭、皇甫束玉等一大批老一辈革命工作者，将自己对中国共产党革命精神和抗日战争特殊时代要求的总体理解和把握熔铸在小小的课本中，以此传播中国共产党的政治理想，传播中国共产党的声音，号召和发动了千百万民众，投身抗日的大潮之中。在教科书的学习过程中，边区群众逐步接受了思想观念的改造。中国共产党宣传的抗战思想、方法和路径深入人心。可以毫不夸张地说，根据地教科书“架起了共产党和千百万农民之间的桥梁，成为党最有效的宣传工具和动员媒介之一”，[②]这种宣传和动员适应了抗战时期特殊的需要，为抗日战争的胜利作出了巨大贡献。

① 许力以.中国出版百科全书[M].太原:书海出版社,1997:832.

② 石鸥,吴驰.中国革命根据地教科书的政治宣传效应[J].教育学报,2011(3).

第二章　教科书社会动员的理论阐释

社会动员是国家、政党以及社会组织，借助一定的动员工具，从国家利益和民族利益出发，广泛发动各种思想或者政治宣传，获取社会资源并发动社会成员参与社会活动，进而促进社会成员在思想观念或者行为方面发生预期的改变，从而实现既定目标的行为和过程。学校教科书是社会动员的重要中介物，能够发挥社会动员的载体作用，使动员客体的态度、期望、价值观与行为发生改变。教科书社会动员表现出明显的目的性、参与性、协同性、教学性等特征，同时经历了一个由动员准备到动员实施，再到动员效果反馈和改进的过程。

革命根据地中小学教科书抗战社会动员的内容集中在政治、经济、文化和军事四大方面，这也是分析教科书社会动员的基本维度。

第一节　社会动员与教科书社会动员

一、社会动员的含义

（一）从“动员”到“社会动员”

1.“动员”的词源分析

“动员”一词最早运用在军事领域。“动员”现象首先在“普法战争”中被军事家们提及，当时的普鲁士军队在战争之前对各种事项都精细计划，作了积极部署，并且最终赢得了战争；相反，法国军队准备不足，士兵缺少装备，整个战争过程中军队非常混乱，最终失败。军事家们把普鲁士军队的战争准备行为作为战前“动员”的典型，中国早期研究战争动员问题的学者蒋方震先生认为德国军队是“军队动员之祖”。[①] 这是较早关于“动员”起源的解释。

“动员”一词在现代社会越来越常见，然而围绕战争开展的本意依然存在，而且不断被各类学者肯定和强调，如《辞海》将“动员”界定为：国家把全部武装力量从平时状态转入战时状态，并统一调度、指挥、管理一切可以利用的人力、物力，使政治、经济、文化等一切活动服从战争需要。[②] 爱尔兰学者约翰·霍恩提出“动员”是不同交战国在战争中付出的努力，[③]这种努力能够发挥思想作用，也可以发挥组织作用。美国学者哈诺德·J. 克莱姆认

---

① 张杰.“动员”词源略考[J]. 国防. 2004(4).

② 《辞海》编辑委员会. 辞海[M]. 上海：上海辞书出版社，1979：673.

③ [爱尔兰]约翰·霍恩. 第一次世界大战期间欧洲的政府、社会和动员[M]. 卢周来译，北京：北京理工大学出版社，2007：2.

为“动员”是快速集结、组织和展开各种优势兵力，使国家做好战争准备。[①] 20世纪中期以来，“动员”的概念从军事领域渗透到社会其他领域，出现了“政治动员”“经济动员”“文化动员”“社会动员”等不同的概念。

2.“社会动员”概念的形成

“社会动员”是“动员”的属概念。这一概念在20世纪60年代由美国社会学家卡尔·多伊奇(Karl Deutsch)首先使用，此后，社会动员的概念广泛传播，并在政治学、社会学领域形成了研究潮流。卡尔·多伊奇认为，社会动员是一种与国家现代化互相作用和互相影响的过程，社会动员主要用来描述人们思维方式和行动方式的转变以及社会成员如何发生变化的过程。通过社会动员，社会成员的思想、行为发生改变；而这种改变又反过来促进了社会的现代化。[②] 美国政治学家塞缪尔·亨廷顿继承和发展了卡尔·多伊奇的观点，他也抓住了社会动员的现代化问题，论述了社会现代化与社会动员的交互影响。他进一步提出，社会动员是一种广义的社会影响，人们在这种持久的社会影响下，价值观、态度和期望发生着一定的变化，这种变化是现代社会所共有的态度、价值观和期望。[③] 以色列社会学家艾森斯塔德，将社会动员理解为社会资源的发动，并尝试采用结构功能理论对社会动员进行分析。他认为任何一个国家的发展都离不开资源的获得。而要有效获得这些资源，就必须要有社会动员，必须动员社会成员参与各种社会活动从而有序获得资源，并据此推动社会现代化发展。[④] 美国学者K.道易治从社会化模式和行为模式的角度探讨了社会动员的问题，指出社会动员是旧的社会化模式崩溃而新的社会化模式和行为形成的过程。英国学者A.布洛克在总结西方学者对社会动员的不同认识基础上，提出“社会动员”是“鼓动

① [美]哈诺德·J.克莱姆.经济动员准备[M].库桂生，张炳顺译，北京：北京理工大学出版社，2007:2.

② [美]K·多伊奇.社会动员与政治发展[J].岳西宽译，国外政治学，1987(6).

③ [美]塞缪尔·亨廷顿.变革社会中的政治秩序[M].李盛平等译，北京：华夏出版社，1988:34.

④ [以]艾森斯塔德.现代化：抗拒与变迁[M].张旅平等译，北京：中国人民大学出版社，1988:27.

个人、家庭或社会群体响应社会中的政治意识”。[①]

由此可见，国外学者大多将社会动员界定为一种行为方式和思维方式的变化，并且更加倾向从社会现代化的角度解释社会动员。在这个动员的过程中，社会成员的生活状态发生着转变，实现着过渡，而这正是现代社会发展的一个必然阶段和过程。在社会动员过程中，社会政治、经济、文化发生着改变，个人生活方式、行为方式、思想观念发生着变化。社会动员与这些社会要素之间形成了一种潜在或显在的互动，二者互为动力、相互影响。社会动员既推动着现代社会的发展和进步，也促进着个人的发展。

根据各自研究的需要，国内学者对社会动员的概念作过不同的界定。如郭岩(2003)把社会动员看成是“把社会发展目标转化为社会行为的过程”。吴开松(2006)认为，社会动员是在参与政务与处理社会事务过程中，非政府组织与社会公众自觉聚合资源的行为；梁颖(2003)认为社会动员是党通过政权组织，发动群众、组织群众、依靠群众进行社会主义建设的一种领导方式，是为了实现特定目标而采用的方法。需要说明的是，国内关于“社会动员”的理解划分为“对社会进行的动员”和“由社会进行的动员”两类。我们所讨论的“社会动员”是“对社会进行的动员”。

(二)中国共产党对“社会动员”概念的发展

马克思主义的社会动员理论，强调凝聚人民的力量，强调广泛发动群众，这一点指导着中国共产党领导的革命和建设实践。在马克思主义社会动员理论的指导下，中国共产党人号召和发动群众，推动动员任务的开展，贯彻党的路线，完成党的任务。[②]

在不同的历史时期，中国共产党人的社会动员所关注的重心有所不同。在战争年代，中国共产党的社会动员更多地表现为一种政治动员，甚至社会动员在某些时候就等于政治动员。毛泽东就曾提道：“这个政治上动员军民的问题，实在太重要了。我们之所以不惜反反复复地说明这一点，实在是没

---

① [英]布洛克，斯塔列布拉斯. 枫丹娜现代思潮辞典[M]. 中国社会科学院文献情报中心译，北京：社会科学文献出版社，1988：534.

② 刘建明. 宣传舆论学大辞典[M]. 北京：经济日报出版社，1992：56.

有这一点就没有胜利。”[①]他在《论持久战》中也提道：“如此伟大的民族革命战争，没有普遍和深入的政治动员，是不能胜利的。”战争年代，政治动员是社会动员的核心内容，政治动员是“把战争的政治目的告诉军队和人民，说明达到此目的的步骤和政策”。[②]

（三）社会动员的基本含义

通过考察“动员”以及“社会动员”概念的产生与发展，我们认为，“社会动员”概念的界定，既要关照概念本身的意义，同时也要考虑研究的需要，因此，有必要明确本研究所指的“社会动员”的基本含义。从本意上看，目前“动员”已经不仅仅局限在军事领域，社会动员所指涉的范围也有所扩展，但是总体上看，都是为了对群体思想、行为等方面起到引导和改变的目的，而且本研究所取的“社会动员”的意义也是“对社会进行的动员”之意。基于以上考虑，本研究的“社会动员”主要是指国家、政党以及社会组织，借助一定的动员工具，从国家利益和民族利益出发，广泛发动各种思想或者政治宣传，获取社会资源，发动社会成员参与社会活动，进而促进社会成员在思想观念或者行为方面发生预期的改变，从而实现既定目标的行为和过程。简而言之，“社会动员”就是动员主体通过动员中介，以高强度的宣传与组织活动，使得动员客体的态度、期望、价值观与行为等发生预期改变的活动。

二、社会动员的基本要素

（一）社会动员主体

社会动员的主体是动员的组织者、引导者和推动者，是整个动员过程的实际操纵者。[③] 在革命战争年代，我国社会动员的主体一般是党和政府，在实施社会动员时一般采取集中统一、自上而下、层层传达、学习落实的模式，具有动员范围广、规模大、持续时间长等特点。大规模的社会动员一般是由国家、政党等发起，这种社会动员具有广泛且持续的影响，能够产生持久的

① 毛泽东．毛泽东选集（第二卷）[M]．北京：人民出版社，1991：513.

② 毛泽东．毛泽东选集（第二卷）[M]．北京：人民出版社，1991：481.

③ 蔡志强．社会动员论[M]．南京：江苏人民出版社，2015：25.

动员力。中国社会近代以来的社会动员,也显现了国家主体社会动员的意义和价值。在中国社会动员的实践中,国家主体的社会动员与国家自身的发展和内生性的成长密不可分,同时也伴随着国家建设和社会发展的历程。尤其需要注意的是,中国共产党成立之后迅速成为中国社会动员主体,带领中国人民,致力于人民解放和社会发展,取得了非常重大的成果。新中国成立前,在国家内外交困,社会生产力低下的大背景下,中国共产党采取群众动员的方式解决了中国社会发展面临的诸多问题,为中国社会的发展找到了新的方向。在改革开放以前,以中国共产党为主体进行的社会动员,主要是围绕革命问题和阶级斗争问题进行的政治动员,是一种"群众运动"模式下的集中动员。

随着中国共产党的壮大与成熟,社会动员的主体也开始逐步多样化。这是党和政府逐步完善和成熟的必然要求和必然趋势,是党和政府更加自信的表现,也是国家治理体制不断完善的要求。中国共产党作为社会动员的主体,从革命党转向执政党,实现了国家制度形态和权力结构的调整、阶级关系的变化,从破立结合、以破为主的框架,逐步转为破立结合、以立为主的框架,实现了社会动员的转型和自身发展的深化,体现了马克思主义和中国实际相结合的特点。中国社会的发展表明,中国共产党领导下的政府,在政治秩序维持、社会力量整合以及政治文化的塑造方面具有不可替代的作用和地位,是最重要的社会动员主体。[①]

社会动员的主体要产生社会动员的效果,必须考虑动员主体的权威性问题。这种权威性来源于三个方面:第一是法定权威,如国家领导者权威、法律权威、法定社会组织权威等;第二是社会共同体认的权威,这种权威来源于人民的习惯,也可以是经过协商一致的产物;第三个是社会剧变过程中产生的领袖人物。[②] 社会动员主体如果同时拥有这三方面的权威,则社会动员的效果将大幅度提升。

---

① 蔡志强.社会动员论:基于治理现代化的视角[M].南京:江苏人民出版社,2015:29.

② 蔡志强.社会动员论:基于治理现代化的视角[M].南京:江苏人民出版社,2015:29.

(二)社会动员客体

关于社会动员的客体范围有不同的认识。有研究指出,社会动员的客体一般是社会大众,是权力所指向的对象,是党的政治主张赖以实现的社会基础,也就是工农大众。[①] 也有学者指出,社会动员客体是社会动员过程中动员主体的活动对象,它包含了社会动员活动的全部要素。社会动员活动的要素主要包括两部分:一部分是在社会动员活动中被当作行为对象的动员者和被动员者;另一部分是社会动员的动员环境、动员目的、动员内容和动员方式等其他要素。[②] 由此看来,社会动员的客体对象有扩大化的趋势。社会动员的客体已经不局限在"人"的层面,还扩充到了"物"的层面。

而在不同学科视角下,社会动员的客体或者对象的认识也不一样。从政治学的角度,社会动员的对象是利益相同或者相近的群体,这些群体在政治交往和社会活动中,按照特定的关系模式结合相应的团体。社会动员的客体相对社会动员的主体来看,处于一个相对被动的地位,但是社会动员的成功与否,却取决于社会动员客体的参与度和积极性。因此,如何让社会动员的主体和客体形成有效联结,是社会动员必须认真考虑的问题。而主客体之间的不同联结形式,也就形成了不同社会动员的模式。从传播学的角度看,社会动员的客体是一种"非知晓对象",而社会动员的主体是"知晓对象"。社会动员的本质也就是使社会动员的客体从"非知晓对象"向"知晓对象"转变。这个转变过程也就是社会动员实施的过程。

我们认为,社会动员的客体,也称为社会动员的对象,它是指社会动员过程所作用的群体,是社会动员活动针对的主要对象,在中国的语境下,社会动员的客体最主要还是广大人民群众,只是在不同的社会历史阶段,随着社会矛盾的不断变化,这个"客体"或者"对象"有所变化。在革命和战争年代,所有被剥削、被压迫阶级都是社会动员的客体或对象。而在抗日战争的特殊历史时期,所有统一战线需要团结的对象都是社会动员的客体,所有反对日本帝国主义侵略的力量都是社会动员的客体。

---

① 蔡志强.社会动员论[M].南京:江苏人民出版社,2015:31.

② 唐明勇,孙晓晖.危难与应对:新中国视野下的危机事件与社会动员个案研究[M].北京:中共党史出版社,2010:42.

另外，需要注意的是，社会动员的客体有组织和个人之分。一般来说，组织的集团化程度越高，社会动员的需要越小；而离散化的个人，社会动员的需要越大，社会动员的难度也越大。抗战时期，最典型的离散化的个人群体就是农民阶层。这个群体的基数很大，对社会发展具有重要的作用，甚至能够决定社会动员的成败。中国社会历史的发展过程也一再表明，农民群体的支持和认可，是取得政权以及社会长治久安的保障。中国共产党的社会动员实践也表明，将农民有效地组织起来，将阶级观念和革命意识有效植入农民的头脑，是社会动员非常重要的内容。抗战时期教科书的社会动员，其中很大部分是针对革命根据地的底层群众，尤其是根据地的农民。总之，社会动员的客体或对象是社会动员最主要的要素，社会动员的效果评价来自社会动员客体达到预期改变的程度，所有社会动员的资源都是围绕社会动员的客体运转的，没有了社会动员客体，社会动员的目标也就无从谈起，社会动员的链条也就不复存在。

（三）社会动员中介

社会动员的主体和客体需要发生关联，才能使得社会动员产生预期效果。而使二者发生关联的要素就是社会动员的中介，其中社会动员的内容要素、社会动员的载体要素和社会动员的环境要素等是社会动员中介的核心部分。

1. 社会动员的内容

社会动员的内容与社会动员的主要目标相联系。处于不同社会发展的阶段的组织，其社会动员的内容存在较大差异。以中国共产党领导的社会动员为例，革命时期中国共产党的社会动员主要服务于党在革命斗争时期的特殊需要，其主要内容与革命实践和阶级斗争相联系，其主要目标是传播马克思主义，揭示封建制度和资本主义制度的剥削和掠夺本性，号召人民起来反抗，摆脱被剥削、被压迫的命运。为了实现这种社会动员，就必须赢得底层社会的工农大众的支持，让不同利益集团在合适的平台上找到共存的基点，让人民能够翻身做主人。因此，让工农群众了解革命的目的和形势，了解革命将要走的道路，明确革命的最终方向，就成为这一时期社会动员的内容。新中国成立之后，如何通过广泛的社会动员，在物质匮乏的条件下，巩固好新生政权的同时，加快社会主义建设成为社会动员的主要内容。中国共产党由此制定了一系列的政策制度，鼓励和引导人民群众投身到社会主义建设事业上来，通过不断地探索，逐步走出了一条适合中国发展的道路。改革开放以来，中国社会实现了由“以阶级斗争为纲”向“以经济建设为中心”的转变，中国共产党领导中国人民的社会动员的内容也实现了转向，逐步过渡到动员人民群众开展经济建设、推动社会发展、投身改革开放的道路上来。此后，中国社会动员的主要目标是稳步推进社会主义现代化建设，加快发展社会生产力，不断满足人民物质文化生活水平的需要。当然，除了总体的社会动员内容外，在不同的历史阶段，也还有一些集中的社会动员内容，如在改革开放的社会实践中，社会动员内容还围绕城市、地区和国家的形象塑造进行动员；在突发疾病流行时期，如2003年的“非典”和2020年的“新冠病毒”流行期间发动的社会动员，都属于某一特定时期的较为集中的社会动员内容。

2. 社会动员的载体

社会动员需要借助一定的载体才能进行。社会动员的载体就是社会动员活动得以开展的物质与制度基础。① 它是社会动员主体将社会动员内容向社会动员客体进行传播的介质。传统和狭义上的社会动员载体主要包括报纸、期刊、图书以及广播影视等媒介，而广义上的社会动员载体，除了包括这些媒介载体之外，还包括了传播的技术与平台。我们重点介绍以下几类社会动员载体。

(1)报纸、期刊、图书

报纸、杂志、图书是较早的社会动员载体。报纸是以刊载新闻和时事评论为主的定期向公众发行的印刷出版物或电子类出版物，是大众传播的重要载体，具有反映和引导社会舆论的功能。中国近代报刊首先是由外国人办起来的，英国伦敦布道会传教士马礼逊在马六甲创办的《察世俗每月统记传》，是外国人创办的第一个中文近代报刊，而德籍传教士郭士立于1833年在广州创办的《东西洋考每月统记传》，则是在中国境内的第一家近代中文

① 蔡志强. 社会动员论[M]. 南京：江苏人民出版社，2015：47.

报刊。中国人自办报刊可以追溯到19世纪70年代，早期的《昭文新报》《循环日报》《汇报》《新报》《述报》《广报》等都是较为知名的自办报纸。[1] 报纸具有非常强的时效性，它的主要功能是传播新闻和发表意见，它能够促进人类的思想、意识和文化的传播与交流。中国共产党早期创办的报纸起到了巨大的社会动员效果，这方面的已有研究也较多。抗战时期，陕甘宁等根据地积极创办报纸，其中，《红色中华》《新中华报》《解放日报》都产生了深远的影响，为革命战争年代中国共产党的社会动员作出了重要贡献。

期刊是有固定刊名，以期、卷、号或年、月为序，定期或不定期连续出版的印刷读物。与报纸相比，期刊的专业性更强，针对性更强。相对于报纸来说，期刊的受众范围更小，但是受众群体更加集中。抗日战争时期，中国共产党人也创办了一系列有影响的期刊，用来传播马克思主义，宣传中国共产党的主张，其中影响较大的有《解放》(周刊，1937年4月24日创办，中共中央机关刊物)、《前线》(周刊，1938年1月创办，八路军总政治部主办)、《团结》(月刊，1938年2月1日创办，中共陕甘宁边区党委主办)、《文艺突击》(月刊，1938年10月16日创办，边区文艺界救亡协会主办)、《八路军军政杂志》(月刊，1939年1月15日创办，八路军总政治部主办)、《文艺战线》(月刊，1939年2月16日创办，中华全国文艺界抗敌协会延安分会主办)、《中国青年》(半月刊，1939年4月16日复刊，中共中央青年工作委员会主办)、《中国妇女》(月刊，1939年6月1日创办，中共中央妇女工作委员会主办)、《共产党人》(月刊，1939年10月20日创办，中共中央内部刊物)、《中国文艺》(1941年2月25日创办，中华全国文艺界抗敌协会延安分会主办)、《敌伪研究》(月刊，1941年5月20创办，延安日本问题研究会主办)、《谷雨》(月刊，1941年11月15日创办，中华全国文艺界抗敌协会延安分会主办)、《学习》(月刊，1942年6月创办，中共西北局主办)。抗战时期各根据地的期刊对马克思主义理论的传播和中国共产党抗日民族统一战线的建立，起到了非常重要的社会动员作用。

图书是以传播文化为目的，用文字或其他信息符号记录于一定形式的

---

① 章人英.华夏文明圣火薪传(第二卷)[M].上海：上海三联书店，2015：253.

材料之上的著作物。图书作为精神产品的一种具体形态，具有多维度的价值。首先，图书是一种精神文化产品，具有典型的精神价值和教育价值，能够给人带来思想的启迪，能够让人们精神愉悦和满足；其次，图书还有一个非常重要的价值，即社会政治价值。图书能够满足一定社会政治发展和变革的需要，这就决定了它具有典型的社会政治价值，图书的内容对于社会政治价值的引导、社会局势的研判、社会舆论的导向、道德风貌的发展都具有举足轻重的作用。“任何时代、任何国家、各个阶级、各个政党对于图书的社会政治倾向及其价值无不首先给予充分的注意，采取措施来影响图书的生产与传播。有头脑的政治家、有政治觉悟的群众，无不把对图书社会政治价值的考察审视放在批评标准的第一位。”[①]也正因如此，图书是社会思想政治动员的最重要工具之一。教科书属于图书，图书具有的社会动员价值教科书同样具备，而且教科书作为一种特殊的图书，其社会动员价值也具有独特性。

(2)广播、电影

广播是指通过无线电波或导线传送声音的新闻传播工具。广播分为有线广播和无线广播，通过无线电波传送节目的称无线广播，通过导线传送节目的称有线广播。1920 年 11 月 2 日，世界上第一座领有执照的商业广播电台美国匹兹堡 KDKA 电台正式开播。1923 年 1 月，中国的第一座广播电台由美国奥斯邦创办，并率先在上海播出。1926 年，刘瀚创办了中国自办的第一家广播电台，即哈尔滨广播电台。广播的优势是对象广泛，传播迅速，功能多样，感染力强；劣势是一瞬即逝，顺序收听，不能选择，语言不通则收听困难。1940 年 12 月 30 日延安新华广播电台首次播音，标志着中国共产党领导的广播事业诞生。新中国成立后的 1949 年 12 月 5 日，新华广播电台更名为中央人民广播电台，延续和发展着党的广播事业。

在电视还未普及时，广播是最重要的信息传播工具。在革命战争年代，广播是最重要的动员方式。它既能够传播我方的声音，为军队和人民鼓劲加油，同时也能作为打击敌方信心、瓦解敌方士气的工具。时至今日，以中

---

① 孟昭晋. 书评概论[M]. 南京：南京大学出版社，1994：120.

央人民广播电台、中国国际广播电台和全国各地方广播电台组成的强大的广播传播矩阵，依然在社会动员体系中扮演着重要角色。

电影是由活动照相术和幻灯放映术结合发展起来的一种连续的影像画面，是一门视觉和听觉的现代艺术，经过百年发展，电影已经成为一项重要的文化创意产业，具有重大的社会影响。中国电影诞生于1905年，它在中国社会发展过程中扮演了重要角色，尤其是一些具有典型代表性的影片，对当时人们产生了巨大影响，起到了积极的动员作用。抗日救亡时期，《狂流》《中华儿女》等影片鼓舞了人们的斗志，激发了爱国主义情感。解放战争时期，《八千里路云和月》《一江春水向东流》等影片深刻揭示了当时社会的矛盾，形成了一股现实主义的创作潮流。新中国成立后，《白毛女》《祝福》《林家铺子》等一大批现实主义和浪漫主义相结合的影片先后涌现，《开国大典》《大决战》等重大革命历史题材影片和《焦裕禄》《孔繁森》《离开雷锋的日子》《邓小平》等电影充分展示了中国共产党人为人民谋利益、不怕牺牲的精神，对于号召人们团结在中国共产党周围，加快建设社会主义现代化国家起到了积极的社会动员作用。

除了以上社会动员的载体之外，还有一些小众的社会动员载体，它们的形式多样化、对象小众化、功能较为分散。例如，抗战时期的木刻版画就起到过较为重要的作用。木刻版画作为一个整体，有着其他画种难以相比的整体性的力量，发挥了重要的宣传作用。① 除了版画之外，广告、宣传海报、宣传栏、演讲、标语口号、理论教育、开会以及群众喜闻乐见的戏曲、相声、歌曲等都是社会动员与传播的载体。这些载体遍布人们生活的各个角落，作为大众传播载体的重要补充，对社会动员对象的思想和行为产生着潜移默化的影响。

3. 社会动员的环境

社会动员是在一定的环境中进行的。社会动员的环境是对社会动员活动起影响、制约作用的各种外部因素的总和。② 社会动员环境要素对社会

① 陈履生. 艺术评论集(上)[M]. 南宁：广西美术出版社，2016：135.

② 甘泉. 社会动员论[D]. 武汉：武汉大学，2010：116.

动员活动产生重要的影响。一方面，社会动员的环境影响社会动员主体的动员策略。因为社会动员活动是在具体的时空环境中开展的，受到具体的社会时代背景制约，所以社会动员主体会根据具体的社会动员环境采取不同的动员方式进行社会动员。例如在抗战的特殊历史环境下，社会动员更多的是社会政治动员，动员的对象主要是工农群众，社会动员的话语更多符合农村社会的实际，充分考虑到工农群众的接受特点。另一方面，社会动员的环境因素也影响社会动员的客体。社会动员主要是思想和行为的动员，社会动员通过改变动员客体的思想和行为，来达到动员的目的，而正是具体的社会时代环境影响着社会动员客体的思想和行为，换句话说，社会动员客体的行为是在长期的社会环境中逐渐熏染而成的，社会动员客体与社会动员环境之间形成了必然的联系。总而言之，所有的社会动员活动都是在具体的社会动员环境中进行的，是时代的产物，凸显出时代的特征。

三、教科书社会动员的含义与本质

教科书作为一种特殊的社会动员的载体，在社会动员过程中有着独有的特点。这是由于教科书及教科书所承载的内容的特点所决定的。作为学校教学用书，它有最广泛的受众群体——儿童和青少年，同时这些受众群体与一个个家庭相联系，串联起了整个基层社会。通过教科书的学习，基层社会的散漫组织有了组织的可能。

（一）教科书社会动员的含义

教科书社会动员是指教科书作为一种社会动员的中介，发挥社会动员的载体作用，使动员客体的态度、期望、价值观与行为发生预期的改变。考察教科书社会动员的价值主要是考察教科书作为社会动员中介的价值，考察它所承载和宣传的社会动员内容和价值如何向动员客体转化、渗透，并对其转化和渗透的效果进行价值判断。

抗战时期，由于特殊的历史背景，很多教科书并不是专门的出版机构出版的，教科书中有很多翻印本、手抄本、石印本流行，教科书的形式也尽量精简，以节约纸张材料，但是教科书的基本用途没有改变，即教科书作为教师教学和学生学习的主要材料的功能没有改变。

(二)教科书社会动员的本质

教科书社会动员的本质是教科书社会动员所固有的,是教科书社会动员区别于其他事物的根本特质。根据社会动员的含义,我们认为,教科书社会动员的本质就是社会动员的主体通过教科书这种特有的动员中介,充分激发和发动动员客体参与社会实践、完成社会任务,发挥动员客体的积极性、主动性与创造性,使动员客体的态度、期望、价值观发生改变的活动。对于教科书社会动员本质的认识主要包括两方面:

第一,教科书社会动员的根本推动力在于教科书的受众。不同历史时期,教科书的受众范围并不一样。教科书的受众与教科书的使用者密切相关。在革命与战争年代,学校教科书的使用者不仅仅局限于学生,而且辐射到了各个家庭。尤其是抗战时期,教科书成为脱盲的重要工具,不仅仅小学生学,成年人也利用教科书学习。因此,教科书的辐射力大大增强。在抗日根据地,高小(高级小学)就已经开始具有干部培养的作用,高小毕业就算是文化人,可以成为一般的干部。由此可见,抗日战争时期教科书的受众并不只是未成年的小学生,教科书的受众扩大到了广大的人民群众。我们也可以这么说,教科书社会动员的根本动力还是来源于“人”。这个“人”的群体在随着时代变化而不断变化,范围越大,所起的动员效果就越大。如今,教科书的影响力有增无减,教科书正影响着每一个家庭,它的社会动员效果辐射全中国。

第二,教科书社会动员的本质在于通过教科书构建合适的内容,来调动教科书受众的主动性、积极性和创造性。社会动员主体通过教科书,引导受众认可社会动员的内容,积极推动社会动员朝着既定目标推进。社会动员客体的积极性、主动性和创造性是衡量社会动员效果的重要尺度,也是表征社会动员对象精神状态和行为方向的重要指标,只有调动了社会动员对象的积极性、主动性和创造性,才有可能引导他们积极参与社会实践,逐步接受社会动员的内容,与社会动员目标相向而行。

第二节　教科书社会动员的一般特征

教科书作为一种独特的社会动员载体，它的动员内容和方式都存在一定的特殊性，我们必须充分认识并且分析教科书社会动员的独特性，才可能更好地利用这一社会动员载体，有效实施教科书社会动员活动。

一、目的性

社会动员作为发动群众的重要的社会活动方式，具有目的性的特点。社会动员的目的性是指在社会动员的过程中，社会组织进行的任何活动都是基于某种目的进行的，包括组织群众、动员群众、发动群众，均是为达到某种目的。[①] 恩格斯指出，任何事情的发生“都不是没有自觉的意图，没有预期的目的的”。[②] 社会动员作为一项重要的社会活动，同样具有明确的目的性，正是因为它的目的性，社会动员才能紧紧跟随问题的运行轨道，并循着这条轨道，不断地根据事物发展的轨迹变换自己的对策和思路，提出解决问题的方法和策略，最终顺利完成动员的社会任务。

教科书社会动员的目的是基于某一种需要。人类的社会活动都是基于某一种特定的需要，因为目的反映着人的需要，不同社会历史条件下的人，他们的需要不一样，提出的社会实践目的也不一样，人类活动的目的性正是根植于人类的需要，并且随着需要的产生而产生，随着需要的变化发展而变化发展的。需要的产生与发展是一个社会历史过程。随着社会实践的发展

---

① 黄亦君. 建国初期西南民族地区基层政府的政权建设研究[R]. 国家社科基金结项报告(未出版)，2015:78.

② 〔德〕卡尔·马克思，〔德〕费里德里希·恩格斯. 卡马马克思恩格斯全集(第二十一卷)[M]. 中共中央马克思恩格斯列宁斯大林著作编译局编译，北京：人民出版社，1971:341.

和人类自身的发展，人类的需要实现了系统性的发展，这极大地拓展了人类的生存空间，使人类改造世界的目的不断丰富化和多样化。

教科书社会动员的目的，正是在对人民群众不同历史时期的具体需要的基础上所提出来的。社会动员的主体，根据所在时代的动员对象最迫切的现实需要，提出社会动员的具体目的，使得社会动员能够有明确的方向。工农群众之所以愿意跟着中国共产党闹革命，愿意全力支持中国共产党，一方面是理想信念的支持作用，另一方面是工农群众为满足生存与发展的需要。在黑暗的旧社会，工农群众尤其是农民，是社会的最底层，是受剥削、受压迫的对象，他们的生存空间被极大地压缩，通过自己的劳动只能勉强维持生活，甚至大部分连生计都无法维持，因此，此时社会动员的目的就是满足工农群众的基本生存，再在此基础上保障广大工农群众的发展权，这就是革命战争年代社会动员的基本逻辑。

最后，教科书社会动员的目的是通过学校教育渗透和传播给社会动员对象，并通过课程标准、教学大纲以及课程教材和教师的教学活动来具体体现的。总之，教科书社会动员具有鲜明的目的性，这种目的性根源于人类活动的目的性，而对教科书社会动员目的的分析，需要重点考虑和细致分析当时所处时代和社会动员对象的各种现实需要，只有在了解社会动员对象真实需要的基础上，社会动员目的才有可能真正明确，社会动员目的才有可能最终实现。

二、参与性

参与性是主体在社会生活中主动为之的表现。通过参与，主体交流加强，认同加深，联系更加紧密。① 社会动员的参与性是指社会组织在进行动员的过程中，必须调动和整合社会成员，发动和组织群众，促使他们积极参与其中。而教科书社会动员的参与性是指社会动员的主体在利用教科书进行社会动员时，必须充分整合社会资源，使得教科书的使用者积极投入其中，自愿接受教科书产生的影响，从而在思想观念和行为等方面发生预期改

① 杨异. 网络环境下的公民权利意识[M]. 北京：知识产权出版社，2016：29.

变。教科书社会动员的参与性主要表现在两方面：一方面是教科书社会动员的发动者，也就是动员主体的参与性；另一方面是教科书社会动员的客体，也就是接受教科书影响的群体的参与性。教科书社会动员的主体需要主动策划、组织和实施社会动员工作，认真分析教科书社会动员客体的需求，组织教科书的内容，使之符合动员对象的实际需要。参与性是社会动员的本质属性之一，没有参与，社会动员就无法发动，群众的积极性就无法调动，社会动员也就无法有效实施。

教科书社会动员的参与性相对于其他社会动员载体而言，有独特的优势，这主要是由于教科书本身的属性所决定的。一方面，教科书社会动员的参与性具有一定的强制性。报纸、杂志、图书或者广播、电影等社会动员载体并不强制社会动员对象参与其中，受众可以拒绝看书读报，拒绝听广播、看电影。但教科书是学校教学过程中最重要的学习材料，学生作为社会动员的客体，不管愿意或者不愿意，都自觉或不自觉地参与其中。对教科书中传播的内容，他们中的绝大部分是持有肯定和认可的态度。我们需要注意的是，虽然社会动员的客体参与到了教科书的学习过程中，但是并不能保证他们会完全按照教科书所规划的方向前进。所以，社会动员的主体依然要想方设法保证社会动员客体真正接受教科书中内容的宣传，并且在思想和行为上按照既定的方向转变。另一方面，教科书社会动员的参与性也是教科书社会动员这种社会实践的必然要求。教科书社会动员想要达到预期的目标，必须保证社会动员的客体有效参与其中，也就是广大的师生群体及其辐射的群体愿意接受教科书的宣教和影响，这一点在革命战争年代显得尤其重要。毛泽东就曾指出："抗日战争是要赶走帝国主义，变旧中国为新中国，必须动员全中国人民，统统发扬其抗日的自觉的能动性，才能达到目的。"①列宁也指出："我们的革命之所以远远超过其他一切革命，归根到底是因为它通过苏维埃政权发动了那些以前不关心国家建设的千百万人来积极参加这一建设。"②教科书社会动员的过程实质上就是对社会成员参与意

① 毛泽东. 毛泽东选集(第二卷)[M]. 北京：人民出版社，1991：477.

② [苏]列宁. 列宁选集(第四卷)[M]. 中共中央马克思恩格斯列宁斯大林著作编译局编译，北京：人民出版社，1995：348.

识和参与精神进行培养和调动，使得社会动员的客体的思想和行为发生变化，让他们从“要我参与”转变为“我要参与”。教科书社会动员的参与性特征既是教科书社会动员的本质需要，也是教科书社会动员的现实需要。

三、协同性

社会动员需要各方面的协同和协作，而对教科书社会动员的协同性理解主要考虑以下两个方面。

第一，教科书社会动员是一个复杂的系统，这就决定了教科书社会动员需要协同性。教科书社会动员由各个子系统构成，包括教科书社会动员的主体系统、教科书社会动员的目标系统、教科书社会动员的内容系统、教科书社会动员的评价系统、教科书社会动员的客体系统等，这些系统需要有效组织，加强协作，才能有效实现教科书的社会动员功能。

第二，教科书社会动员的广泛性，要求教科书社会动员各要素之间密切协作。教科书的受众是一个庞大的群体，不仅仅是在校的中小学生，而且涉及教师，也包括孩子们的父母。教科书是每位社会成员关注的对象，要实现教科书的社会动员价值，需要各影响要素之间的有效协调。

总之，教科书社会动员的协同性特征，要求各要素之间的协作和有序配合，并在这个过程中达成某种平衡，其中最重要的协同应该是教科书的内容与社会动员的主题相配合，教科书的社会动员与当时当地的社会环境相协调，进而使得教科书社会动员的目标逐步与社会发展的总体方向和目标协同。教科书中宣传和引导的内容，应该是社会动员主体践行的价值观，应该得到整个社会的支持与认可，并在社会现实中加以实践，同时应该与社会发展的大趋势相协调，否则社会动员的主体、内容和客体之间的联系就会削弱，教科书社会动员的协同性就会被破坏，动员效果也就大打折扣。

四、教化性

作为社会动员的载体，要有能够改变人们思想和行为的力量。从广义上看社会动员的载体都具有一定的教化性。教科书作为一种专门在学校教育环境下使用的学习材料，它的教化性与其他社会动员的载体相比较，则更加凸显：教科书的存在价值就在于其教化性，而其他社会动员的载体并不基于这一点而存在。教科书是教育目标实现的重要中介，在重视教科书文化的国家，教科书有着更加重要的地位，对学生、家庭和社会都有着广泛而深远的影响。有学者认为“教诲性”是教科书的根本属性，[①]也有学者认为“教学性”是教科书的本质属性，教科书有它基本的价值和功能，因为教科书从根本上看，它是教学活动的文本。[②] 不管是“教诲性”还是“教学性”，都承认了教科书作为“教化”材料的价值，都突出了教科书的“教”的方面。由此看来，教科书作为教学材料的基本特质决定了它的“教化性”特征，而这种“教化性”特征与其他社会动员载体的主要区别表现在以下几点。

第一，教科书的教化活动在专门的学校教育环境下进行，这体现了教化性的场域特点。任何社会动员活动都是在一定的场域下进行的，例如电影的社会动员更多地发生在电影院。教科书的社会动员大多数情况是在专门的学校教育环境下进行的。学校环境是教科书社会动员的主要场域，这也决定了教科书社会动员的辐射群体主要集中在学校。当然，教科书社会动员的次要场域有可能延伸到家庭。在抗日战争年代，学校教育场地不像如今这么固定。由于敌人的炮火攻击，学校随时面临着迁移的可能，教室也并不是现代意义的教室。但是在大多数情况下，学校环境还是教科书社会动员的主要场域。只有对学校教育环境场域有一定的认识和把握，才能充分把握教科书社会动员的作用机理。社会动员活动的场域对社会动员的效果会产生一定的影响。教科书是在学校场域下使用的动员载体，这个场域的神圣性和权威性，使得社会动员的效果也具有了神圣和权威的特性，更有利于社会动员活动的开展。

第二，教科书的教化内容是经过教材编撰人员精选的人类精神文化遗产，其编撰过程非常严谨，这保证了教化性的内容特色及内容质量。教科书的内容是按年级、学期编制的，在从小学到高中的有限的学习时间里，需要把多个学科知识融入其中。因此，内容的精选就不可避免，这就需要编撰人

① 石鸥，石玉．论教科书的基本特征[J]．教育研究，2012(4)．

② 孙智昌．教科书的本质：教学活动文本[J]．课程・教材・教法，2013(10)．

员仔细考虑保留哪些内容、删除哪些内容,哪些内容在前学习、哪些内容靠后学习。选择与组织内容之后,就需要考虑应如何有效呈现,以适应学生学习的特点。

第三,教科书的教化性是经过教师的教学活动而实现的,这体现了教化性实现过程的特殊性。图书、报纸、杂志以及广播、电影等社会传播载体都是直接与动员客体发生联系的,但教科书的社会动员则不一样。这种差别主要体现在,作为社会动员的客体,接受动员的学习者们,除了自己阅读教科书之外,更多的时间是在教师的引导下去认识和解读教科书中的内容的,其教化性的实现是以教师为中介的,借助教师的阐释而获得对教科书更进一步的理解,换句话说,教科书的教化性是以教师为纽带,以课堂教学活动为实施平台,通过师生对教科书的研习而实现。

总之,教科书社会动员具有强烈的教化色彩,这种教化色彩与其他社会动员载体相比,具有显著的特点。也正因为此,教科书社会动员相比书籍、报纸杂志或者广播、影视等,更利于改变社会动员客体的思想观念和行为,具有社会动员载体的比较优势。社会动员主体应该对这一点有清醒认识,并充分利用教科书社会动员的教化特性,为实现社会动员的目标而努力。

综上所述,教科书的社会动员具有独特性,主要表现在教科书社会动员的目的性、参与性、协同性和教化性等方面,我们需要对教科书社会动员的独特性加以分析,充分把握其内在特质,才能更加全面地认识"教科书"这一特殊的社会动员载体的价值,才能更加有效地利用教科书进行社会动员。

第三节　教科书社会动员的过程与类型

教科书发起的社会动员并不是无序推进的,而是经历了一个由动员准备到动员实施,再到动员效果反馈和改进的过程,这一过程也表现为教科书的编制、使用及修订的过程,对这一过程的全面认识和把握,有利于更加深刻地认识教科书社会动员。

一、教科书社会动员的一般过程

(一)动员准备阶段

第一,明确教科书社会动员的指导思想。教科书社会动员的指导思想就是所处时代社会动员的总旗帜,是一种总的思想体系,是社会动员的根本出发点和落脚点。在抗日战争时期,中国共产党的教科书社会动员指导思想主要是马克思列宁主义,也包括新民主主义思想以及全面抗战、抗战优先等思想的具体指导。

第二,确立教科书社会动员的具体目标。在指导思想明确后,需要确立教科书社会动员的具体目标,这是教科书社会动员的现实指向,也是教科书社会动员效果评价的标准。教科书社会动员的具体目标需要教科书社会动员的过程加以配合和落实,因此,教科书社会动员目标在整个动员链条中处于一个承上启下的位置。也就是说,一方面,教科书社会动员目标是在教科书社会动员指导思想下的具体化表达,没有教科书社会动员目标,教科书社会动员的指导思想就无法落地生根,就会成为一个悬置的观念;另一方面,仅仅有教科书的社会动员目标,而没有具体地实施动员内容和方法,教科书社会动员目标就只是一个无法落实的空想。因此,不能割裂地看待目标问题,而应该将它置于整个教科书社会动员的链条之中去考察。

我们从社会动员的总体指导思想出发,从纷繁复杂的具体社会问题之中,把握社会动员的总方向,以教科书作为社会动员的重要载体,将这一动员中介和社会发展、人民群众的需要联系起来,确定教科书社会动员的具体目标和任务,为教科书社会动员提供动力和依据。教科书社会动员的具体目标建立在所处时代和人民群众的现实需要基础之上,既是社会动员总目标的反映,又具有教育环境下的特殊考量,以“润物细无声”的方式,将社会动员目标转化成教科书社会动员目标,然后将这些目标加以分解,在课程标准或者教学大纲中加以明确、细化,最终转化为教科书编制的依据和标准,落实到教科书的内容选择和组织过程之中,然后通过教师的教学活动和学生的学习活动来实现教科书社会动员目标,进而实现总的社会动员目标。

这就是教科书社会动员目标的演进和实现逻辑，也是教科书社会动员目标的价值所在。

第三，颁布课程标准或者教学大纲。课程标准（或教学大纲）是落实教科书社会动员目标的法定文件，是教科书编制的直接依据。以抗日战争时期陕甘宁边区小学课程教材为例，抗战时期陕甘宁边区小学教科书的编撰与使用也是以当时所颁布的课程标准为准的，“课程与教材方面，比较过去是已有了很大进步……完小教育是以提高一般文化水平为主，所以在分配教学时数时，应以国语、算术为主，公民、自然次之，历史、地理、美术、卫生、音乐、体育等再次之，详细分配可以参考小学课程标准，并且应按照课本有计划的分配”。[①] 课程标准（教学大纲）是教科书编写的直接依据，教科书需要达到的目标、内容重点、课时分配在课程标准（教学大纲）中都有详细阐述。

第四，选择与组织教科书内容。教科书编制是教科书成书的最后一环。现在教科书的编制已经成熟，有一套严格的编写流程。在革命战争年代，由于人手缺乏，加之资料奇缺，设备不足，教科书编撰的流程相比和平时期精简了许多。一般流程是“明确负责人—编写计划或提纲—组织人手—分工编写—审查修改—印刷使用”。

（二）动员实施阶段

教科书社会动员的实施阶段也就是落实教科书社会动员的目的的阶段。所有社会动员目标的实现都离不开具体的实施。教科书社会动员的核心是以教学活动沟通教科书社会动员的主客体，而主客体之间的互动过程就是教科书社会动员的实施过程。主客体之间的互动是以教科书为中介而发生的，具体表现为正式的教学活动，或者非正式的自学活动。在教科书社会动员的实施阶段，需要重点注意以下几点。

第一，明确动员重点。教科书社会动员实施中需要明确动员的重点内容，才能做到有的放矢。社会动员活动本身是一项极其复杂的活动，在利用教科书进行社会动员时，一方面要考虑到教科书本身的教学属性，另一方面

① 陕西师范大学教育研究所. 陕甘宁边区教育资料：小学教育部分（下）[M]. 北京：教育科学出版社，1981：279.

应重点考虑特殊历史时期的社会大环境以及教育大背景，根据时代的需求选择与组织内容。抗战时期的环境是“抗日”，因此教科书的重点内容就应该突出“抗日”的特色，体现“抗日”的精神。抗战时期的教科书是如何把握“抗日”这一重点内容的呢？抗战时期教材为了配合“抗日”的社会动员需要，实现了“教材抗日化”，教学内容与“抗日”的主题紧密地联系起来，从主题确定到具体内容的选择，再到课后习题，都体现了“抗日”的精神。

第二，整合动员资源。在教科书社会动员实施过程中，会涉及各种动员资源的配合。教科书社会动员中，教科书是最核心的动员载体。除了教科书之外，学校的各种软硬件环境，都是社会动员的配合要素，应该科学规划、协调配合，从而形成社会动员的合力。一方面，需要整合教科书社会动员过程中涉及的“人”的要素，尤其是动员主体对动员方向的把握、总体规划和导向，同时要激发动员客体的积极性和创造性；另一方面，需要整合教科书社会动员过程中涉及的“物”的部分，包括根据社会环境和条件的改变，及时改编教科书，增删教科书的内容，同时增加教科书相关的补充学习材料，以配合动员目标的实现。

第三，广泛发动师生。广泛发动师生是教科书社会动员的内在要求，也是教科书社会动员实施过程中的重要环节。教科书，一头连接着教师，另一头连接着学生，教科书社会动员从根本上看，是教师通过教科书这一文化资源载体，结合课堂教学活动，使学生的认知、情感、态度以及行为发生预期的变化，以此达到预期的社会动员目标。因此，社会动员主体在动员实施过程中，需要充分调动教师和学生的积极性，围绕教科书进行多角度的研习，将教科书中承载的意识形态、价值观等转化为学生的意识形态和价值观，进而影响学生的行为。要确保师生的广泛参与，一方面需要加强宣传，强调学校教育的重要性和教科书学习的重要性，适当确立教科书的权威性，让教科书的学习成为学校教育工作中的重要内容，而且应该将学习评价与教科书联系起来；另一方面，需要保证适龄儿童能够普遍接受学校教育。在抗战时期非常艰苦的条件下，在中国共产党领导下的各根据地，即使经济条件非常落后，也大力发展义务教育，鼓励农村儿童入学接受教育。义务教育的推行能够让该接受教育的孩子都进入学校学习，以接受教科书的影响和引领，这样才能保证教科书社会动员能够基本覆盖所有适龄儿童，从而保证教科书社会动员的效果。

(三)评价与改进阶段

一般来说，评价是人们对于某个事物或某种活动所做的价值判断。评价是依据一定的目标，对活动的过程及结果进行价值判断并为后续活动提供改进依据的活动。教科书社会动员的评价依据社会动员的目标对社会动员活动的过程与结果进行价值判断，并为动员改进提供依据。要实施有效的评价，就必须尽量收集评价需要的信息，制定合适的评价方案，从而了解社会动员过程中的问题和不足，判断社会动员是否达到了预期的目标，为社会动员工作提供理论与实践依据。

在教科书的编制和使用过程中，就伴随着评价资料的收集以及改进。例如，为了改进教科书，革命根据地教科书的编写人员就十分注重收集教科书使用对象的反馈与评价。在全面抗战初期，教科书的"抗日化"十分明显，在一定程度上忽略了教科书本身的价值和作用，教科书编写人员根据收集的教科书的评价信息，改进了教科书的编写，使之符合教科书的不同层面的需要。曾经参与教科书编写的辛安亭回忆道："各方面对课本的意见不断反映来，编写的同志起初还不大注意，渐渐地听的多了，才认真加以考虑。接着研究、讨论……于是一九四〇年又开始了改编工作。改编的方法是在贯彻抗日的教育政策，坚持抗日化的前提下，要着重一般文化知识，注意科学化与儿童化，长期性与全国性。"①

综合以上研究我们发现，教科书社会动员的过程既有社会动员一般过程的特征，又兼具教科书的独特特征。因此在认识和分析教科书社会动员的过程时，既要关注教科书社会动员的一般过程，也要关注教科书社会动员过程的特别之处，尤其是教科书的编制、使用与评价反馈过程。

二、教科书社会动员的类型划分

社会动员根据不同的划分标准可以划分为不同类型：从规模上划分，可

---

① 辛安亭. 教材编写琐忆[M]. 西安：陕西人民出版社，1981：3.

以分为局部动员和整体动员；从动员的时间顺序上划分，可以分为前期动员、中期动员和后期动员等；按照动员的手段划分，可以分为软动员和硬动员，软动员是常态的社会动员，以常规化的手段开展，而硬动员是非常态的社会动员，一般是以强制力予以保证，强制推行。① 我们根据教科书社会动员内容的侧重点不同，将之划分为政治动员、经济动员、文化动员和军事动员四类。

（一）政治动员

按照比较政治学家的看法，政治动员是"统治精英获取资源尤其是人力资源为政治权威服务的过程"。② 国内的许多学者对中国共产党在不同阶段的历史性的政治动员做了许多研究。例如有学者通过个案分析，总结归纳出不同的历史背景下的中国政治动员的特点；③也有学者从历史发展的角度肯定了政治动员的作用，认为国家的治理模式与政治动员有着深刻和重要的内在联系。

总的看来，中国学者对政治动员的认识分为两类：一种认为政治动员是指一定的政治主体，如政党、政治集团等，为聚集力量，实现某一政治目标而进行的政治宣传、政治鼓动等行为；④另一类认为，政治动员是政治领导主体以自身的价值观信仰去诱导和说服政治领导客体，赢得被领导者的认同和支持，取得被领导者的自愿服从和主动配合，以实现政治决策规定的目标和任务。⑤ 我们认为，政治动员是一个政党和国家通过开展各种类型的政治宣传教育的社会性活动，提高公民对其政党或其国家的政治认同，提高公民的政治参与度，从而实现政党或国家的主要目标和任务。政治动员的最基本目标在于唤起被动员者的政治参与意识，增强被动员者对动员主体的

---

① 王宏伟. 突发事件应急管理：预防、处置与恢复重建[M]. 北京：中央广播电视大学出版社，2009：204.

② [美]詹姆斯·R. 汤森，[美]布兰特利·沃马克. 中国政治[M]. 顾速，董方译，南京：江苏人民出版社，1996：102.

③ 杨正军. 左右江革命根据地中共政治动员研究[D]. 南宁：广西大学，2016：23.

④ 《中国小百科全书》编委会. 中国小百科全书（第四册）[M]. 北京：团结出版社，1994：52.

⑤ 施雪华. 政治科学原理[M]. 广州：中山大学出版社，2001：740.

政治认同，从而调动和发挥被动员者的内在潜能促进政治目标的实现。①

政治动员是中国共产党不可缺少的工作形式之一。政治动员对中国共产党的建设和发展甚至是对中国革命取得胜利都起到了巨大的作用。毛泽东曾提到“共产党是左手拿传单右手拿枪杆才可以打倒敌人的”。他同时指出，在中国人民进行解放自己的伟大革命战争中，宣传（即政治动员）是经常的运动，是一件绝大的事，战争首先要靠它取得胜利。抗战期间，毛泽东强调“兵民是胜利之本”，要求全面动员人民群众参加抗战，实现最广泛的政治动员，并且认为“这是胜利的最基本的条件”。② 革命战争年代，发动最广泛的政治动员，是革命胜利的重要保证。教科书正是实现政治动员的重要工具和手段。

（二）经济动员

经济动员是动员经济资源保障战争和突发事件需要所进行的一系列活动。教科书的经济动员则更多地表现在对经济资源和经济活动进行舆论发动，配合现实经济生活中经济发展的需要，为经济发展提供舆论支持。

经济动员具有重要的作用，它能够有效实现平时经济向战时经济的转变。平时经济和战时经济存在较大差别。和平时期，经济建设是国家的主要任务，发展社会生产力，提高人民生活水平，提高综合国力是平时经济的根本目的。而在战争时期，为了赢得战争，需要提供战争急需的物资，因此需要大规模的经济战备，保障战争的需要就成为战时经济的首要任务。要实现平时经济向战时经济转变，必须借助经济动员这一手段，经济动员的程度直接决定了这种转变的程度。事实也一再证明，经济动员能力的强弱，反映了一国应对战时经济危机能力的强弱，并且最终影响着战争的结局。

经济动员在和平时期是连接国防建设与经济建设的纽带和调节器。具体表现为经济动员能够在和平时期让国防建设服从于国家经济建设；有利于和平时期国防建设的适度发展；有利于国防建设和国家经济建设之间互

① 彭芳群. 政治传播视角下的解放区广播研究[M]. 北京：中国传媒大学出版社，2014：181.

② 毛泽东. 毛泽东选集（第二卷）[M]. 北京：人民出版社，1991：480.

相促进、共同发展。[①]

从不同的角度，经济动员可以分为不同的形式，而且在不同的国家、不同的历史时期，经济动员的重点也不一样。按照动员的目的不同，经济动员可以分为经济恢复动员、经济发展动员和经济变革动员。经济恢复动员，其主要目的在于克服经济困难，实现经济重建；经济发展动员是为实现社会经济发展目标和远景而实现的动员，目的是将经济发展蓝图转化为现实；经济变革动员是为了改革经济体制与生产关系，适应和促进经济发展所开展的动员，它的目的是实现经济体制与经济发展、生产关系与生产之间的动态平衡。[②] 按照经济形态的不同，可以将经济动员划分为农业经济动员、工业经济动员、商业经济动员等，这种划分有利于明确不同经济形态在整个经济发展中的地位与作用。本书将抗战时期教科书的经济动员分为描绘抗日根据地的经济形势的动员、宣传中国共产党的经济政策和阐释抗日根据地经济发展的措施三大方面，这三大方面又涉及了农业、工业、商业等不同经济形态。

（三）文化动员

文化动员一般指在特定条件下通过某种媒介发动人们参与文化活动，以此实现整体的社会动员目标的活动。

众所周知，教科书是人类文明的重要承载物，抗战时期根据地的党和政府充分认识到教科书在传播新思想新文化中的意义和价值，在极端恶劣的环境下，努力发展教育文化事业，推动了马克思主义新文化的发展。教科书中的文化可分为三大块，即物质文化、精神文化和制度文化。

教科书的文化动员是从物质文化、精神文化和制度文化方面予以表现，共同来实现文化动员的目标。从根本上看，教科书文化动员需要从教科书内容中分析各种文化要素的侧重点以及各种文化要素在教科书中是如何表述的。推动师生传承和研习各文化要素，通过教科书这个文化动员的载体，传承和创新文化。

---

① 朱庆林，肖廷杰. 国民经济动员概论[M]. 北京：军事科学出版社，1997：20.

② 甘泉. 社会动员论[D]. 武汉：武汉大学，2010：88—91.

将抗日根据地教科书中的物质文化、精神文化和制度文化，与中国共产党倡导的新民主主义文化，即民族的、科学的、大众的文化相结合，是我们分析抗战时期教科书文化动员的突破口。新民主主义文化渗透和传承着抗日根据地特有的物质、精神和制度文化，宣传着中国共产党的文化政策，促进抗日根据地文化发展。

（四）军事动员

军事动员是为了实现军事目标而进行的社会动员活动，军事动员能尽快实现所在国家由平时状态迅速转变为战时状态。军事动员也可以称为战争动员或者国防动员。军事动员的主体一般是国家，它的根本目标是赢得战争的胜利，维护国家安全。

我们认为，“军事动员”是一个狭义的概念，即国家和统治者以及个人有目的地引导社会全体成员积极参加军事活动的过程。军事动员根据不同划分标准也有不同的军事动员内容，如以不同的军种区分军事动员，则军事动员包括了陆军动员、海军动员、空军动员、防空军动员等；按照军事动员的时间顺序划分，可以分为军事准备动员、军事实施动员等；按照军事上需要取得优势的进行划分，可以分为战略动员、战役动员和战术动员。[①] 我们侧重从军事思想、军事人物、军队保障、国际军事形势阐释教科书的军事动员，这是基于军事动员所涉及的主要方面而进行的，不仅关注到了军事动员的核心要素，同时也考虑了教科书中所传播的军事内容。

教科书是全面、系统、准确地传播政治经济文化思想的特殊载体，也是统治阶级有目的、有组织、有计划地培养社会所需要人才的媒介，是教育的核心。教科书的编写与所处的时代有特定的关系。和平时期，教科书有传授古今中外知识、启发民智、丰富阅历的作用；而在战争时期，教科书便搭起了人民群众与民族救亡图存的桥梁。教科书具有通俗易懂、传播范围广、影响深远的特点，是中国共产党进行军事动员的重要媒介。

教科书社会动员的实现逻辑与教科书社会动员的类型划分是研究抗战时期革命根据地教科书社会动员的基础。根据教科书社会动员的实现逻

① 甘泉.社会动员论[D].武汉：武汉大学，2010：97.

辑，我们需要考察抗战时期教科书社会动员的指导思想，这是抗战时期教科书社会动员的根本指导，所有的教科书社会动员皆围绕这一指导思想展开。在此基础上，我们将讨论教科书社会动员的具体目标，这也是评价教科书社会动员的指标。进而根据教科书社会动员的类型，具体讨论抗战时期革命根据地中小学教科书的政治、经济、文化和军事动员，最后对抗战时期革命根据地中小学教科书社会动员进行价值判断，分析社会动员的效果，为今后教科书社会动员提供有益的启示。

第三章　革命根据地中小学教科书抗战社会动员的指导思想与目标定位

革命根据地中小学教科书抗战社会动员并非无序展开，而是建立在新民主主义思想、全面抗战思想以及抗战优先思想等基础之上，其目标定位可以从军事、政治、经济和文化等层面进行考察。军事目标在于通过教科书发动军事动员，赢得抗战的胜利；政治目标在于通过抗战社会动员，加强党的领导，构建最广泛的抗日民族统一战线，破除国民党的一党专政，实现民主政治；经济目标在于充分调动根据地军民参加经济建设和生产劳动的积极性，实现经济上的自给自足；文化目标在于学习实用知识，提高根据地群众的文化水平。

研究革命根据地教科书抗战社会动员的指导思想，明确抗战社会动员的目标定位，是后续考察和评价教科书抗战社会动员效果的基础。

第一节　教科书抗战社会动员的指导思想

一、新民主主义思想

(一)新民主主义思想的核心内容

毛泽东在《中国革命和中国共产党》中最早提出了“新民主主义”的科学概念。在该文中,他将资产阶级民主革命区别为旧民主主义革命和新民主主义革命,认为:“现时中国的资产阶级民主主义革命,已不是旧式的一般的资产阶级民主主义的革命,这种革命已经过时了,而是新式的特殊的资产阶级民主革命。这种革命正在中国和一切殖民地半殖民地国家发展起来,我们称这种革命为新民主主义革命。”他同时指出“所谓新民主主义的革命,就是在无产阶级领导之下的人民大众的反帝反封建的革命”。[①] 1940年1月9日,毛泽东在陕甘宁边区文化协会第一次代表大会上进行了题为《新民主主义的政治与新民主主义的文化》的演讲,该演讲刊载于1940年2月15日延安出版的《中国文化》创刊号,同年2月20日在延安出版的《解放》第九十八、九十九期合刊登载时,题目改为《新民主主义论》。[②] 不久,上海新民书店以《新民主主义论》为题出版单行本。1940年8月,国民党中央图书杂志审查委员会以“内容荒谬,立论偏激”为由查禁此书。为冲破国民党当局的文化封锁,新华书店以上海广益书局印行的《文史通义》作为伪装封面出版了《新民主主义论》。[③] “伪装书”是革命战争年代中国共产党和进步文化界抵制国民党文化专制政策的一种有效手段,中小学教科书中也有众多的伪

① 毛泽东. 毛泽东选集(第二卷)[M]. 北京:人民出版社,1991:647.

② 毛泽东. 毛泽东选集(第二卷)[M]. 北京:人民出版社,1991:662—709.

③ 卢洁,谭逻松. 毛泽东文物图集:1983—1949(下卷)[M]. 湘潭:湘潭大学出版社,2014:213.

装书。

毛泽东的《新民主主义论》驳斥了国民党顽固派的反共叫嚣，回答了中国向何处去的问题。文章提出新民主主义的政治、经济和文化的纲领，描绘了新民主主义社会的蓝图。在谈到什么是新民主主义时，毛泽东指出，所谓民主主义，现在已不是旧范畴的民主主义，已不是旧民主主义，而是新范畴的民主主义，而是新民主主义。① 新民主主义是在第一次世界大战和俄国十月革命之后逐步发生的，在这之前，中国的资产阶级民主主义革命是属于旧世界的资产阶级民主革命的范畴，而在这之后，中国进行着的新的资产阶级民主革命，属于无产阶级社会主义革命的一部分。其目的是在彻底打败日本侵略者之后，建立一个以全国绝大多数人民为基础的在工人阶级领导之下的统一战线的民主联盟的国家。

新民主主义共和国是在无产阶级领导下的一切反帝反封建的人们联合专政的民主共和国。在抗战时期，新民主主义国家形式，就是抗日统一战线的形式，因为这是抗日的、反对帝国主义的，又是几个革命阶级联合的、统一战线的。而新民主主义实行民主集中制，是因为只有民主集中制的政府，才能充分发挥一切革命人民的意志，也才能最有力量地去对抗反对革命的敌人。

在经济发展方面，无产阶级领导下的新民主主义共和国的经济具有社会主义的性质，是整个国民经济的领导力量。以国营经济为核心并不排斥和没收私有财产，也不禁止资本主义的发展，前提是这些经济发展不涉及操纵国民生计。在土地的问题上，积极扫除封建的土地关系，将土地归还农民，实现“耕者有其田”，通过“节制资本”和“平均地权”的方式促进社会经济发展，同时也区别于传统的封建社会和资本主义社会，建立特殊的经济关系形式，也就是新民主主义经济体系。

在文化发展方面，新民主主义文化是在“五四”之后产生的。新民主主义文化集中体现了共产主义的宇宙观和社会革命论，是中国共产党人领导的共产主义文化思想。新文化运动的代表人物是鲁迅，他是中国文化革命

① 毛泽东.毛泽东选集(第二卷)[M].北京:人民出版社,1966:626.

的主将。毛泽东特别推崇以鲁迅为代表的文化新军。他提到，鲁迅的骨头是最硬的，他没有丝毫的奴颜媚骨。[①] 从根本上看，新民主主义的文化，集中体现为无产阶级领导的人民大众的反帝反封建的文化。而在抗日战争时期，它表现为抗日统一战线的文化。这种新文化的领导者是无产阶级为代表的共产主义者。这种新文化外在表现为民族的、科学的和大众的文化。新民主主义文化是科学的文化。坚持新民主主义的文化，使得中国无产阶级的科学思想能够和中国还有进步的资产阶级的唯物论者和自然科学家，建立反帝反封建反迷信的统一战线，但是绝不能和任何反动的唯心论者建立统一战线，共产党员可以和某些唯心论者甚至宗教徒建立政治行动上的反帝反封建统一战线，但是，需要旗帜鲜明地与他们所主张的唯心论或者宗教教义决裂。新民主主义文化是大众的文化，它为全民族中百分之九十以上的工农劳苦民众服务，并逐渐成为他们的文化，应该把教育革命干部的知识和教育革命大众的知识在程度上互相区别又互相联结起来，把提高和普及互相区别又互相联结起来。一切进步的文化工作者，在抗日战争中，应有自己的文化军队，这个军队就是人民大众。因此，文字必须在一定条件下加以改革，语言必须接近民众。总之，民族的、科学的、大众的文化就是新民主主义的文化。[②]

在新民主主义与三民主义的关系上，新民主主义并不排斥真正的三民主义。中国共产党有最低纲领和最高纲领，在民主革命阶段的最低纲领是实现新民主主义，最高纲领是实现共产主义，这两部分是有机整体，都属于共产主义思想体系。新民主主义和三民主义有基本的共同点，正是如此，中国共产党才承认“三民主义为抗日统一战线的政治基础”。但是它们也有不同之处，表现在民主革命时期一部分纲领不相同、有无社会主义革命阶段的不同、宇宙观不同、革命彻底性不同等。

新民主主义是半殖民地半封建社会革命的第一步，也是中国共产党抗战时期总的指导思想，指导着中国共产党的政治、经济和文化教育事业的发

① 毛泽东. 毛泽东选集(第二卷)[M]. 北京：人民出版社，1966：658.

② 毛泽东. 毛泽东选集(第二卷)[M]. 北京：人民出版社，1966：666—669.

展，对中国共产党领导全国人民争取抗战胜利起到了重要作用。

（二）新民主主义思想指导教科书的抗战社会动员

新民主主义教育贯穿着新民主主义革命的全程。在新民主主义思想的指导下，教育方针和政策也是以此为纲领，即新民主主义教育就是民族的、科学的、大众的教育和反帝反封建的教育。新民主主义教育在抗日战争时期也得到了进一步的贯彻和发展，坚定地反对文化侵略，实行民族教育。如在抗日战争时期，日本帝国主义在沦陷区实施奴化教育，鼓吹"中日提携""大东亚新秩序""共存共荣"的奴化思想，根据地对日本侵略者的奴化教育予以坚决的斗争，实施民族的教育。同时，新民主主义思想指导下的新民主主义教育，提倡科学的文化教育，坚持实事求是，主张客观真理、理论联系实际等；课程和教材以辩证唯物主义与历史唯物主义为指导，宣传马克思主义，为抗日和社会建设服务。此外，新民主主义的教育提倡大众的文化，这种文化特质从教育目的、教育内容（课程教材）等方面体现了人民大众的要求。因为人民大众是革命的主体，是抗战社会动员最主要的对象，所以课程和教材的目的和内容也直接指向人民大众的需要，都是人民群众感兴趣的内容和战时必要的知识。

1941 年，《各抗日根据地文化教育政策讨论提纲》（草案）发表，该草案指出："各抗日根据地战争情况发展迟早的不同及各地的政治经济文化情况不同，应当根据各地的具体情况，在确定文化教育政策的实施时也应有差异。但是统一的一般的文化教育政策是必要的。今后各根据地文化教育事业一般的方针应当根据党中央所提出的新民主主义的文化。这个方针不仅普遍的适合于各抗日根据地，而且各抗日根据地应当成为新民主主义文化的推动者和模范区域，新民主主义文化的基本内容就是抗日的、民主的、科学的、大众的，就是发展进步文化的力量，团结一切抗日的、民主的、自由思想的文化力量，反对奴化的、黑暗的、复古的、封建的文化势力。"[①]在新民主主义文化教育的总思想指导下，该草案进一步提出了抗战时期革命根据地文化教育的具体要求，指出了图书和教科书的极端重要性："发展文化教育

① 各抗日根据地文化教育政策讨论提纲（草案）. 共产党人[J]. 1941(2).

事业必须有赖于大量的图书，在目前交通运输困难的条件下，靠外面的图书来发展根据地的文化事业是不可能的。各根据地应该靠自己建立出版事业，翻印或编著各种书籍，理论的、社会科学的、自然科学的以及中小学教科书都要靠自己出版。因此，建立铅印厂有头等重要的意义。”①抗战时期，中国共产党积极倡导建设印刷厂，考虑到文化书籍和报纸、杂志等宣传媒介的作用要求，每个根据地都应该建立至少一个大规模的印刷厂，已经建立印刷厂的应该进一步充实和完备，没有建立印刷厂的必须尽快建设，以满足书籍等印刷品的印刷需求。

新民主主义教育在抗日根据地得到了全面落实，成为指导教科书抗战社会动员的重要思想。新民主主义思想在课程教材中的指导地位体现在各根据地的文化教育政策上。各抗日根据地以新民主主义思想为指导，加强国民教育，规范教科书的编审和使用，吸引教育人才充实教育队伍，恢复和发展国民教育，是当时各革命根据地文化教育工作中的重要任务。恢复国民教育、发展教育需要有师资、学校和教材。各地根据要求，以新民主主义为指导，建立国民教育制度，颁布国民教育制度条例，恢复和发展小学，建立中学、师范学校和职业学校，培养中小学教师，同时成立编审部门，编印和审查翻印各种教科书以及补充教材。以新民主主义思想为统领，统一教材、审查教材，这是抗日根据地教科书的总体指导思想和基础。新民主主义的指导思想逐步落实到了各个抗日根据地，例如，1941 年，陕甘宁边区政府主席林伯渠在作政府工作报告时就明确指出：“我们要在这里进行怎样的文化教育？首先是服务于反帝反封建这一总的政治任务；其次要服务于大众的；再次要依据于进步的科学的道理的。”②这正是新民主主义思想在教育领域的体现，也是这一时期社会动员的总基调。

---

① 各抗日根据地文化教育政策讨论提纲(草案). 共产党人[J]. 1941(2).

② 陕西师范大学教育研究所. 陕甘宁边区教育资料：教育方针政策部分(上册)[M]. 北京：教育科学出版社，1981：178—179.

二、全面抗战思想

(一)国民党政府奉行片面抗战

抗日战争时期国民党采取消极抵抗政策,奉行片面抗战的思想。国民党从最开始的“不抵抗”政策,到后来的片面抗战,都体现了国民党政府惧怕人民,惧怕民主运动,惧怕认真地动员全民的抗日战争的本质。这是因为当时的国民党政府代表的是大地主、大资产阶级的利益。正如毛泽东所说:“他们把保全自己少数人的利益放在第一位,而把抗日放在第二位,不符合民族中大多数人的要求。”[①]毛泽东进而指出,他们的片面抗战思想表现在各方面的两面政策:一面虽在抗日,一面又采取消极的作战政策,并且还被日本侵略者经常选择为诱降的对象;他们把共产党看成第一个敌人,而把日本侵略者看成第二个敌人,处心积虑地要消灭共产党。[②] 国民党政府的片面抗战思想也体现在教育领域,体现在国民政府的教育内容上,体现在他们的教科书里。

国民党政府的片面抗战思想是有其原因的。国民党政府迫于国内国外形势,宣布对日作战,实现第二次国共合作,建立以两党合作为基础的抗日民族统一战线,所以行动上必须做出抗战的积极姿态,但是国民党的片面抗战路线却一直未变,尤其是 1938 年国民党政府临时全国代表大会通过了《中国国民党抗战建国纲领》,更是赤裸裸地表现出了其片面抗战的真实意图,展现了国民党面对强敌入侵时的懦弱和独裁本质。该纲领以“三民主义”为抗战行动准则,宣传片面抗战路线,体现出了国民党既要抗日,但又害怕实行全民族抗战的两面性。该纲领提出国民党在一党专政的情况下,改革政治机构,有条件地发动民众参战,同时宣传“一个信仰、一个领袖、一个政府”的政策,限制人民抗日活动,挑起军事摩擦。凡此种种,都表明了国民党政府片面抗战的政治、经济和军事意图,教育领域的片面抗战也就成了理所当然。

国民党政府的片面抗战思想严重阻碍了抗战的社会动员。政治方面不

---

① 毛泽东.毛泽东选集(第三卷)[M].北京:人民出版社,1966:946—947.

② 毛泽东.毛泽东选集(第三卷)[M].北京:人民出版社,1966:658.946—947.

敢召集人民代表的国民大会，只召开国民党一党把持的“国民参政会”，使得广泛的政治团体不能有效加入抗日救国活动，有些抗日报国团体还受到打压，甚至被迫解散(如 1938 年 2 月强迫解散了西北青年救国会等 13 个抗日爱国团体)，将这些抗日力量排除在外，无法形成总体的社会政治动员；经济方面横征暴敛、强制买办、滥发钞票，剥削压榨人民，使得人民抗日积极性严重受挫。国民党片面抗战的思想与中国共产党所主张的全面抗战思想形成了鲜明的对比。

(二)中国共产党的全面抗战思想

中国共产党从抗战开始起，就鲜明地提出了全面抗战的思想，并且明确提出“中国抗日战争的两条路线，或者是人民的全面战争，这样就会胜利；或者是压迫人民的片面战争，这样就会失败”。[①] 全面抗战思想是在抗日战争大背景下重要的社会动员指导思想，卢沟桥事变的第二日，中共中央就确立了“全民族实行抗战”的方针。1937 年 7 月 8 日，在《中国共产党为日军进攻卢沟桥通电》中提到“只有全民族实行抗战，才是我们的出路，”要求国民政府“立即放弃任何与日寇和平苟安的打算”“武装保卫平津，保卫华北！”“全中国同胞、政府与军队团结起来，筑成民族统一战线的坚固长城”。[②] 1937 年 7 月 23 日，毛泽东在《反对日本进攻的方针、办法和前途》中提出了抗日救国的八大纲领，初步形成了全面抗战的雏形。1937 年 8 月，针对国民党政府的《抗战建国纲领》，中国共产党提出了著名的《抗日救国十大纲领》，明确提出了全民族抗战的要求。《抗日救国十大纲领》第二条就是全国军事总动员，设立国防会议，实现一切抗战军队的平等待遇，武装人民，动员全民族参战；第三条是全国人民总动员，全国人民除汉奸外，皆有抗日救国的言论、出版、集会、结社和武装抗敌的自由，废除一切束缚人民爱国运动的旧法令，颁布革命的新法令，释放爱国的进步的政治犯，开放党禁，实行民族自决和自治，共同抗日。[③] 这个纲领明确提出全民族的、全面抗战的思想，同时指

---

① 毛泽东. 毛泽东选集(第三卷)[M]. 北京：人民出版社，1966：939.

② 马洪武等. 中国革命史辞典[M]. 北京：档案出版社，1988：118—119.

③ 中国延安精神研究会. 中共中央在延安十三年资料(二)：重要资料选辑(上)[M]. 北京：中央文献出版社，2017：126—127.

出了国民党片面抗战的本质,并且是站在中华民族的共同利益基础上对中国抗日的方针政策和发展的总体规划,是中国共产党全面抗战思想的直接体现,是为动员一切力量争取抗战胜利而作的英勇斗争,对发动广大人民群众参与抗日起到了非常重要的作用。

全面抗战思想极大地鼓舞了社会各界群众参与到抗日战争中来,为最广泛的抗日民族统一战线的建立提供了思想和理论基础。全面抗战思想既是代表了最广大人民群众的根本利益,同时也是抗战胜利的必然要求,是弱国战胜强国的必要途径。

(三)全面抗战思想指导教科书的社会动员

全面抗战思想渗透到了抗日根据地的教育之中,指导了抗日根据地教科书的编写,影响了抗日根据地教科书内容的选择。正如《抗日救国十大纲领》里提到的,应该施行"抗日的教育政策",要求"改变教育的旧制度与旧课程实行以抗日救国为目标的新制度新课程"。[①] 为了落实全面抗战的思想,实行以抗日救国为目标的新制度新课程,号召全体人民积极参加抗日活动,抗日根据地的教科书主要从两方面进行了落实。

一方面是教材的"抗日化"处理。当时参与抗日根据地教科书编撰的辛安亭回忆到:

> 我们的口号是教材要抗日化。化法有两个方面:一方面是内容上增加抗日的比重,如历史课本第一册从"九一八"事变讲起,"一·二八"抗战、察北抗战、八一宣言、西安事变……一直讲下去。地理也把敌人对东北、华北资源的掠夺、各省的军事要地等内容,讲的较详。别的同志编的小学国语,更是如此……童话,也都装上抗日的内容。另一方面是在教材的组织编排上适应战时的环境。如历史课本的编排是先今后古,中外混合的。第一册讲"九·一八"以来的国内外大事,第二册讲中国近百年史及第一次世界大战

① 中国延安精神研究会.中共中央在延安十三年资料(二):重要资料选辑(上)[M].北京:中央文献出版社,2017:126—127.

与俄国革命，第三、第四册讲中外古代史。地理编排是中外混合，以战区分区，螺旋式地安排教材内容。第一册就把全国大体讲到，但重点是华北与东北，外国则讲与抗日关系密切的日本。第二册又是全国大体讲一遍，中心在西北与华中。这样编排的理由是：抗战时期，学生不一定能在学校住到底，注重教学当前最重要的知识，才好与战时生活相适应。①

这种教材的抗日化处理不仅仅在陕甘宁边区，在其他抗日根据地教科书中同样存在。例如胶东抗日根据地1937年出版的初小国语第六册就以蜘蛛、战马、燕子等不同动物的口吻宣传抗日，其中《我是一匹战马》一课中写道：

我是一匹战马，现在竟落在敌人手里了。

想起一个月以前，我还在祖国的军队里服务。我常常驮着我的主人——一个陆军上尉——冲进敌人的阵里，使用我的铁蹄，践踏那些敌兵，追赶那些敌兵。

在战场上，快乐的事情无限，痛苦的事情也无限。大家为了国家，无论是人是马，都同心协力，拼命作战。这样的不知多少天，也不知道多少个月，到底一个悲哀的日子来了，正在战争最剧烈的当儿，忽然，敌军的炸弹在我们面前爆裂了。炸弹的碎片，打进了我主人的头和我的腿；主人和我，都倒在了地上，还有许多士兵，也同时倒在地上了。我抬头一看，但见一片赤色，大家都好像用血洗过一般。那时，主人已经靠在我的身上，闭上眼睛死了，为他的祖国牺牲了；我也就在那时，做了敌人的俘虏。但是，我永远不能忘记我的主人，永远不能忘记我的祖国。②

---

① 辛安亭.辛安亭论教育[M].长沙：湖南教育出版社，1983：130.

② 文登县小学教本编写委员会.文登县小学编初小国语读本(第六八册)[M].文登县政府第四科，1938：29—30.

这篇文章借战马之口，号召人们加入抗战，誓死保卫祖国，告诫人们不要惧怕牺牲，即使牺牲了，祖国依然会记住你。由此可见，抗战的思想明显渗透到了教科书内容的选择与组织上，不论是语文还是数学教科书，抑或历史或地理教科书，都紧紧围绕“抗日”这一中心开展，实现了教材的“抗日化”。这种“抗日化”的教材有积极的一面，有利于实现教科书的“抗日”价值，但同时也存在一定的问题，教科书的“教学性”有所削弱。但是不论如何，全面抗战思想已经影响到了抗日根据地的教育和课程教材，成为当时课程教材动员的重要指导思想。

另一方面，受全面抗战思想的影响，抗日根据地开始开展一系列的国防教育，并且根据国防教育的需要，专门编写了系列的国防教科书。卢沟桥事变以前，在1936年6月1日的《抗日救国初步政治纲领》中，中国共产党提出了“国难教育”的想法，“国难教育的作用，在提高民众抗敌情绪，训练民众抗敌技术，消极地消灭种种一切的汉奸理论”。① 卢沟桥事变以后，“国难教育”的提法改为了“国防教育”，但是其核心思想和内容没有改变，而且国防教育更富有积极斗争的精神。在《反对日本进攻的方针、办法和前途》中提出的“两套办法”，就指出“国防教育，根本改革过去的教育方针和教育制度，不急之务和不合理的办法，一概废弃”。② 根据国防教育的要求，各依据地开始编撰专门的国防教材，例如胶东国防教材编辑会员会就编写了《国防常识课本》《国防算术课本》《国防政治课本》等国防教科书，专门讲解与抗日相关的内容，这也是全面抗战思想指导下的特殊教科书形态。总之，全面抗战思想渗透到抗日根据地教育和课程教材的方方面面，指导抗日根据地教科书内容的选择与组织，指导抗日根据地教科书的社会动员。

三、抗战优先思想

(一)国民党攘外与安内交织的政策

国民党政府最早实行“攘外必先安内”的政策，被迫宣布抗日之后，攘外

① 中国人民解放军政治学院党史教研室. 中共党史参考资料(第七册)[M]. 北京：人民出版社，1979：410.

② 毛泽东. 毛泽东选集(第二卷)[M]. 北京：人民出版社，1966：320.

与安内交织，不能真正将抗日放在首位。1929 年 10 月底，蒋介石在讨伐冯玉祥的文章和通电中连续发出“攘外必先安内”的呼吁，这是蒋介石第一次提出先安内、后攘外的口号。当时“安内”的对象不仅包括共产党，而且包括当时反蒋的地方势力，攘外主要针对的是苏俄和日本。攘外安内，安内是绝对的中心，并以武力为基本诉求，与安内相比，此时攘外还只是虚晃一枪。[①]

1931 年九一八事变后，国民党政府再次提出“攘外必先安内”的口号，不断加强对中国共产党的武力进攻，蒋介石发表《告全国同胞一致安内攘外》通电称：“唯攘外应先安内，去腐乃能防虫……故不先消灭‘共匪’……则不能御辱。”此时的安内对象主要是中国共产党，攘外的对象主要是日本，安内是核心。在东三省沦陷、日本侵略更加猖狂之时，蒋介石依然采取不抵抗政策，奉行“攘外必先安内”的方针。1931 年 11 月 30 日蒋介石发表《外交为无形之战争》的演说，依然坚持“攘外必先安内，统一方能御侮，未有国不统一而能取胜于外者，故今日之对外，无论用军事方式解决，或用外交方式解决，皆非先求国内统一不为功”。1932 年签署《淞沪停战协定》后，蒋介石更是全力开始安内“剿共”的任务。1932 年 6 月 15 日，蒋介石召开军事会议，再次宣布了“攘外必先安内”的政策，并对红军发起了第四次“围剿”。到 1933 年 4 月，蒋介石在南昌对“剿共”将领训话时再次提道：“抗日必先剿匪。征之历代兴亡，安内始能攘外，在匪被剿清之先，绝对不能言抗日，违者给予最严厉处罚。”

总体上看，从九一八事变到西安事变之前，蒋介石都坚持“攘外必先安内”的政策，但是这个政策不仅没有为中国抗战提供契机，反而招致国土不断沦陷，民族危亡一步步加深，而这一政策的根本目的是维护国民党的一党专政，维护国民党的腐败统治。而要取得抗日的胜利，必须实行全民族的抗战，必须在抗日这一根本问题上达成一致，必须实现抗战优先，“一个政党”“一个主义”“一个领袖”的统一救不了中国，也无法打败日本帝国主义，实现抗战的胜利。西安事变之后，国民党迫于压力，才逐步改变了先安内后攘外的政策，走上了联共抗日、建立抗日民族统一战线的道路。西安事变使得蒋介石被迫接受抗日的主张，但是随着抗战形势的变化，国民党政府的态度开

① 方海兴. 陕西抗战事件[M]. 西安：太白文艺出版社，2018：35.

始摇摆，攘外与安内开始交错。抗日战争进入相持阶段后，1939 年 1 月，国民党五届五中全会确立了“溶共”“防共”“限共”“反共”的反动方针。国民党政府始终不能完全把抗战放在第一的位置，不能坚持抗战优先的做法。

(二)中国共产党坚持“抗战优先”

中国共产党始终坚持“抗战优先”的思想，将民族大义放在首位，将抗日放在首位，将打倒日本侵略者、争取民族独立放在首位。中国共产党“抗战优先”的思想表现为积极承认新三民主义，为抗日民族统一战线的建立奠定了政治基础。中国共产党承认“联俄、联共、扶助农工”的新三民主义思想，成为国共合作的政治基础，以此团结一切可以团结的力量，组成最广泛的抗日民族统一战线。只有坚持“抗战优先”的立场，摒弃不同的党派立场，以新三民主义作为各党合作的基础，才能真正建立抗日民族统一战线。

中国共产党在 1937 年 7 月 15 日的《中共中央为公布国共合作宣言》中庄严宣布并承诺：“孙中山先生的三民主义为中国今日之必需，本党愿为其彻底的实现而奋斗。”①同时为了与国民党达成合作，中国共产党还同意取消一切推翻国民党政权的运动，停止以暴力没收地主土地的政策；取消苏维埃政府；取消红军及其番号，改编为国民革命军，受国民政府军事委员会统辖。这一系列的措施正是中国共产党以抗战为先，摒弃国共两党之间的矛盾，精诚合作，共同抗日的决心和态度，体现了中国共产党光明磊落、大公无私的精神，为实现全国团结抗日，抵御外敌侵略作出了巨大的贡献。

(三)“抗战优先”思想引领教科书的社会动员

1938 年 10 月，毛泽东在中国共产党六届六中全会上作了《论新阶段》的报告，报告指出：“在一切为着战争的原则下，一切文化教育事业应使之适合战争的需要。”②由此可见，抗战已经摆在了优先的位置。为了实现“抗战优先”，根据地的教育需要改订学制，教授战争必需的课程；增设各种干部学校，培养抗日干部；普及义务小学教育，用民族精神教育后代。教育从制度到内容再到方法，必须是为抗战服务的，必须把抗战摆在首位。“抗战优先”

---

① 中国延安精神研究会. 中共中央在延安十三年资料(二)：重要资料选辑(上)[M]. 北京：中央文献出版社，2017：109.

② 毛泽东. 论新阶段[M]. 华北新华书店，1948：53—54.

的思想在教科书领域的表现在于，抗日根据地教科书一方面把民族大义放在首位，承认三民主义，在国民党政府支持抗日、维护抗日统一战线时，抛弃国共两党之间的对立，一致对外，联合抗日；另一方面，教科书及时反映国民党政府消极抗日、破坏抗日统一战线的倾向，揭露国民党政府的种种破坏抗日的行为。“抗战优先”思想为中国共产党开展社会动员指明了方向。“抗战优先”思想的提出，是在中日矛盾上升为中国革命的主要矛盾，而国内矛盾降低为次要矛盾的基础上产生的。中国共产党之所以提出抗战优先，提出“一切为了抗日，一切经过抗日民族统一战线，一切服从抗日”的口号，并且付诸实际行动，正是看到了这种主要矛盾的变化，并且落实到政治、经济、军事、文化教育等各个方面。这其中就包括在抗日根据地教科书中宣传抗战优先的思想，进而实现了最广泛的社会动员。

由此可见，全面抗战爆发后，中国共产党审时度势，以抗日救国的民族大义为先，以抗战优先思想为指导，倡导建立最广泛的抗日民族统一战线。党中央将这一思想贯彻到文化教育领域，落实到抗日根据地中小学教科书中，借助中小学教科书这一媒介，进一步宣传抗战，让中小学生了解抗战，鼓励根据地群众参与抗战，实现了抗日根据地最广泛的社会动员。

第二节　教科书抗战社会动员的目标定位

革命根据地中小学教科书抗战社会动员的具体目标定位可以从军事、政治、经济和文化等层面进行考察。军事目标是通过教科书发动军事动员，赢得抗战的胜利。这一目标是最急切的目标，也是最核心的目标。不仅仅是军队本身的任务，也是当时教育和教科书的目标之一。政治目标是希望通过抗战社会动员，加强党的领导，构建最广泛的抗日民族统一战线，破除国民党的一党专政，实现民主政治。经济目标是为了发展根据地的经济而进行的生产活动，实现经济上的自给自足。文化目标是学习实用知识，提高根据地群众的文化水平。革命根据地抗战的社会动员从军事、政治、经济、文化等不同层面展开，共同为抗战做出贡献，都统一在新民主主义、全面抗战和抗战优先等指导思想之下，以此实现最终的抗战社会大动员。

一、服务抗战大局，争取抗战胜利

服务抗战大局、争取抗战胜利的目标与全面抗战和“抗战优先”指导思想密切相连。在新民主主义、全面抗战和“抗战优先”等思想的指导下，教科书社会动员的首要目的就是服务抗战的大局，争取抗战的胜利。这一目标在各种政策文本中被鲜明地提出，并且渗透到抗日根据地中小学教育的方方面面，尤其是抗战时期各个根据地的课程和教学等相关规定中都显示了这一目标。1937 年 4 月颁布的《关于群众的文化教育建设草案》中就指出：“目前党的中心任务是争取全国一致的抗日战线和全国一致的民主政治，把广大群众从文盲中解放出来，普遍进行普及教育。”①在谈到课程设置时指出，“政治课程要求最低限度能了解抗日的纲领和特区的民主自由的特点及特区阶级关系的转变，最高限度了解中国目前阶级关系的新结合，中国国际关系的新变化等”。② 这是从抗战大局出发，为争取抗战胜利而在课程上的考虑。1938 年 8 月颁布的《陕甘宁边区小学教学法》中规定：“边区小学依照国防教育方针及实施方法以儿童的身心，培养他们的民族意识及抗战建国所需要的基本知识技能。”③1938 年底，陕甘宁边区教育厅在总结该年度学校教育时就指出：“改变旧有的学制，把各级学校修业期限缩短，取消不适合战时需要的课程，使一切课程内容及其配备方法都以抗战建国为中心。”④服务抗战大局、争取抗战胜利的目标实现，也可以从保障抗日根据地

---

① 陕西师范大学教育研究所. 陕甘宁边区教育资料：社会教育部分(上)[M]. 北京：教育科学出版社，1981：2.

② 陕西师范大学教育研究所. 陕甘宁边区教育资料：社会教育部分(上)[M]. 北京：教育科学出版社，1981：2.

③ 陕西师范大学教育研究所. 陕甘宁边区教育资料：小学教育部分(上)[M]. 北京：教育科学出版社，1981：11.

④ 陕西师范大学教育研究所. 陕甘宁边区教育资料：小学教育部分(上)[M]. 北京：教育科学出版社，1981：26.

中小学发展的政策制度中看出。1938年陕甘宁边区的《陕甘宁边区建立模范小学暂行条例》，晋察冀边区1938年2月颁布的《凡不遭受敌人炮火威胁地域之小学校应于2月21日前一律开始上课》的通令；1938年4月《小学救亡中心训练、周训练条目》《中心小学任务及办法》；1940年《恢复与开展山东小学教育》的政令等文件中都体现出了在抗战中发展教育，恢复学校课程，服务抗战大局的思想。

除了陕甘宁边区之外，晋察冀边区同样提出了服务抗战大局、争取抗战胜利的课程和教学目标。据河北正定县教育志记载，1937年10月，日军侵占正定，原本的课程教学遭到破坏，日军要求三年级开设日语、修身等课程，专讲“王道乐土”“中日亲善”“东亚共荣”等奴化教材。抗日战争全面爆发后，正定县边区执行晋察冀边区制定的教学计划，教材不再局限于课本之内，一切有关战时之需要的内容皆选为教材。各级小学都以民族革命内容作为课程的中心，不合形势需要的教材，按年级高低及教学时数酌量增减。1938年2月颁布的《晋察冀边区小学教学科目及每周教学时间表》规定了相应的学习课程，其中专设国难教育，以突出抗战救国的必要性。“国难讲话”课程讲授国难中应有的认识，并指导课外救亡活动，以养成儿童爱护国家、复兴民族的意志和信念。此外，还设置公民科、国语科、社会科、自然科、算术科、体育科、劳作科、艺术科、音乐科。国语课规定的内容有战事讨论，抗战演说，叙述民族英雄故事，记述日军侵略情形，描写简短爱国新剧，作救国运动工作报告，拟募集救国捐启事，抄写壁报、标语、布告、书信、开会秩序等；社会科规定的内容包括民族光荣史、民族革命史、近百年国耻史、民族前途之危机、三民主义之要义、五权宪法之实施、我国现有之疆域形势、东北四省的地理形势、东北四省被暴日侵占后人民所受之痛苦、我国此次抗战之伟大意义、我国与国际间关系及国际对我抗战之同情、日本帝国主义侵略我国之野心、日本国内反战情形、世界各国备战情形等；而体育科围绕抗战展开，主要内容是行军作战之初步练习、含有充分抗战意义之游戏等；艺术科有绘历次失陷地图、抗敌漫画、游击队生活写真、布置战时环境等；音乐科有军歌、中华民族对日抗战歌、义勇军进行曲、救亡进行曲、慰劳前方将士歌、妇女救国歌、牺牲已到最后关头、抗敌歌、慰劳歌等。[①] 从各科课程内容的设置可以看出，抗战时期各根据地的课程和教材都紧紧围绕抗战展开，其主要目标是为取得抗战的胜利。晋冀鲁豫边区早在 1938 年 10 月就注意战时教科书的建设，学习延安的新方针，要求从培养目标到学制、课程、教材都不能脱离战争环境的要求，强调从实际出发。太岳四专署还确定初级小学主要培养战斗英雄、劳动英雄和一部分基层干部的目标。[②]

不仅小学课程和教材突出抗战主题，中学课程教材同样突出服务抗战大局、争取抗战胜利的目标。在抗日根据地发展中学教育是非常紧迫的，因此当地的中学教育兼具升学和培养干部的作用，而后者在特殊的历史时期显得更加重要。有很大一部分中学毕业生直接参加工作，少数中学生升入根据地所办大学（如 1939 年夏季创办的华北联合大学就从部分中学招收学生）。抗日根据地的中学大多在巩固区创办，少数在游击区或者统一战线创办，如江苏根据地建立抗日民主政权后，除将一、二、三分区的 40 所左右的中等学校接受过来外，又新办了泰兴二中、泰县育英中学等 9 所中学。[③] 当时中学的办学方式是“就地开办，就地上课，昼聚夜散，早来晚归，即知即传，随学随用，经常分散，定期集中，随机应变，伸缩自如”。鉴于当时特殊的历史条件，中学的学制大多有所缩短，许多中学规定学制为半年、一年或者两年，也有少数地方规定学制三年，但是施行三年的较少。

中学课程教材的目标定位也是在新民主主义总的思想指导下，提高青年的民族革命意识，养成民族革命精神，具备政治素养和基本学科知识，以及相应的社会活动能力。其最主要的目标是能够适应抗日特殊环境的需要，具体体现在课程和教材方面，就是围绕抗日设置相应的课程，提高学生的适应能力。抗战时期革命根据地的初中一般设置了政治、国语、数学、历史、地理、自然、军事、音乐、美术等课程。如陕甘宁边区在 1940 年以前，除了一般的政治文化课之外，还增设了统一战线、民族运动和游击战的课程；晋察冀边区 1940 年的课程设置中政治课占百分之三十，军事课占百分之二

① 正定县教育委员会. 正定教育志[M]. 石家庄：河北教育出版社，1996：123—124.

② 董纯才. 中国革命根据地教育史（第二卷）[M]. 北京：教育科学出版社，1991：421.

③ 董纯才. 中国革命根据地教育史（第二卷）[M]. 北京：教育科学出版社，1991：248.

十。各根据地在学习基础文化课的同时，根据抗战形势的需要，进行抗战政策教育、马列基本理论教育等，为持久抗战和抗战胜利做好思想和舆论准备。

抗日根据地的中小学教育在巩固区、游击区和敌占区，其目标有一致性，也就是贯彻新民主主义的教育方针，争取为抗战胜利服务。只是在不同的地区，教学活动和教学方式上有所差异。例如，在敌占区，为了躲避敌人的搜查，应付敌人的突袭，学校就会采用两种教学方式：平时学生学习抗日教材，等敌人来了或者风声紧了，就把敌人的教材拿出来做样子，等敌伪一走，又继续学习抗日教材，甚至有些教材封面是敌伪的课本，正文是抗日的内容，也就是所谓的“伪装本”教科书。这种应对敌人的方式，在很多游击区和敌占区很常见。又如 1941 年，共产党和国民党绅士合作，在绍兴创办了凤湖中学，当时日本帝国主义占领了绍兴，学校内迁，这所中学在困境中坚持了下来。为了应付日伪的检查，该校每个学生都准备了两套教材，一套是书店买来的普通教科书，平时不学，只有敌情来时，才拿出来装样子，而在日常教学中，使用另一套抗日的革命教科书，用《中国现代革命史》《政治经济学》《社会发展讲义》《大众哲学》以及根据地的报纸社论作为学习教材，以这样的方式进行艰难的抵抗。① 在抗日的大旗之下，人民群众积极发挥主观能动性，创造了多种方式躲避敌人的教育封锁，应付敌人的破坏，并且一直坚持到了抗战胜利。除此之外，需要注意的是，整个抗战时期，因为没有通行统一的教科书，各个根据地教育行政主管部门独立编印教科书，同时各专区、县甚至学校都自编补充教材。边区教育行政部门编印的统一教材和各地编印的补充教材构成了抗日根据地教科书的主体部分，二者相互补充，紧紧围绕争取抗日胜利这一目标，设置课程、选择内容、组织教学，以各自的方式共同服务抗战。

总之，抗战时期的中小学教科书，深刻认识到了抗战的特殊意义，充分发挥教科书的社会动员价值，将中共中央为什么抗战、如何抗战以及抗战必胜的信念融入教科书之中，将争取抗战胜利作为社会动员的最主要目标，充

---

① 董纯才. 中国革命根据地教育史(第二卷)[M]. 北京：教育科学出版社，1991:249.

分调动各阶层人士积极抗战，并在教育领域颁布了一系列的政策文件，发出了一系列的指示。正如1940年的《关于开展抗日民主地区的国民教育的指示》中指出，“开展抗日民主地区的国民教育，是当前深入动员群众参加与坚持抗战，培养革命知识分子与干部的重要环节”。[①] 各个抗日根据地根据实际情况，颁布教育相关政策和文件，认识到抗战教育的特殊性，以及课程教材抗日化的必要性，推动了战时课程教材的大发展。据统计，为适应抗战教育的开展，从1938年4月到1945年7月，仅陕甘宁、晋察冀、山东、盐阜和太岳根据地，根据中央的指示精神发布各类教育相关通令、指示、计划、实施方案、实施纲要、暂行规程约190件。[②] 这些文件使得抗日根据地课程教材发展有了政策依据，对推动根据地课程教材的制定与完善起到了非常重要的作用。

二、加强党的领导，实现民主政治

加强党的领导，实现民主政治是教科书社会动员的具体目标，也是新民主主义革命的必然要求。新民主主义教育的具体内容随着社会实践的变化而表现出差异，例如土地革命时期和抗日战争时期，虽然都实行新民主主义的教育，但是由于革命的对象、任务和具体内容的差异而体现出不同特点，甚至在某些方面还表现出了非常大的差异，即使是在抗日战争时期，随着抗战的推进，教育任务和具体目标也有变化，课程和教材目标随着具体形式的变化而有所调整。但是总的看来，都是为了实现新民主主义革命的基本目标，是为了贯彻党的教育方针和政策，落实各个阶段教育的具体目标。抗日战争时期，由于各个根据地类型不一、特点不一，有些根据地建立了比较稳固的政权，而且教育基础较好，因此教育发展相对领先，而有些根据地因为受到敌伪的破坏，教育发展较为缓慢。各个根据地根据自己的特点颁布了相应的教育和课程教材政策，同时又根据中共中央的统一部署，落实统一的教育方针和政策。中共中央在一些有影响力的媒体（如《解放日报》等）刊发

① 中央教育科学研究所. 老解放区教育资料(二)：抗日战争时期(上册)[M]. 北京，教育科学出版社，1986：80.

② 董纯才. 中国革命根据地教育史(第二卷)[M]. 北京：教育科学出版社，1991：88.

的课程和教材建设方面的指示,也影响着各根据地教科书的编写与使用。

要实现新民主主义的教育,就必须加强党的领导,实现民主政治。新民主主义教育是民族的、科学的、大众的,也是人民大众反帝反封建的教育,要实现新民主主义教育,就必须赢得民族独立、反对专制、反对帝国主义侵略。这一目标需要在中国共产党倡导的抗日民族统一战线的基础上才能实现。长期以来,帝国主义通过各种文化侵略企图奴化中国人的思想,灌输崇洋媚外的思想,而日本帝国主义培植的伪满政权,更是大肆宣扬"中日提携""大东亚共荣圈"等殖民思想。因此,必须加强党对抗日根据地教育的领导,必须和这种教育思想进行严酷的斗争,与这种思想划清界限。同时也需要与资产阶级的文化教育相区别,做到民族文化教育形式和内容的统一。各根据地的课程教材政策和目标都服从于新民主主义文化,而新民主主义文化的实现又需要加强党的领导,在民主政治的基础上才更有利于实现。

首先是加强党的领导。抗战一开始,国民党政府持有片面抗战的思想,不敢发动全体人民抗战,因此在国民党的统治和领导下,中国的抗战节节败退,大片国土沦陷。与此形成鲜明对比的是,中国共产党领导人民建立了广泛的敌后抗日根据地,恢复和发展了学校,培养了大批抗战人才,与敌伪开展了各种各样的斗争。这一系列的情况都证明,在中国共产党的领导下,组建最广泛的抗日统一战线,才是取得抗战胜利的保证。因此,在抗日根据地的学校教育里,从学制到课程,都做出了很大的改变,力图革除传统课程教材的弊端,满足抗日形势发展的需要,具体表现为在课程教材的目标定位方面加强了思想政治教育,尤其突出中国共产党的领导,在内容方面,宣传马克思主义,将马克思主义相关理论、中共中央的文件精神、中共中央领导人的讲话和发表在报纸杂志上的文章,改编成中小学教科书的内容。将加强党的领导,宣传马克思主义贯穿中小学课程教材的全程,各个抗日根据地在课堂内外,有效利用各种形式来学习中国共产党的相关知识,包括党的理论、党的方针政策和路线。例如为适应抗日的特殊形势,1940 年,晋绥边区就成立"抗日联盟宣传学校",由杨植霖、乔凤山、武达平等在武川县创办。"抗日联盟宣传学校"包括大湾子村学校、乌兰花小学、王府学校、东麻黄洼学校、法喜寺学校、定相营子学校等,联盟学校领导人为奕明华。这些学校集中宣传中国共产党的抗日政策，对根据地群众进行抗日演说，传唱抗日歌曲、表演抗日小戏，以根据地群众熟悉的文化形式传播中国共产党的抗日主张。[①] 没有这些持久的宣传工作和中国共产党领导下的学校教育工作，根据地持久的抗战就难以实现。

其次是实现民主政治。为了建立广泛的抗日民族统一战线，适应抗日救亡新形势，中共中央早在 1936 年 9 月就作出了《关于抗日救亡运动的新形势与民主共和国的决议》，[②]保障人民的选举权利。1937 年 2 月，中共中央发出《致中国国民党三中全会电》，同意将苏维埃政府改组为中华民国特区政府，并在特区政府区域内实施普选的民主制度。陕甘宁边区在民主制度的实施方面作出了表率，1937 年 4 月，西北办事处决定，为了实现由苏维埃政府向特区政府转变，创造全国抗日民主的模范区域，将苏维埃原有的政策及工作方法，转变为抗日民族统一战线的政策及工作方法，同时成立了四个专门委员会，研究政治、经济、文化、教育方面的具体转变，同年五月，由委员会起草的《陕甘宁边区议会及行政组织纲要》和《陕甘宁边区选举条例》等法规颁布，正式确立了陕甘宁边区民主政治的雏形。1937 年 11 月 22 日，《关于进行特区政府民主选举的指示》中提出了民主选举的目标，通过特区抗日民主区域的建设，推动全国的民主运动，实现全民族抗战。同年 12 月，陕甘宁边区经过选举，产生了 500 多名边区议员。[③] 1939 年 1 月，陕甘宁边区第一届参议会在延安顺利召开。边区政府主席林伯渠在开幕词中说道："边区根据'抗战高于一切'、'一切服从于民族自卫战争'的原则，把一切力量献给抗战……它实行了普选的民主制度，保障了人民的民主权利……奠定了三民主义共和国一部分的基础"。同时他指出"它的存在……是和中华民族的解放事业血肉相关的，是在坚持抗战争取抗战最后胜利的斗争上有着很大的意义"。[④] 大会还通过了《陕甘宁边区各级参议会组织条例》和《陕

---

① 董纯才. 中国革命根据地教育史(第二卷)[M]. 北京：教育科学出版社，1991：450.

② 西北五省区编纂领导小组，中央档案馆. 陕甘宁边区抗日民主根据地文献卷上[M]. 北京：中共党史资料出版社，1990：73.

③ 任学岭，谭虎娃. 陕甘宁边区史稿[M]. 北京：中央文献出版社，2011：102.

④ 林伯渠. 陕甘宁边区第一届参议会开幕词[N]. 解放，1939 年 4 月 4 日.

甘宁边区抗战时期施政纲领》等法令。陕甘宁边区把抗日和民主结合起来，成为其他抗日敌后根据地实行民主政治的榜样，而一系列的政策制度的推行也确保了边区政府民主政治的实施，同时，利用边区学校教育系统和课程教材对这些政策制度加以宣传和落实，加深了人民群众对边区民主政治的认识和理解，使其积极参与到边区民主政治的建设和实施中来。

为了进一步推进边区民主政治建设，抗日根据地逐渐探索出了“三三制”的民主政权形式。“三三制”政权是边区抗日民主政治的主要组织形式，其主要内涵是抗日民族统一战线政权的人员分配中，共产党人占三分之一，非党的左派分子占三分之一，不左不右的中间派占三分之一。“三三制”民主政权的建设符合抗战形势的需要，有利于团结全国人民共同抗日。“三三制”政权是对边区抗日民主政权的积极改造，改变了各级参议会和政府机关里“清一色”共产党员的情形。1940 年 3 月到年底是“三三制”政权的试行阶段，其标志是中共中央发出的《抗日根据地的政权问题》(1940 年 3 月 6 日)的指示。该指示提出了“三三制”政权政策；1941 年到 1942 年是“三三制”政权普遍实行的阶段，这一阶段“三三制”政权得到了普遍的发展，取得了很大的成绩；1943 年对“三三制”政权实施进行了总结，肯定了成绩，同时也批评了右倾形式主义的倾向，提出了改进办法；1944 年到 1946 年“三三制”进入了新的发展阶段，该形式不仅在政权机关得到巩固和发展，而且在经济和文化事业领域开始贯彻，同时在实践中也找到了符合“三三制”基本要求的民主形式。之后，“三三制”成为抗日民族统一战线的重要民主政治形式，是破除国民党一党专政的重要实践，有力地推动了全国的政治民主。推广这种政治民主形式成为学校教育的重要任务，这种政治民主形式通过学校教科书传播给了边区群众，在抗日根据地的课程教材中，有许多关于“三三制”民主制度的介绍，我们将在后面的论述中加以详细阐释。

总的来看，加强党的领导、实现民主政治是抗日根据地教科书社会动员的重要目标，这一目标的提出与当时抗日民族统一战线的建立和抗战形势的发展息息相关。

三、坚持自力更生，助力社会生产

抗日根据地的学校课程和教材，与社会生活密切联系，尤其是与生产经营活动相关联，宣传自力更生的思想，将发展抗日根据地社会生产作为社会动员的目标。抗日战争是一场持久的战争，没有必要的物质作为基础则很难坚持下去，尤其是在经济落后的根据地就显得更为重要，为了解决经济上的问题，中共中央从1939年起就开始号召开展大生产运动。

全面抗战爆发后，全国经济受到进一步严重破坏，抗日根据地经济发展更是难上加上。尤其是抗战进入相持阶段后，1941年起，日寇集中主力对根据地周围进行连续的“扫荡”，施行“三光”政策。“1941年至1942年，日军在华北连续推行了5次‘治安强化运动’，使用兵力千人以上的‘扫荡’达132次，万人以上至7万人的达27次，八路军、新四军兵力由50万减少到40万，抗日根据地中人口由1亿减少到5000万以下，生活遭到严重破坏，财政经济极端困难。”①与此同时，国民党军队集中力量削弱和限制抗日力量，到1940年，国民党政府完全停发了八路军的薪饷，还调动几十万军队对陕甘宁和其他抗日根据地实行经济封锁和军事保卫，扬言“不让一粒粮、一尺布进入边区”，断绝了边区的一切外援。② 1941年皖南事变以后，国民党政府破坏了抗日民族统一战线，严格盘查进出边区的各种物资，妄图将共产党困死在边区。日军的“扫荡”，加上国民政府的经济封锁，使中国共产党受到了日军、伪军和国民党军队的三面夹击，生存面临严峻挑战。正如毛泽东所言：“我们曾经弄到几乎没有衣穿、没有油吃、没有纸、没有菜，战士没有鞋袜，工作人员在冬天没有被盖。”③1941年8月，中央财政部部长李富春在中央政治局会议上的报告指出：“陕甘宁边区……全年收入800万元，而支出已达2500万元，财政入不敷出，经济非常困难。”④正是在这样严峻的经济形势下，中央一致认为要加快根据地的经济建设，鼓励边区人民自力更生，

① 蒋建农.毛泽东传[M].红旗出版社，2009：201—202.

② 中共中央党史研究室.中国共产党历史：第一卷(1921—1949)(下)[M].北京：中共党史出版社，2011：582.

③ 毛泽东.毛泽东选集(第三卷)[M].北京：人民出版社，1991：892.

④ 中共中央文献研究室.任弼时年谱1904—1950[M].北京：中央文献出版社，2004：384.

充分调动边区的生产积极性。为了应付抗日根据地严峻的经济形势，抗日根据地开展了轰轰烈烈的大生产运动，同时继续推行减租减息的政策，大力发展根据地的经济，与根据地群众一起渡过难关。

随着经济形势愈加严峻，大生产运动进一步开展起来。1941 年 3 月，王震率领三五九旅到延安东南的南泥湾地区，屯田开荒，发展生产。陕甘宁边区开展了多种生产竞赛，军队与军队之间、各村之间互相竞争发展生产，延安数万名党政军学人员以及党的主要领导人都投入到大生产运动，承担不同的生产任务。“毛泽东、朱德等中央领导人带头参加生产劳动，经常利用休息时间开荒、种菜。周恩来、任弼时还参加中央直属机关纺线比赛，被评为‘纺线能手’。”[①]其他抗日根据地，如晋冀鲁豫、山东、晋察冀以及华中各抗日根据地，在陕甘宁边区的带动下，也一面参加战斗，一面组织生产，同时创新了生产形式，发展互助组、合作社，以此提高劳动生产效率。除了农业生产外，抗日根据地也开始发展工业经济，建立小型工厂，制作手榴弹、子弹、地雷等军用品，以及生产文具、纸张、衣服等日用生活品。

为了大力发展抗日根据地的经济，毛泽东于 1942 年 12 月在陕甘宁高级干部会议上做了《经济问题和财政问题》的报告，发表了《组织起来》《必须学会做经济工作》等讲话。这一系列的指示都表明中央对抗日根据地经济工作的重视。除了大生产运动，中共中央还进一步推行了抗日根据地的减租减息政策。1942 年 1 月 28 日，毛泽东提出《关于抗日根据地土地政策的决定》，2 月 4 日又发出了《关于如何执行土地政策决定的指示》，10 月 1 日，毛泽东起草了《开展根据地的减租、生产和拥政爱民运动》的党内指示，各抗日根据地掀起了减租减息的高潮。根据地减租减息政策减少了地主的户数和占有土地的数量，调节了生产关系，团结了社会各阶层，极大改善了抗日根据地的经济活动。

文化教育领域将抗日根据地的经济政策和大生产运动等作为社会动员的目标之一，通过各种途径对其进行了全方位的宣传。抗日根据地的课程

---

① 中共中央党史研究室.中国共产党历史：第一卷(1921—1949)(下)[M].北京：中共党史出版社，2011：597.

和教材也与边区生产劳动紧密结合起来，为边区生产劳动提供精神动力和智力支持。例如边区师生共同参加劳动，只是劳动形式有所区别，男同学一般是种瓜种菜、种棉花、种粮食，而女同学一般是捻毛线、做针线，也有部分女同学参加田间劳动，师生参加生产劳动一方面体会到了劳动的艰辛，另一方面解决了根据地部分经济困难，可谓是一举两得。

为实现抗日根据地课程教材助力社会生产的目标，在课程上增加了社会生产类的课程，在教科书内容上进一步增加涉及经济生产的内容。例如，陕甘宁边区陇东分区的教育工作计划就提出，“初三年级增加珠算，完小里增加农业常识和边区生产建设知识”。① 又如，晋察冀边区行政委员会调整小学的任务，要求加强儿童生产教育，强调要配合当前生产救灾的政治任务，在教育内容上增加生产教育，重视儿童劳动教育，领导学生开展日常生产劳动，还专门将每周六下午定为劳动日，师生一起开展劳动，并提倡贫苦学生在课外活动时间帮助家长工作，而且规定学生不上课的半日或者一日，一律参加劳动。② 这种教材内容与生产劳动结合的做法在全面抗战初期就开始推行，但是由于早期教育工作者领会不深，加之抗日局势还未到最艰辛之时，因此实施起来并不自觉，到了抗战进入相持阶段，尤其是1941年左右的严重经济困难，人们对教科书中全面渗透生产劳动的意见越发认同，并且从理论到实践层面都积极实施。

坚持自力更生，助力社会生产是学校课程教材对当时抗战特殊形势的具体回应，是中小学教科书自觉承担抗战责任的一种彰显。特殊时代的教科书，并不仅仅是知识的载体，它同时被赋予了时代的使命，在抗战的特殊时代，中小学教科书承担了舆论动员，以及为边区经济发展提供智力支持的职责。在抗日根据地，从前方到后方，从军队到地方，从干部到群众，从教师到学生，从课程到教材，都将社会生产这一重要任务放在核心位置，定为重要的目标，大家把工作、学习和劳动视为同等重要，在各自的岗位上，既从事着自己的本职工作，同时又从事着生产劳动活动，这种劳动的氛围，通过学

① 延川县府改进小学　教员质量提高　注意学后会用[N]. 解放日报，1943年5月17日.

② 中央教育科学研究所. 老解放区教育资料(二)：抗日战争时期：(下册)[M]. 北京：教育科学出版社，1986：390—395.

校教科书进一步渲染，更加增进了边区劳动的气氛，学校教科书以它特有的力量，传播着生产劳动价值观，传递着劳动的特殊使命，成为抗战社会动员中重要的一环。

四、学习实用知识，提高文化水平

全面抗战时期，从1937年7月到1945年8月，中国共产党先后建立了陕甘宁、晋察冀等19块敌后抗日根据地，根据地人口由150万人发展到1亿人，党的军队由5万多人发展到120万人。这是一个艰难的发展过程。早期敌后抗日根据地环境非常恶劣，经济落后，教育基础薄弱，教育水平参差不齐。在这种情况下，各根据地创造了包括正规的中小学教育、冬学教育、夜校、识字班、扫盲班、半日校等颇具时代特色的教育形式。

各抗日根据地，包括中共中央所在的陕甘宁边区都是一个经济和文化教育基础落后的地区。1939年1月，陕甘宁边区政府主席林伯渠在一个报告中就提到，1936—1937年，边区全部人口150万，识字率只有1%，[①]再如“盐池在16710人中只有中学生21人，小学生225人，老学究23人，粗识文字的66人，共计真正识字的不到2%，而华池、曲子则在200人中才有1个识字的”。[②] 曾任边区政府秘书长的李维汉也指出：“陕甘宁边区在旧社会经济文化十分落后……文盲高达百分之九十九……方圆几十里找不到一所学校……人民十分缺乏文化生活。”[③]1936年7月徐特立向美国记者斯诺讲述陕甘宁边区的文化基础时指出：“除了少数地主、官吏、商人以外几乎没有人识字，文盲几乎达95%，在文化上，这是地球上最黑暗的一个角落。”[④]

因此，改变抗日根据地文化教育的落后状况，提高人民群众的文化水平就成为边区社会动员的重要目标。各抗日根据地按照实际情况，通过学校教育、冬学以及扫盲识字班等形式开展了大范围的扫盲教育。以边区开展

---

① 李祥兴. 延安时期的教育与马克思主义大众化研究[M]. 北京：中共党史出版社，2015：70.

② 齐礼. 陕甘宁边区实录[M]延安：解放社，1939：32.

③ 李维汉. 回忆与研究（下）[M]. 北京：中共党史资料出版社，1986：566.

④ [美]埃德加·斯诺. 西行漫记[M]. 董乐山译，北京：生活·读书·新知三联书店，1979：21.

的大范围的冬学运动为例，1937 年 10 月，陕甘宁边区中央教育部下发的《关于冬学的通令》指出：冬学就是国防教育领域内总动员的具体任务，所以边区教育部特别决定冬学是经常学制之一，是成年补习教育的一种，是给农民提供受教育的良好机会，是普及教育、消灭文盲的重要办法之一。1937 年冬季，陕甘宁边区教育厅印发的《冬学须知》指出，在抗战动员中，应使冬学成为发展社会教育、消灭文盲、普及教育的有力工具。

抗日根据地扫盲教育的主要目标是：第一，消灭文盲，提高人民群众的文化水平；第二，提高民众的民族觉悟，动员群众参加抗战；第三，提高群众的民主思想；第四，增进民众的战时生活知识和一般生活知识，通过创办各种识字班，把抗战和对底层民众的知识启蒙有机地结合起来。① 为了实现这一目标，边区政府通过多种渠道传播根据地的实用知识，千方百计提升边区人民的文化水平。除开办冬学、夜校等形式之外，中小学校的正规教育也是非常重要的一方面。随着抗战进入相持阶段，课程教材开始越来越多地关注实用知识的学习，进一步增加科学知识内容，使政治学习和科学学习结合起来，识字教育和群众生活必需的实用性知识（如与防空防毒知识、写路条等）结合起来。抗日根据地教育部门和学校通过不断地修订完善中小学教科书，将这些实用性的知识融入课本之中，既能够照顾到抗日根据地的现实需要，同时又有效地提升了人民群众的文化水平。

通过教科书学习实用知识、提高文化水平的社会动员主要包括两方面的具体目标。一方面是通过抗日根据地教科书提高各抗日根据地军民的基本文化水平，这就需要一定的学科知识作为基础，而不能将教科书完全地编为政治手册，也就是要回归到教科书本身的价值中来。教科书的本意是知识传播的载体，尤其是千百年来人类文明精华的精选，这是教科书文化价值和功能的基本维度。而在抗日根据地，编写教科书最低层次的目标要求，就是希望通过教科书让边区学生获得基本的学科知识，脱离“文盲”的队伍。另一方面，根据抗日根据地的特殊需要，与边区人民生活息息相关的实用知

① 顾明远，刘复兴. 从新民主主义教育到社会主义教育（1921—2012）[M]. 北京：教育科学出版社，2015：111.

识是教科书必须介绍的内容,包括生活卫生知识、防空防毒知识、写借条、写路条以及基本的生活数学运算知识等。通过学习这些实用性知识,边区学生和普通群众感受到了教育的价值,进而积极支持边区发展学校教育。基于这种考虑,边区课程教材通过尽量地精简,将最精炼的学科知识选入,同时充分考虑边区的生活实际,将课程教材和生活紧密相连起来,让教科书承载着最应该承载的内容,这样才能真正实现教科书的社会动员价值。由此看来,抗日根据地教科书将学习实用知识、提高文化水平作为社会动员的基本目标之一,符合边区文化教育的实际,达到了边区人民群众的基本期望,是对当时教育现实的客观反映。

第四章　革命根据地中小学教科书抗战社会动员的主要内容

全面抗战爆发后，中华民族面临严重的生存危机，中日之间的矛盾上升为主要矛盾，抗日救国成为当时时代的主题，成为整个中华民族刻不容缓需要解决的问题。加之，日本帝国主义的狼子野心昭然若揭，觊觎中国的这片土地已经很久。早在 1927 年夏，日本内阁召开的“东方会议”，炮制出所谓的《对华政策纲领》，认为中国东北在（日本）国防和国民的生存上有着重大的利害关系。[①] 在此之后，日本帝国主义制定出了建立以中国东北为基地、以掠夺为目的侵华战略。1931 年 9 月 18 日，日本帝国主义出兵侵占我国东北地区。国民党政府面对日本帝国主义的侵略，选择不抵抗政策，这使得日本侵略军加快了侵略中国的步伐，在短时间内就占领了整个东北三省。1935 年 8 月 1 日，中国共产党颁布了《为抗日救国告全体同胞书》，号召建立抗日民族统一战线。1937 年 7 月 7 日，全面抗战爆发。同年 8 月 3 日，日本又开始进攻上海，并大放厥词，声称中国三个月内必会灭亡。1937 年 8 月 13 日，日本发起对上海的大规模进攻。随着日本帝国主义的步步紧逼和西

① 徐彬．抗战时期中国共产党政治动员论析[J]．党史研究与教学，2007(5)．

安事变的发生，在这一情形下，国民党不得已同意联共抗日，同意接受中国共产党领导的红军改编为国民革命军第八路军。不久，国民党发布《中国共产党中央为公布国共合作宣言》，正式形成了抗日民族统一战线。

然而，国民党政府长期实行片面抗战的路线，在日本帝国主义侵略不断加剧的背景下，把重心放到了围剿中国共产党身上，发动了震惊中外的皖南事变。由于国民党政府为了维护其一党专政，不敢广泛地发动群众，不敢实行全民族的抗战，加之国民党军队的腐败和战斗力低下，在与日军对战中损失惨重，大片的土地失守。中国共产党认识到了全面抗战的重要性，在不断与国民党斗争的同时，维护抗日民族统一战线，坚持抗战。为了达到让边区人民看清政治形势、提高政治觉悟、加入抗战的目的，中国共产党在边区以报纸、杂志、广播以及边区中小学的课程和教材为媒介，发动了广泛的社会动员。

第一节　革命根据地中小学教科书的抗战政治动员

中国共产党成立以来特别重视政治动员工作。中国共产党在成立初期就提出："党的基本任务是成立工会，加强对工人的教育，出版书报刊物，组织工人学校，提高工人的觉悟。"①中国共产党将政治动员作为重要目标，将政治教育渗透进了中小学教科书。毛泽东在《论持久战》一文中，曾对政治动员及其意义做过精辟的论述："什么是政治动员呢？首先是把战争的政治目的告诉军队和人民。必须使每个士兵每个人民都明白为什么要打仗，打仗和他们有什么关系……其次，单单说明目的还不够，还要说明达到此目的的步骤和政策，要有一个政治纲领……其次，怎样去动员？靠口说，靠传单

① 姜华宣. 中国共产党重要会议纪事(1921—2011)[M]. 北京：中央文献出版社，2011：54.

布告，靠报纸书册，靠戏剧电影，靠学校，靠民众团体，靠干部人员……其次，不是一次动员就够了，抗日战争的政治动员是经常的。”①

毛泽东论述了政治动员的目标以及开展政治动员的具体步骤和方法，并希望通过动员媒介的影响，实现政治认同和政治归属感，让边区群众对中国共产党的政治主张有全面和清晰的认识。要实现政治动员，能够借助的媒体很多，有多种动员的实现途径，而学校教科书具有权威性，是教育行政主管部门通过选择合适的编撰者，通过集体或者个人的加工编撰而成的学习材料。教科书面对的读者群非常广泛，尤其是在抗战的特殊历史时期，教科书是一家人的知识来源。它的读者群不仅仅是中小学生，而且还辐射到了边区群众，是被边区人民信赖的知识载体。中小学教科书成为广大青少年建立政治观念和政治信仰的重要媒介，很多年轻人都是通过教科书的学习而不断成长的。所以中国共产党运用中小学教科书作为政治动员的媒介，正是认识到了教科书的独特价值，认识到了教科书的政治教化功能。在抗战时期，中国共产党拿起了中小学教科书这一武器，将中国共产党的政治理想和政治主张融于其中，将抗战建国伟大理想和教科书紧密结合，有力地宣传了党的方针政策，进行了最广泛的政治动员。

中小学教科书的抗战政治动员包括三个基本层面。政治动员的第一个层面是“政治宣传”，就是知道中国共产党的政治主张“是什么”的问题，也即通过政治动员，让边区群众知道一些政治概念，熟悉一些基本的政治主张，了解重要的政治领袖人物等；政治动员的第二个层面是“政治认同”，在知道“是什么”的基础上，让边区群众从内心深处认同这些主张，诚心诚意地拥护中国共产党的政治主张；政治动员的第三个层面是实现“政治参与”，这是政治动员的最高形式，也就是在知道“是什么”和内化认同的基础上，进一步付诸实践，知道“应该如何去做”“应该如何来参与”。

一、加强“政治宣传”是教科书抗战政治动员的重要形式

在革命战争时期，中国共产党编纂和出版的革命根据地中小学教科书

① 中国共产党晋察冀中央局.论持久战[M].新华书店晋察冀分店，1938:49—50.

有着极强的政治动员作用，体现了政治动员的意图。编写人员将政治动员贯穿于教材内容的选择之中。早在井冈山革命根据地时期，中国共产党人编撰出版的《共产儿童读本》等红色课本就为实现政治动员作出了示范。全面抗战爆发后，1938 年山东胶东国防教育委员会编著的《国防国语》等系列国防教科书，以及 1945 年为争取抗战最后胜利，晋冀鲁豫边区教育厅编订的《战时新课本：初级小学国语常识合编》等，都凸显了政治动员的强烈色彩。这些中小学教科书不论在版式设计还是内容选择与组织上，都深深刻上了“抗战”的烙印，成为抗战时期政治动员的重要工具。

（一）宣传中国共产党“抗战建国”的政治理想

中国国民党和中国共产党都提出了“抗战建国”的政治主张，分歧在于“抗战建国”的前途和步骤。国民党坚持“一次革命论”，而以毛泽东同志为主要代表的中国共产党人，提出了抗战建国的最高和最低纲领：最高纲领是无产阶级推翻资本主义，建立社会主义，求得彻底解放，消灭任何剥削阶级的纲领；最低纲领是无产阶级在民族民主革命中的纲领，最低纲领和最高纲领统一于中国革命的实践之中。国民党抗战建国的目标是建立国民党一党专政的独裁政府；中国共产党抗战建国的目标是建立一个新民主主义的国家，认为抗战建国的核心力量应该是工人和农民，是无产阶级的力量。

抗战时期的政治意识形态表现为当时社会的主导政治思想。政治思想可以制造政治舆论，从而进行政治动员。抗战时期中国共产党通过引导政治思想，将政治愿景融入教科书中，形塑边区学生和群众的政治价值观。中国共产党所秉持的政治思想是无产阶级思想，无产阶级的基础是工农群众，是广大的劳动人民，无产阶级是中国社会发展的基础。教科书的编纂者也意在通过比较两个不同阶级领导的国家之间存在的社会生活的差异，间接地表达出无产阶级领导的社会的优势。例如《战时读本》第四册第五课《两个道理》提道：

> 资本主义国家，大家都要抢殖民地。有了殖民地，便宜的原料就可以弄到手，造出来的货物就有卖处，资本主义好赚钱。所以就要发生世界大战。资本主义国家，不做工吃好吃的，做了工的吃不

饱饭。苏联呢，人人有工做，人人有饭吃，做的最好吃的最饱。苏联没有资本家，不要殖民地，所以也不要战争，只要和平。①

这篇课文简单易懂，它用贴近儿童现实生活的语言讲解了资本主义社会和社会主义社会的根本差异，描绘了苏联社会制度的美好和资本主义国家的剥削本质，深化了儿童对中国共产党性质的理解，同时也体现了中国共产党的最终目的是要解放中国，实现中国的和平。

中国共产党抗战建国思想所主张的新民主主义中国的美好前途，在教科书中也有所描述。例如《战时读本》第四册第二十九课《新的中国》提道：

新的中国要实行民权主义，十八岁以上的人，不论男女，都有选举权和被选举权，人民有言论、出版、集会、结社的一切自由。新中国要实行民生主义，工人有工做，农人有田耕，学生有书读，人人可以发挥自己的天才。我们要建立独立自由幸福的三民主义的新中国。②

随着中国共产党在革命根据地民主政权的巩固，各种惠民政策开始实施，人民群众的生活有所改善。总的来看，抗战时期的教育是为抗战服务的。因此，根据地对课程和教材作出了全方位的改革，把实施国防教育作为一个重要组成部分，以服务抗战需要，实现抗战建国的目标。1939 年，陕甘宁革命根据地教育厅制定的《小学教育实施纲要》写道："边区小学应根据边区国防教育宗旨及实施原则，以发展儿童身心，培养他们的民族意识、革命精神及抗战救国的知识技能。"③国防教育是抗战建国的重要保障，也是党的抗战建国路线的具体措施，有利于抗战建国的实现。将抗战建国的理想装进教科书中，传送到学习者的头脑里，能有效开展最广泛的政治动员。

---

① 编写组. 战时读本(第四册)[M]. 太行文化教育出版社，1940：5.

② 编写组. 战时读本(第四册)[M]. 太行文化教育出版社，1940：29—30.

③ 陕西师范大学教育研究所. 陕甘宁边区教育资料：小学教育部分[M]. 西安：陕西师范大学教育研究所，1981：34.

(二)宣传中国共产党的“领袖群体”

教科书对政治领袖的刻画具有非常重要的意义和价值。一个政党的灵魂与精神,正是通过其政治领袖展现出来。中国共产党作为一个先进的政党,作为一个具有伟大前途的政党,同样具有非常优秀的领袖群体,是值得边区群众学习的榜样。革命根据地教科书中塑造的以毛泽东为首的中国共产党的领袖人物,以他们质朴亲切、无私奉献、一心为民的形象,凝聚了边区人民群众的心。教科书对政治领袖群体进行了全方位的宣传。领袖群体的形象塑造,不仅凸显了中国共产党执政为民的特征,而且给予了边区群众抗战的底气和勇气。

教科书中刻画的领导群体,通过各类真实的事件串联起来,往往是以小见大,以情动人,展示出边区群众与中国共产党心连心的真切情感。值得一提的是,教科书对中国共产党的主要领导人的形象描写尤其丰富。例如经典课文《朱德的扁担》,从一根小小的扁担入手,表现出领导人艰苦朴素、勤政爱民的形象,其中写道:“我们的朱总司令,和我们一样背过粮呢!你不要看他是个总司令,挑起粮来比我们还挑得多……”中国共产党的领导人也是普通人,与其他战士和群众一样热爱劳动、热爱生活、艰苦朴素。而教科书中对毛泽东的描写,力度更大,刻画的精细度和描写的深度和广度也非常强,一些文章从多个维度描述了毛泽东与儿童、伤员、百姓的交往细节,展示出一个亲民的共产党领导人形象。这些内容较为系统地融入教科书之中,抒发出一种热爱、崇拜和感激之情,鼓舞着人们在贫瘠的土地和战乱的时代,努力奋斗,赶走日本侵略者,建设美好新中国。

抗日根据地中小学教科书对毛泽东的宣传较为集中,对其形象和事迹的刻画展现了中国共产党的执政精神和政党特质,也同时表达出了边区人民对毛泽东的爱戴敬仰之情。1945 年晋察冀边区《战时新课本:国语常识》第六册第三十九课《组织起来》中写道:

> 毛泽东,他是人民的大救星,号召大家齐生产,组织起来大变工。一个巴掌打不响,一棵孤树不成林,大家起来闹生产,组织起来顶机器。武乡有个李马保,偏城有个张喜贵,互相帮助搞生产,

打工折工都得利。[①]

这篇课文把毛泽东描绘成“人民的大救星”，说明毛主席在当时的老百姓心里分量特别重，大家都喜欢他、爱戴他。1942 年的晋察冀边区《国语课本》初级第七册第十四课《毛主席和小孩》中写道：

毛主席有一次坐了汽车，到孙家山八路军的一个机关里去开会。一下车村里的男女老少围住他，他们热烈地欢迎毛主席。银花的妈正在家里发愁，怀里抱着三岁的孩子。这孩子发着高烧，脸白的像纸一样，不哭也不吃奶，几乎快要死了。她听说毛主席来了，也抱着那孩子出来，挤到人群里，要看看毛主席……

毛主席皱了皱眉头说：“把他送到咱们的中央医院治治吧。”……

要不是毛主席用汽车把那孩子送来，再过两小时就没法治了。现在这孩子已有六七岁，长得很健康。银花的妈常向人说：“要不是毛主席，这孩子那会活到今天。”[②]

这篇名为《毛主席和小孩》的课文叙述了毛主席在两位妇女谈话中捕捉到了孩子有生命危险的信息，并及时用汽车把孩子送到医院最终得以治疗的故事。课文从一件生活小事展示出毛主席朴素亲切、平易近人、把人民的事当成自己的事的伟大领袖形象。以小见大，作为领袖的毛主席都可以这样亲切和蔼，那么广大的共产党人必然和民众打成一片，必然代表着民众的利益和呼声。

除了毛泽东、朱德等领袖人物之外，还有左权、刘伯承、贺龙、陈赓、刘志丹等都进入了教科书，他们反映出了中国共产党的群体形象，传达了中国共产党的核心价值观和革命精神。在这些优秀人物的激励下，人们克服了生活

① 晋察冀边区教育厅审定. 战时新课本：国语常识（第六册）[M]. 振华印刷厂，1945：39.

② 晋察冀边区行政委员会教育处. 国语课本（初级·第七册）[M]. 冀中第八专区博古书店，1942：26—28.

的苦难，自愿献身革命，愿意参与抗战活动，激发出了无穷的斗志。

(三)宣传“抗日救国”的英雄事迹

美国社会心理学家班杜拉提出了模仿学习理论，他认为“人类的学习，多数是在社会交往中，通过对榜样人物的示范行为的观察、模仿而进行的”。[①] 根据模仿学习理论，学生在学习根据地教科书时，会对课文中人物的行为进行模仿。在中小学教科书中写入抗战榜样人物，能引导孩子学习抗战榜样，起到动员抗战的作用。

在抗战时期涌现出了各种英雄人物和先进典型，他们为抗战的胜利作出了不可磨灭的贡献。他们中不仅有人们熟知的英雄群体，如赵登禹将军、叶挺军长等，还有奋斗在前线或者后方的普通战士或后勤人员。这些抗日救国的普通群体同样具有巨大的示范作用，教科书的编写者们把这些可歌可泣的英雄人物选入教科书中，展示了抗战形势下，各行各业的人们为救亡图存而表现出英勇无畏、无私奉献、足智多谋的精神品质。

1942 年北海出版社印刷的《国防国语课本》第六册第二十四课《不怕冷的徐将军》一文，讲述了徐向前将军的故事。

> 自从红军改编成八路军以后，他便奉了命令从陕北开到山西。天气已经很冷了，徐将军仍然穿着军裤辞别他的母亲。他母亲问他：“孩子，这样冷的天气，你还穿着军裤，不怕冷吗？”徐将军说：“天气虽然这样冷，我的心却是热的，怕什么呢？”
>
> 他所带领的八路军中，一万多将士都没有棉裤穿，他不愿意独自享福，在寒冷的雪中前往山西去了。[②]

课文最后总结道：

> 徐将军是一位好指挥，能带领人民打胜仗，也会为下属着想体

---

① 孔令智，汪新建等. 社会心理学新编[M]. 沈阳：辽宁人民出版社，1987：74.

② 胶东国防教材编辑委员会. 国防国语课本(第六册)[M]. 北海出版社，1943：30—31.

贴下属，与下属同甘共苦，使群众对共产党具有好感和表示肯定。[①]

为了巩固抗日民族统一战线，支持全民族抗战，抗日根据地教科书的课文中不仅涉及共产党领导下的八路军和新四军的英雄人物，而且也展示了国民党抗日将领的热血壮举。其中就有一篇课文描述了国民党将士的英勇事迹：

带着兴奋走进了伤兵医院，我们一群人都严肃起来。童子军非常高兴地引着我们去看一个受轻伤的排长，而在这个英勇的战士之前，我羞愧地感到自己的渺小。他坐起来，向我笑笑，把背靠在壁上，我们为着他的健康而喜悦……“前线的长官和士兵们全都一心一德的，大家都唯恐没有机会上去和鬼子拼命……只要中国能翻身，我们就算是死也无憾了。”……“那天晚上还牺牲了一位可敬的旅长黄梅兴，哎，日本鬼子的炮火为什么不毁了我。我真情愿代替黄旅长去死。”这时候我看见他的眼睛也湿润了起来。[②]

在抗日民族统一战线下，国共两党摒弃前嫌，一致对外。上面这篇文章选自《火光中的上海(二)》，描述的是淞沪会战期间，一个国军排长的故事。在民族危亡之时，有识之士必然挺身而出，不管是国民党还是共产党，都为着民族解放而浴血奋战。

课文还选入了国民革命军第二十九军赵登禹师长的英勇事迹。他英勇抗敌最终壮烈殉国，这一事迹被编成戏剧呈现在文登县《新编初小国语课本》第六册中。充分的证据表明，中国共产党在抗日根据地宣传“抗日救国”的英雄事迹并不仅仅只是局限在中国共产党内部，而是摒弃了党派的界限。凡是拥护抗战的，不论是共产党的英雄事迹，还是国民党的抗日事迹，都被

① 胶东国防教材编辑委员会. 国防国语课本(第六册)[M]. 北海出版社，1943：30—31.

② 胶东国防教材编辑委员会. 国防国语课本(第四册)[M]. 北海出版社，1943：22.

选入了教科书中，起到全民族社会动员的作用。

此外，文登县小学教本编订委员会编订的《初小国语读本》第六八册[①]第五课的《救亡民歌》、第九课《夜战》、第二十四课《松花江上》、第三十二课到三十四课的《铁蹄下的东北》等都描述了中国军队战胜重重困难，最终在战役里取得了胜利的故事，宣传着群体或者个体抗日救国的英雄事迹。例如第四十课的《上海大战鼓词》写道：

> 八月里来秋风凉，野蛮的日本兵太猖狂，八日强占东四省，二十八日上海又遭殃。七七卢沟桥事件烽烟四起，平津也遭沦亡。我国政府早准备，抱定决心要抵抗。奋不顾身去抵抗，手榴弹扔得准，杀得敌人纷纷乱。鬼兵纷纷阵亡，我军将士勇难当。中外报纸也登战，异口同声中国胜利美名扬。[②]

总之，抗日根据地教科书宣传了抗战的英雄事迹，包括英雄群体（如军队、领导群体等）和英雄个人（共产党员或者国民党抗战将领），以此来展现中国人民不畏艰险、浴血奋战的精神。同时，也突出地表现了中国共产党的强大实力，可以保护人民群众的生命财产安全，使得人民对共产党的依赖加强和信任的加深。抗日根据地教科书宣传抗战英雄，突出抗日模范，有效落实了抗战的政治宣传任务。

二、追求“政治认同”是教科书抗战政治动员的重要内容

“政治宣传”是中国共产党政治动员的重要形式，也是最初级的层面。而中国共产党在人民群众中大力宣传其政治性质、政治方针等，目的是希望人民对其产生政治认同。人们一旦产生政治认同，就会确定自己的政治身份，并会自觉地规范自己的政治行为。抗战时期革命根据地中小学教科书政治宣传要达成的最大政治认同就是认同抗日民族统一战线、认同中国共

① 六八册属于两册合编的课本，即第六册和第八册合编，供两学期使用。下同。

② 文登县小学教本编写委员会. 初小国语读本（第六册）[M]. 文登县政府第四科，1938：76—77.

产党的领导、认同人民当家作主。

(一)认同抗日民族统一战线

全面抗战时期，中国共产党在其编订的中小学教科书里指出，中国共产党建设的新民主主义的共和国，是由好几个革命大阶级一起领导的。为实现全面抗战，中国共产党动员各个阶级一起行动，并在教科书中进一步阐述了希望建立一个各阶级联合专政的国家的主张。例如，1938 年胶东国防教材编辑委员会编订的《国防国语课本》中级第六册第二十一课《三三制的民主政治》中就提道：

要实行三三制的民族主义政治了，于是大家发狂似的，热烈起来，各团体都讨论的是三三制，街头谈论的也是三三制。周敏对三三制不彻底了解，便去问张先生道："为什么要实行三三制呢?"张先生笑着说道："为了抗战，为了建国，我们要想取得抗战的胜利，必须各党各派各阶级在抗日民族统一战线下，一致抗日。为了建设新民主主义的新中国，在政治上也要统一战线的，也就是各个抗日革命阶级联合专政的，因为我们反对国民党的'一党专政'，目前也不需要无产阶级专政。""那么所谓联合专政，是对谁专政呢?"周敏又问道。"对汉奸亲日派以及其他反动分子专政，因为他们破坏抗战，破坏团结。抗日革命各阶级，要坚持抗战，就必须对他们专政，以便制裁他们，镇压他们。"周敏在张先生说完后，又问道："这样的专政，与英美的专政一样吗?"张先生道："英美等国是大资产阶级的民主专政，二者有根本上的不同。因为大资产阶级的专政是对小资产阶级和无产阶级的专政，三三制却是各阶级的联合专政。中国的资产阶级，虽然也想实行英美的专政……所以中国的资产阶级，既不能脱离封建势力，也不能脱离帝国主义的势力，他们在民族革命的过程中，时常表现软弱动摇。因此，他们是不能单独完成中国民族革命的任务的……”①

抗战胜利必须反对国民党的“一党专政”，要对汉奸亲日派以及其他反动分子专政，要联合各派一起抗争。完成中国的民族主义革命，必须由中国的无产阶级和资产阶级以及广大人民共同联合才能实现。《三三制的民主政治(二)》就描述了“三三制”是如何实行的：

> 三三制的组织形式，就是各级代表会和政府，均应以代表无产阶级及确定的共产党员占三分之一；代表小资产阶级的进步分子，占三分之一；代表中等阶级、开明绅士、名流学者，占三分之一，只有汉奸亲日派和其他反动分子没有资格来参加选举。在推选某一政策时，只要他的政策正确，而且是代表多数的人的利益的，便能得到群众的拥护。②

抗战期间最重要的是团结一致，急需各党各派联合起来带领人民取得抗战的最后胜利，不能让人民被分化。中国共产党一直注重团结各方力量，早在1932年中央苏区所编的《共产儿童读本》中强调团结的文章里就有所体现。1942年晋冀鲁豫边区教育厅审定的《自然课本》高级第三册第三十六课《团结就是力量》中提到：

> 从前有一个老人，他有十个儿子，谁也不肯退让，常常吵架。一天，老人把儿子们叫到面前，每人给他们一支筷子，叫他们去折。一个个都把筷子折断了。他又拿了十枝筷子，紧紧捆成一把，叫他们一个一个地来折。没有一个人能折的断。老人说：“这是一个很

① 胶东国防教材编辑委员会.国防国语课本(中级·第六册)[M].海阳县文东印刷所，1938：41—43.

② 胶东国防教材编辑委员会.国防国语课本(中级·第六册)[M].海阳县文东印刷所，1938：25.

好的教训，分开就没有力量，团结起来就有力量。”①

课文生动形象地指出，只有团结在一起，力量才能变强大。抗战时期，中国共产党一直坚持抗日民族统一战线，认为只有团结才能打败敌人、消灭敌人。为此，中国共产党在教科书中不断强化抗日民族统一战线的思想，引导各方势力认可抗日民族统一战线，号召各种力量共同抗日。

(二)认同中国共产党的领导

毛泽东在《两个中国之命运》中曾提出：“中国共产党的任务就是放手发动群众，壮大人民力量，团结全国一切可以团结的力量，在我们党的领导，为着打败日本侵略者。”②坚持中国共产党的领导是抗日根据地建设与发展的重要基础，而让边区群众认同和认可中国共产党的领导就显得尤为重要，坚持党的领导才能有效调动边区各种力量，团结边区群众，发动最广泛的抗战社会动员，进而赢得抗战的胜利。

认同中国共产党的领导有多种方式，教科书通过对比新旧社会的生活，让群众知道过去的生活是怎样的，而在共产党的领导下，新生活有什么不同，以此形成对中国共产党的认同。在1938年胶东抗日根据地教科书《国防国语课本》中级第六册第二十五课《包身工(一)》和二十六课《包身工(二)》中这样描述包身工：

> ……他们的身体，已经以一种奇妙的方式，包给了叫做“带工”的老板……在预定好的“包身契”上书上一个十字……包身工的身体是属于代工的老板的，所以他们根本就没有做或不做的自由，即使生病的时候，老板也会很可靠地替厂家服务，用拳头，棍棒，或者冷水来强制他们去做工作……③

---

① 晋翼鲁豫边区教育厅审定. 自然课本(高级·第三册)[M]. 晋翼鲁豫边区教育厅，1942：48—49.

② 毛泽东. 毛泽东选集(第二卷)[M]. 北京：人民出版社，1991：1025.

③ 胶东国防教材编辑委员会. 国防国语课本(中级·第六册)[M]. 海阳县文东印刷所，1938：26—28.

这篇课文讲述了包身工的辛苦，揭露了社会制度的残酷，也让群众感受到中国共产党治理下的边区生活的来之不易。此外，中国共产党还在中小学教材中对法西斯政权和苏维埃政权进行比较，体现出不同社会体制下工人的幸福感的差别，给读者留下较深的印象。如晋察冀边区行政委员会教育处编订的《国语课本》初级小学第七册的第十一课《聂荣福》：聂荣福在抗战前期是很贫困的，共产党来了，他的生活才有了改观，过上了幸福日子。① 这说明在共产党的领导下，人民的生活有了较大的改善。教科书通过对比新旧生活，描绘出“翻身幸福”与“丰衣足食”的景象，深化了边区学生对于中国共产党的认识，加强了青少年对中国共产党政权的认同感，激发了青少年投身革命并为之奉献的责任感。

抗日根据地教科书体现强烈的阶级意识，具有亲近农民的倾向。毛泽东说，革命是暴动，是一个阶级推翻另一个阶级的暴力的行动。在20世纪上半叶，中国社会农民阶级和地主阶级之间的矛盾极为突出，中国共产党要想获得农民阶级的支持，就必须代表农民阶级的利益。毛泽东说：“最干净的还是工人农民，尽管他们手是黑的，脚上有牛屎。”因此，如何发动最广泛的农民和工人群体支持抗战，就成为抗战胜利的关键因素。抗日根据地教科书编审人员与农民和工人建立起了情感和认知上的通道，与农民和工人打成一片，想农民和工人之所想，抓住农民和工人最关心的问题。以边区的工农为中心内容，以生活最需要的农村知识为导向，以激发抗战斗志为导引，这样的教科书焉能不受边区人民的喜爱？

抗日根据地教科书为边区学生描绘了中国共产党领导下的革命蓝图，指出了抗战的前景，突出和强调通过自己的努力，就能摆脱剥削和压迫，就能赶走日本侵略者，广大军民能够大翻身，过上幸福生活。这种号召力非常强大，直抵群众心底。晋冀鲁豫边区《高小地理课本》第一册第八课《丰衣足食的陕甘宁》的课后习题是：“为什么一个贫穷的地方能一变而为丰衣足食的边区

① 晋察冀边区行政委员会教育处. 国语课本（初级・第七册）[M]. 冀中第八专区博古书店，1942：20—21.

呢?”通过描述陕甘宁丰衣足食的现在,对比苦难的过去,让学生感受到新旧生活的差别。可以想象,教师在引导学生回答这个问题时,必然将陕甘宁的巨大变化与中国共产党相联系,与边区人民的艰苦奋斗相联系,与当时苦难受侵略的中国其他地区进行对比,学生们通过这种情感的熏陶和现实的感受,发自内心地认同了中国共产党的领导,愿意在中国共产党的领导下,为赶走日本帝国主义、赢得抗战胜利献出一切。

(三)认同人民当家作主的理念

教科书也着重突出了“人民当家作主”的理念,展示出中国共产党以人民为中心的执政纲领。革命根据地通过教科书宣传民主,反对专政独裁,倡导不论男女老少,不论阶级阶层,人人平等。早在 1932 年《共产儿童读本》第二册的第六课《不平等》里就提道:

> 耕田的人没有饭吃,不耕田的人倒有饭吃;做工的人没有衣服穿,没有房子住,不工作的人倒有很好的衣服穿,很好的房子住。这就叫做不平等。当下的这种状态是不对的。人人需要平等,多劳者多得,不劳者不应有所收获。①

晋察冀边区的《国语课本》初级小学第七册里写到,中国共产党坚持人民民主专政,平等地对待每一个人。关注民主选举,每一个人都能参与到其中,实现真正的当家作主。晋察冀边区行政委员会教育处编写的《国语课本》初级第七册第三十三课《韩凤龄》中写道:

> 白石山上草青青,白石山下有个银坊村。银坊村里出了个女英雄,名字就叫韩凤龄。韩凤龄啊韩凤龄……②

① 福建省苏维埃政府文化部. 共产儿童读本(第二册)[M]. 胜利县平安寨工人刊刷合作社代印刷,1932:6.

② 晋察冀边区行政委员会教育处. 国语课本(初级 · 第七册)[M]. 冀中第八专区博古书店,1942:65.

土地是农民重要的生产资料和生活来源，农民没有土地意味着死亡。而中国的无产阶级一大部分是农民，所以土地革命是重要的也是必须的。在土地政策颁布后，教科书的内容也不断地宣传新的土地政策，并且随着土地革命政策的变化，教科书中宣传的内容也在不断变化。如1933年7月中央教育部出版《共产儿童读本》的第一册就有“分田分了田 自己才有田”的内容。① 还有如《初级新课本》中有一课就叫《减租谣》，内容就是有关于减租政策的。1938年胶东根据地印刷的《国防国语课本》中级第六册的第十一、十二课的《集体农场》，讲述了农民成为土地的主人，成为自耕农，这种土地政策大大增强了农民的幸福感。《国防常识课本》初级第六册第十六课《改善人民生活》中写道：

> 劳苦大众是抗日最坚决的力量，但他们生活是困苦的，他们的妻子，是受冻挨饿的。要使他们去抗战，必须改善他们的生活，他们生活改善了，才能团结他们，发动他们，使他们积极去抗战。所以减租减息，实行合理负担，改善人民生活，是争取抗日胜利的主要政策。②

教科书中关于土地政策的文章还有很多，都体现了共产党对人民生活的重视，体现了中国共产党帮助群众实现当家作主的愿望。

三、实现“政治参与”是教科书抗战政治动员的核心议题

“政治宣传”是基础，“政治认同”是基本前提，而目标是推动人们的“政治参与”。实现群众的政治参与是中小学教科书政治动员的基本动力，中国共产党推动政治动员就是为了让群众参与到政治生活中来。群众大规模的政治参与，可以巩固革命根据地，可以实现抗战的最后胜利。政治参与就是要改变群众的社会意识形态，促进群众积极参与社会政治生活，提高群众的

① 石鸥，吴驰. 中国革命根据地教科书的政治宣传效应[J]. 教育学报，2011(3).

② 北海大东教材编写委员会・国防常识课本(初级・第六册)[M]. 振华印刷厂，1945：16.

民主意识，推动党的社会文化建设。

(一)参与抗战活动

革命根据地的人民群众在中国共产党的号召之下，积极贡献自己的力量。有劳动能力的妇女和老人在家种地，保证粮食的供应；在农闲的时候，根据地人民会从事一些副业，比如纺织衣物等，保证前线所需；有的也会去生产队帮忙生产，推动生产能力的发展；商人会捐资来支持抗战，给中国共产党的军队经济支持，一些商人还会在革命根据地投资设厂，保障革命根据地的生产生活发展。这些都是中国抗战取得胜利的保障。文登县《初小国语读本》第六册第十二课《三个小朋友背牛肉劳军》中写道：

> 有十二三岁的小朋友，三位分别背着牛肉一百斤，来欢迎我，并且说借此慰劳我军全体官兵。我问他们："小朋友！你们带了这么多牛肉来送我，你们在那获得一笔款子买这牛肉呢？"他们说："我们在学校里读书，每日都要花费一些零用钱。自九一八事变发生以后，看到马将军能够这样的同日本拼命，我们非常的钦佩，我们便把每月所花的零用钱储蓄起来，今天特别买这点牛肉慰劳我们钦佩的将军和战士。"①

在这篇课文中，三位小朋友将自己的零花钱存起来，买牛肉犒劳辛苦的战士们，表现出了边区人民团结一心抗战的决心。又如《慰劳伤兵》一课描述了同龄的小朋友募捐食品慰劳伤兵的故事：

> 儿童团发动募捐慰劳伤兵。有些小娃，从家里拿来了馍馍做慰劳品。有些小娃，从家里拿来了糕饼作慰劳品。有些小娃，从家里拿来了水果作慰劳品。有些小娃，从家里拿来了鸡蛋作慰劳品。
>
> 他们一个个都把家里好吃的东西拿来做慰劳品。
>
> 慰劳品募捐了好几筐子。儿童团的娃娃们，就拿着这些慰劳

---

① 文登县小学教本编写委员会. 初小国语读本(第六册)[M]. 文登县政府第四科，1938：23.

品，去慰劳那些光荣负伤的战士。①

劳军的榜样不仅在国语教科书中出现，而且在算术等理科类教科书中也经常出现。此外，像《两兄弟争着上队》和《一个抗日的小英雄》则描述了普通民众是如何参与抗战的，《两兄弟争着上队》写道：

本县二区三乡周凰忠，有两个儿子，大儿子叫周国谦，过去参加过队伍，已有婆姨。二儿子叫周国栋，原来在家种地，还没娶婆姨。两弟兄对八路军的认识都好。今年四月，在政府动员归队的运动中，周国栋在劳军大会上，自动提出要参加八路军。周国谦说："我从前参加过队伍，打仗的事情，我蛮熟悉。你年纪轻，在家里好好生产，把光景闹得更好，多交些公粮，和上前方是一样的。等到把日本鬼子打跑，咱就回来了。"周国栋不服气，说："我年轻力壮，还是我去好。"周凰忠见两个儿子争执不休，就说："都是我的好儿子！你们要上前方打敌人，都没错。不错，国谦过去在队伍上干过，也娶过婆姨了，还是让他去好。国栋等明年娶过婆姨，在乡上工作，也是一样。"国栋只好听从父亲的话，让哥哥去了。这件事情，在老百姓中间传开了，大家都非常称赞，也推动了别的人积极去上队。②

鼓励抗日根据地所有群众积极参与抗战活动，是抗日根据地教科书的重要内容，它不仅告诉学生应该跟谁学，也告诉学生应该学什么，同时以教科书作为中介，把这种榜样的作用传递给了根据地农村千家万户的普通百姓，起到了示范引领的作用。

除此之外，1938年由胶东革命根据地海阳县胶东印刷所印《国防国语

① 陕甘宁边区政府教育厅. 初级新课本：国语常识合编（第四册）[M]. 华北新华书店，1942：3.

② 陕甘宁边区政府教育厅. 初级新课本：国语常识合编（第六册）[M]. 华北新华书店，1944：17—18.

课本》中级第六册的第二课《要做个小先锋》里面讲到为何要做一个小先锋、怎样才能做一个小先锋，也就是“对待群众要宣传抗日，自己要做抗日的模范，要学会吃苦耐劳，自己做大家的榜样”。[①] 第四课《孩子们的血痕》的课后习题问道：一、为什么要保卫祖国？二、为了保卫祖国应该怎样？[②] 这就让学生自己去思考探索这些问题，动员学生保家卫国。在课上老师会解决这些疑问，让同学们更清楚现在的自己应该做什么、能够做什么、通过什么样的途径来参与抗战活动。在这样一种气氛下，抗日根据地的群众，无论男女老少，都积极参与抗日活动，以实际行动支持抗战。

(二)参与民主政治

参与民主政治，尤其是参加民主选举，是抗日根据地人民政治参与的重要形式。在抗日根据地，中国共产党曾举行过多次民主选举活动，人民群众也自发地、有组织地参加了各种类型的民主选举。各种群众团体组织也积极行动，“把各团体的干部合起来组织村选训练班，具体详切地讲解动员的方法，选举的方法”。[③] 晋察冀边区行政委员会教育编写的《国语课本》初级第七册的第九课《通知》写道：

> 为了进一步开展大生产运动的号召，本区决定在本月二十三、二十四两日，在区公所召开“修滩、开渠”会议，讨论修滩、开渠怎样进行。各区村长、生产委员必须出席，并将你村今年修滩、开渠的计划带来，来时自带两天粮食。[④]

文章还写到，从区里到村里，都需要大家进行公平民主的会议，听取并尊重每一个人的意见。群众参与了集会的民主决策，也直接参与到边区的社会治理中来，促进了边区的发展。由此可见，边区人民积极参与民主选举

① 胶东国防教材编辑委员会. 国防国语(中级·第六册)[M]. 海阳县文东印刷所，1938：1—3.

② 胶东国防教材编辑委员会. 国防国语(中级·第六册)[M]. 海阳县文东印刷所，1938：5—6.

③ 李公朴. 华北敌后晋察冀[M]. 北京：生活·读书·新知三联书店，1979：15.

④ 晋察冀边区行政委员会教育处. 国语课本(初级·第七册)[M]. 冀中第八专区博古书店，1942：15—17.

和民主决策，保证了公平性，体现了党的公开、民主和平等。通过教科书民主政治的动员，边区人民被广泛发动起来，其中就包括了边区的广大妇女同志。据报道，在边区第二届参议会选举中，妇女平均参选率达到30%，有些县、区（如延安、清涧、裴庄三选区）更是达到90%以上。妇女被选为乡议员的有2005人，县参议员的有167人，区参议员的有17人。仅绥德县女参议员就占22%，有些还当选为各级政府委员和行政领导。[①] 由此可见，边区民主普及到了广大的女性群体，妇女的权利得到了极大的保障。

另外，边区儿童参与抗战主要是通过儿童团组织的。整个边区的儿童都被组织动员起来，只要有儿童聚集之处，就有儿童团的组织。儿童团员不分男女，凡是七岁以上，都可以加入儿童团成为团员。据统计，到1941年，晋察冀北岳区已有近25万儿童团员。到1943年，整个华北共有60万儿童团员。[②] 苏北解放区仅新四军军部所在地的盐阜区，在1944年就组织了18万儿童团员。[③] 山东的儿童团员抗战时期发展到100万余人。[④] 根据地千千万万的儿童团员，他们在自己的组织里召开会议，讨论时事形势，他们站岗放哨，保卫边区，开展拥军优属慰问活动。[⑤] 总之，边区不论是妇女还是儿童，都通过各种方式，参与边区社会治理，推动边区社会发展。

革命根据地的抗战政治动员，通过加强政治宣传、追求政治认同，实现政治参与层层递进。通过教科书的政治宣教，边区人民接受了中国共产党的政治主张，共同抗日、一致对外，为抗战胜利以及中国共产党政权的巩固作出了重要贡献。

---

① 陕西省妇女联合会. 陕甘宁边区妇女运动文献资料选编[M]. 西安：陕西省妇女联合会编印，1984：28.

② 箕筠. 北方小朋友[N]. 新华日报，1943年4月4日.

③ 郑洸，吴芸红. 中国少年儿童运动史[M]. 天津：天津人民出版社，1992：135—136.

④ 共青团山东省委研究室. 山东青运史资料（第二辑）[M]. 济南：山东省委研究室印，1983：2.

⑤ 罗存康. 少年儿童与抗日战争[M]. 北京：团结出版社，2015：4.

第二节　革命根据地中小学教科书的抗战经济动员

中国共产党要想巩固在革命根据地的政权就必须在经济上发展起来，以此团结广大人民群众。从全面抗战爆发到1940年皖南事变，中国共产党所能支配的经济资源除了各个抗日根据地自主生产以外，很大部分来自国民政府拨付的军饷和社会各界的抗日捐款；皖南事变之后，国共两党矛盾加剧，国民党政府不再给予拨款，更严重的是日伪和国民党政府对各抗日根据地进行多方位封锁，想以这种方式达到消灭中国共产党的目的。在这种情形下，中国共产党只能自力更生，发动大生产运动，因地制宜地促进革命根据地农业、工业和商业的发展，维持抗日根据地军民的生活，并以此来支撑长期抗战。

抗战时期革命根据地大多是建立在人口相对稀少的穷乡僻壤，农民的文化程度极低，文盲和半文盲占绝大多数。例如，晋察冀根据地文盲就占全区人口的98%，其他抗日根据地情况也都相差无几。因此，要把以农民为主体的广大人民群众团结起来，凝聚成至关重要的抗日救国力量，就必须在经济上给他们以信心。中国共产党通过制定和推行一系列的经济政策和经济改革来为边区人民谋福利，让边区群众自愿支持拥护中国共产党，也给前线士兵提供了源源不断的经济支撑。

教科书具有多重价值。在抗战年代，小小的教科书，不仅是传递知识的载体，还是传播经济政策、促进人民生活水平提高的重要手段。从1937年七七事变到1945年抗战结束，教科书中贯穿着抗日根据地的经济思想，为抗日根据地经济发展提供了智力支持，促进了根据地的生产发展。随着人们生活水平的提高，党在根据地的领导地位得到了进一步巩固。

一、描绘抗日根据地的经济形势

教科书通过描绘抗日根据地的经济形势，让边区学生对抗日根据地经济发展情况及艰苦条件有整体性的认识，增强发展经济的紧迫感。例如，1939 年文登县新编《初小国语读本》第六册第十八课《封锁不足畏》写道：

> 敌军封锁我沿海口岸，对于我国的影响是中外贸易的中断，因为我们需要的货物来不到，本地的土产无法出口，大家受到暂时市面不流通的痛苦，短见的人们便焦虑起来。要知道沿海封锁以后，洋货运不来了，我们从此买不到洋酒、洋烟，买不到女人用的香水脂粉，买不到声色玩具，一切战时生活，非必要的奢侈品，和标准奢侈品，从此都绝迹于市场，根本无所谓入超了，这是国民经济的自然节约。我们正好趁此时机，用我们运不出的原料，制造自己所需要的东西；我们正好趁此发展生产，提倡手工业，自给自足，长久地干下去。敌人的封锁，可谓毫无效果。①

这篇课文告诉群众，虽然中外贸易不通，别地的物产进不来，本地的物质运不出去，但是我们不用灰心丧气，反而能趁着这个机会把抗日根据地的经济发展得更好。编者试图让群众认识到，边区经济的发展离不开每一个人的努力，不需要畏惧封锁，而是要团结互助，献出自己的力量，积极发展生产。

抗日根据地建立初期，工业基础非常薄弱，能够直接使用的工业资源非常少，而且根据地多处于偏僻的山区，经济发展多有不便。只有少数相对稳定的地区（如陕甘宁边区），经济活动相对活跃。抗日根据地教科书巧妙地把经济发展的内容吸收进来，让边区群众了解当时的经济形势，感受到经济发展的困难和必要性。这样一种先抑后扬的预设，使得根据地群众发展经济的愿望更加急切，动力更加充沛。

抗战时期，抗日根据地工业生产能力低下，仍然是以手工业为主，主要

① 文登县小学教本编写委员会. 初小国语读本（第六册）[M]. 文登县政府第四科，1939：27.

是家庭手工业和生产合作社工业。家庭手工业作为抗日根据地工业经济的主体，在中小学教科书中时常出现。例如，1942 年《国语常识合编课本》初级小学通用第四册第二课《纺线》：

> 好孩子，拉着娘衫，叫娘给他做件花衣穿。作花衣，没有钱，真叫为娘作了难。作了难，怎么办？领几斤棉花来纺织。今也纺，明也纺。一天能纺七八两……赚下钱，做衣穿。好孩子心上好喜欢。①

在当时经济条件十分落后的情况下，拥有一件新衣服都是很奢侈的事。棉纺织这种小型的家庭手工业可以便捷地解决缺衣这个难题。这种农民自给自足的纺织方式也能减少日常生活开销，提高生活水平。此外，中小学教科书还介绍了其他国家的工业经济形势，让边区学生全面了解世界工业经济的发展形势，开阔视野，更重要的是让他们看到差距，借鉴别国好的方法和经验来改变抗日根据地经济落后的局面。

例如，晋冀鲁豫边区 1943 年 5 月出版的《高级地理课本》第三册，依次介绍了一些国家的工业状况。例如，苏联工业已达到电气化的程度，无论是开矿、制造业、工业上的用具或成品，以及军事上的飞机、大炮等，都可以本国制造。在大战中，苏联的生产力，还远远超过了德国，而与英美并驾齐驱；丹麦木材产量大，造纸、火柴等工业很发达；德国的工业特别是化学工业和电机工业是世界第一，矿产储备和开采量也很多，鲁尔的煤更是驰名天下；意大利的工业体量和经济实力和日本不相上下，在工业化程度、自动化水平等方面还占有一定优势；英国的工业发展很早，纺织业、钢铁工业以及电气事业都很著名；美国大多采用机器生产，矿产、煤炭、石油和五金开采很广泛；智利的铜储备量居世界第二；委内瑞拉的石油居世界第三。② 这些不同国家的工业状况的引入，能够激发边区的生产斗志。

---

① 郝定. 国语常识合编课本(初级・第四册)[M]. 太行群众书店，1942：2.

② 慕冰. 晋冀鲁豫边区地理课本(高级・第三册)[M]. 太岳新华书店，1943：30.

总之，描绘抗战时期的经济形势，尤其是对抗日根据地的经济形势的描述，是教科书中的核心内容，让学生全方位了解根据地经济贫穷落后的现实，才有可能看到差距，并且积极克服经济上的困难，为持久抗战做好经济准备。

二、宣传中国共产党的经济政策

中国共产党的经济政策，尤其是与土地相关的农业经济政策，必须与当时的社会状况相符。中国共产党在《抗日救国十大纲领》中明确提出要发展农村经济，此后又多次强调根据地的经济建设要以"农业为主体""以农业生产为第一"。[①] 中国共产党为促进农业的发展、协助农民改善生活，采取了一系列措施。这些具体的经济政策，以一个个具体生动例子，通过中小学教科书呈现出来，让教科书的内容更饱满，潜移默化地实现着教科书的抗战经济动员。

（一）实行减租减息政策

减租减息政策是中国共产党为边区广大劳动人民制定的一项重要经济政策，各抗日根据地的中小学教科书中，都积极宣传减租减息政策，展示减租减息政策的优越性和该政策与以往政策的区别。例如，1942 年冀中第八专区《国语课本》初级第七册第十一课《聂荣福》写道：

> 聂荣福原来是灵寿的一个贫农，抗战前，家里很穷。那时向人借贷，利钱又高，越来越苦；不几年，便把仅有的几亩山坡地，也当给人家，生活更不好过了。七七事变后，共产党来了，建立了民主政府。放粮贷款，救济穷人，实行减租减息。这样一来，他手里慢慢积下了钱，便把当出去的地赎回来了。他虽然只有七亩地，因为他比别人手勤，会打算，每年都有剩余粮食。[②]

聂荣福一个贫农通过减租减息政策，不仅还清了以前的借贷，还拥有了

---

① 景占魁. 论抗日根据地的经济建设[J]. 晋阳学刊. 1995(5).

② 晋察冀边区行政委员会教育处. 国语课本(初级・第七册)[M]. 冀中第八专区博古书店，1942：20—21.

自己的土地，年底还有余粮，这在以前是做梦都不敢想的事。将周边熟人“聂荣福”这样一个活生生的实例搬进中小学教科书中，目的就是要告诉农民这个庞大的群体，减租减息政策能让他们受益。又如，《国防常识课本》初级第十六课《改善人民生活》中也写道：

> 劳苦大众是抗日最坚决的力量，但他们生活是困苦的，他们的妻子，是受冻受饿的，要使他们去抗战，必须改善他们的生活。他们的生活改善了，才能团结他们，发动他们，使他们积极去抗战，所以减租减息，实行合理负担，改善人民的生活，是争取抗日胜利的主要政策。①

减租减息政策的实施，团结了广大人民群众，有效支援了民族革命战争和抗日根据地经济建设。1942 年 10 月初级小学通用《国语常识合编课本》第四册第三十八课《边区的来源(三)》写道：

> 先生又说：“我们的边区实行了民主，不论大事小事，都要按着人民的意见来做。实行减租减息，穷人富人都热心生产，出现了许多劳动英雄。这里一没有贪官污吏，二没有土豪劣绅，三没有赌博，没有白料面，在外区许多不好的东西，这里一样没有。”②

减租减息政策极大地巩固了工农联盟，激发了群众的抗日热情，为抗日战争的胜利和革命根据地建设提供了支援，大大提高了广大群众的生产积极性。③ 减租减息政策通过教科书传播给了千家万户，让小到幼童，大到成年人都知道并且认可了这一惠民政策。

(二)开展大生产运动

由于日伪等的经济和军事封锁，粮食不能运进根据地。为了保证抗日

① 北海大东教材编写委员会. 国防常识课本(初级·第六册)[M]. 振华印刷厂，1945:16.

② 郝定. 国语常识合编课本(第四册)[M]. 太行群众书店，1942:38.

③ 肖一平，郭德宏. 抗日战争时期的减租减息[J]. 近代史研究，1981(4).

根据地军民的生存和发展，中国共产党决定自力更生，动员一切力量开展大生产运动。抗日根据地课本积极配合宣传大生产运动，并且为大生产运动提供智力支持，课文的内容与生产紧密结合。例如，1942 年晋冀鲁豫边区《高小自然》第三册第十五课《秋收》中写道：

> 庄稼熟了，庄户人忙了，忙什么？忙拨工，拨工干什么？拨工收秋。谁来收？男人收。谁来打？妇女打。儿童干什么？送饭，送水。七奶奶，年纪大，重活干不了，帮人带娃娃。男人、女人、大人、儿童，人人有活做，人多力量大，早把庄稼收到家。①

秋收时节是农民最忙碌的时候，需要很多的人手。团结男女老少，能保证农业生产的时令和所需人力，让农民的生产效率得到提高。1942 年冀中第八专区《国语课本》初级第七册第一课《订计划》写道：

> 前面讲到新学期开学在学校举行的开学典礼大会上请同学们自由讲话。李锦上台说自己这学期的计划……生产方面：一、栽活五棵树。二、学会一种家庭副业。三、星期日帮助家庭生产。现在老师和我父亲都在这里，将来请他们来评判……②

从这篇课文能看到，学生（包括儿童）也都积极加入大生产运动。此外，1942 年晋冀鲁豫《高小自然》第三册《团结就是力量》《地主的福气》《长工的话》《发财致富靠劳动》等众多课文也在宣传大生产运动，鼓励边区群众发展生产。

（三）推行改善民生政策

团结广大人民群众、改善人们的生活是经济动员不可或缺的一部分。为了改善民生，必须重视根据地的基础设施建设。如修滩、开渠等工作就属于根据地的常规工作，这也是防止发生洪涝灾害，稳定农业产量的重要举

① 慕冰．晋冀鲁豫边区自然课本（高级・第三册）[M]．太岳新华书店，1943：15.

② 晋察冀边区政征委员会教育处．国语课本（初级・第七册）[M]．冀中第八专区博古书店，1942：1.

措，所以每年各地都会高度重视这类民生工程和民生政策。边区政府积极帮助群众开展基础设施建设工作，再把有效的方法传递给群众，解决他们的生产生活难题。例如1942年冀中第八专区《国语课本》第十五课《群众疗养所》一文提到，因为自己生病或照顾病人而影响上工，村干部就在村旁的一座观音庙里成立一个群众疗养所：先把村里的医药合作社搬到庙里，收拾了几间厢房做病房，再动员村里的病人们搬到群众疗养所来看病，由每天值日的自卫队、儿童团看护病人。医药合作社的医生每天按时给病人诊治两次。这样一来，既节省了人力，又因疗养所里讲卫生，治病及时，许多病人入所不久就好了。创立村落医院、颁布医疗卫生条例让小病在家门口就能够得到医治，给农民的生活带来了便利。又如，1942年冀中第八专区《国语课本》初级第七册第六课《怎样读报》提道：

> 比如庄稼人，爱听种庄稼的事；佃户、长工好听减租增资的事，我们可以给他们找这些资料读。另外，读报的时候，说话要通俗，让听的人能听懂，不要照报上原来的字句念，也不要读得太快。最好两个人先研究一下，把这个消息自己弄明白了，再给别人读。还有，不要妨碍群众做活，趁他们的闲工夫，找他们去读。这样，人们才会好好的安心听……①

读报人用通俗易懂的话，把报纸上的内容讲给农民听，能够及时将改善民生的经济政策普及开来，让农民知道政府又增加了哪些便民利民的措施，同时潜移默化地使农民自身的文化水平也得到了提高。

总之，中国共产党在抗日根据地实行了多种多样的改善民生的政策和措施。教科书让边区群众知晓这些政策和措施，并且在孩子们的心里，播下了中国共产党为边区发展倾尽全力的种子。这些种子慢慢生根发芽，最终产生了巨大的影响。

---

① 晋察冀边区行政委员会教育处．国语课本（初级・第七册）[M]．冀中第八专区博古书店，1942：7.

三、阐释抗日根据地经济发展的措施

(一)动员农业生产的措施

1. 开荒种地

在抗日根据地成立初期,由于教材编写经验相对缺乏加上供应不足,边区教材还有部分内容参考了国统区的教材编写,重点突出城市生活,而边区农业生产设计较少,因此还曾受到边区群众的批评,例如教科书要求学习回家行礼,并不是工农群众的实际需要。① 在吸取经验教训后,教科书大量融入边区农业生产的内容,这些内容从边区的农业生产实际出发,培养满足农业生产需要的学生。例如,陕甘宁边区教育厅审定的《国语常识》初级第六册第十二课《怎样开荒》写道:

> 去年开荒,军队开得很多。他们开得多的原因,除了组织得好,劳动力强以外,他们开荒的方法,是很值得我们学习的:
>
> 第一,挖土,先慢慢挖,挖着挖着,就加油突击一下;有点累了,又慢慢地挖,这样快慢配合得好,才能持久。有的人拼命挖一会,又停下来歇一会,这样最不好,俗语说:"不怕慢,只怕站。"就是这个道理。
>
> 第二,镢头不要举得太高,三四尺就可以了,镢把要捏紧,挖下去不要松手,马上把土翻起来。②

抗日根据地必须抓紧恢复和发展生产,这是边区军民生存的基础,否则一切思想政治的动员基础就会动摇。基于这样的认识,教科书中融入了大量与生产相关的内容。通过开荒种地等知识的学习,抗日根据地基本的农业生产有了保证,能够满足基本的生存需要。

2. 纺纱织布

纺纱织布是边区重要的手工业生产活动,也是解决"吃穿住行"中"穿"的最

---

① 辛安亭.教材编写锁忆[M].西安:陕西人民出版社,1981:33.

② 陕甘宁边区政府教育厅.国语常识(初级·第六册)[M].华北新华书店,1944:12.

核心部分。边区军民的衣服主要是边区妇女手工纺织出来的，因此，教科书中多有描述边区群众纺纱织布的场景，鼓励人们积极开展手工纺织活动。《模范抗属折碧莲》一文就描述了一个丈夫上前线，妻子在家努力生产的故事：

折碧莲，是一个模范抗属。住在延川清延区二乡。十七岁时，丈夫就参加了红军，到现在整整十个年头了。她在家努力生产，供养着五十多岁的公公。安心等待她的丈夫。有人对她说："碧莲，你丈夫出门十年了，该想个办法。"折碧莲就回答说："他在前方抗战，是为的大家，我应该把心放长些。"

代耕队每年给她两石粮，够她家一年吃。但是她还努力生产，去年（三十二年）种地五垧，收了一石四斗细粮。纺纱织布是她的好本领。去年她纺了八十四斤棉花，织了八十一丈布。纺织挣的钱，合小米十一石五斗，用来建立家务，买了一头驴，十一只羊和两口猪。还替公公备了棺材和老衣。今年她计划纺九十斤线，织一百二十丈布，还要种三垧瓜豆、洋芋、一垧棉花，拾五十袋粪。

她这样努力生产，成绩又好。因此，在今年文安驿的"三八"纪念会上，奖励她为全县的抗属劳动英雄，还奖励她两面旗子和许多东西。①

在第十七课《抗属的信》一文中，一位母亲给在前线当兵的儿子的回信里和第三十二课《娱乐会》也都提到纺纱织布的事情：

村里人对咱家都很好，烧柴吃水，常有人照顾，我和你媳妇，在家纺纱织布，也能去地里劳动，村上还有人帮助咱种庄稼……

娱乐晚会上，我们演了一个叫"全家忙"。国强当老娘，纺花织布忙；玉花当姐姐，床上缝棉衣。我当小弟弟，背筐拾粪去，明儿当

① 陕甘宁边区政府教育厅.国语常识(初级·第六册)[M].华北新华书店，1944：15—16.

小老汉，赶驴驮煤炭……①

通过这些课文可以看出，家庭手工业在每个人家中都存在，不仅大人会纺织，儿童也会简单的操作，全家总动员，把这种家庭手工业发挥得淋漓尽致。通过纺纱织布，多出来的棉布既可以拿出去卖，补给家用，也可以捐助给前线的战士，给他们送去温暖，以此满足庞大的需求。

3. 其他农业生产

1945年晋察冀边区《战时新课本：国语常识》第六册第九课《沤粪》就介绍了如何制作好的肥料：

李家庄的变工队，割草沤粪，小学李先生派两同学去学习他们沤粪的办法。两个同学回来在农业小组做了报告，报告说在自己种的地里或附近挖了一个窖，把能沤的蒿草割下用铡刀铡成一层一层夹起来，二三寸一层，一直垫满，如能倒进一些脏水更好。这样经过一个月，窖里的草和土，就沤成黑油油的肥料。②

还有1942年晋冀鲁豫边区《高小自然》第三册的《上粪经验》和1943年10月《国语常识合编课本》初级小学通用第四册的《扫除和积肥》等课文都介绍了制作肥料的方法。1945年晋察冀边区《战时新课本：国语常识》第六册第十课《棉花缺苗》写道：

棉花出土，常常缺苗，要不赶快补种，就会浪费土地、少摘棉花。补种的庄稼最好是棉花，要是时候迟了，就种芝麻、白萝卜，芥菜也可以。可是万不要补种扫帚，它会妨害棉花生长，这样很不合算。也不要种玉茭，玉茭种稀就会长满天星，穗上只稀稀地长几颗

---

① 郝定. 国语常识合编课本(第四册)[M]. 太行群众书店，1942：32.

② 晋察冀边区政府委员会. 战时新课本：国语常识(第六册)[M]. 晋察冀边区八分区博古书店，1945：10.

子，对棉花也有害。[1]

棉花是抗日根据地的重要经济作物，是制作衣物的原料，但是棉花的栽种需要技术，否则会降低棉花产量，甚至浪费土地。这篇课文介绍了棉花补种的选择，让广大人民群众掌握补种方法和替代作物，既能提高棉花的产量，又能最大限度地利用有限的土地资源。1942年10月《国语常识合编课本》初级小学通用第四册十一课《陈国理种南瓜》写道：

陈国理的特别本事，是栽南瓜。他的经验是：先选土头厚的地，打上二尺深一尺宽的土坑，就泼上大粪，稍晒上一两天，随后很快用细土盖半寸厚，这就该安秧或下种了，等到三四个叶左右，再上大粪一次，堆成土堆，不要多浇水就一直能结到秋后。他说："水地萝卜旱地瓜，捉住苗就啥也不怕。"他只栽了十颗南瓜就结了六百来斤。[2]

抗日根据地主要的经济品种较少，但是根据地生产的粮食不仅仅是农民自己使用，还要为前线战场粮食提供支撑。那么提高粮食产量就显得尤为重要了。课文将老农陈国理栽种南瓜的经验和方法真实地记录下来，给广大农民的种植提供蓝本。

除此之外，1945年晋察冀边区《战时新课本：国语常识》第六册第十五课《郭金泰放羊》介绍了放羊的经验，第十四课《养蚕能手申九华》介绍了申九华养蚕的经验，第十六课《羊病的治疗》给出了羊生病治疗的方法，第十七课《牲畜卫生》讲述牲畜卫生的重要性。1942年晋冀鲁豫《高小自然》第三册《选种歌》教群众如何选取农作物种子，1943年10月《国语常识合编课本》初级小学通用第四册《麦子中哪点》教群众如何种植麦子等。小小的教

① 晋察冀边区政府委员会.战时新课本：国语常识（第六册）[M].晋察冀边区八分区博古书店，1945：11.

② 郝定.国语常识合编课本（第四册）[M].太行群众书店，1942：11.

科书就像一本生活宝典，给广大人民群众介绍着各种生产技巧。

1943年陕甘宁根据地《高小算术》第一册第一章开头写道：

> 人们每天的生活，都离不开物质，穿的布匹，吃的米面，住的房屋，都是物质做成的。凡物质总有数量，如布匹的长短，米面的多少，房屋的大小，都可以拿数量来计算。对于物质使用得当不得当，计算得正确与不正确，在改善我们的生活上，有很大的关系，算数就是帮助人们解决日常生活中物质数量问题的一种科学。①

与此相配套的课后习题也是关于生活中的粮食重量计算、年龄计算和物品买卖计算，真正地做到了知识为生活服务，让日常的一些计算更加简便。此外，1938年胶东抗日根据地《国防自然》第五册介绍了动物适应环境、生殖和变态；植物的生活和繁殖；营养素；榨油和做豆腐；醋酱和酱油的制法；食盐和糖的来源，等等。还有1942年晋冀鲁豫《高小自然》第三册《挖井》传授我们事半功倍的挖井技巧等。这些内容都是与农业生产、与农民日常生活息息相关。

综上所述，无论是农业经济政策，还是农业经济生产实践经验，都是教科书经济动员的具体表现。经过大生产运动，抗日根据地的农业发展水平大幅度地提升。据统计，1944年，根据地的粮食产量比1937年粮食产量多出近一倍，晋绥根据地开荒20余万亩，收细粮3万余石，养猪和养羊的数量都大大增加，根据地人们过上了每月食肉3斤、食蔬每天1斤左右的好生活。② 在教科书的经济动员下，农业生产有了很大提高，根据地老百姓的生活有了较大的改善。

（二）动员工业生产的措施

1. 生产武器

抗日根据地工业落后，亟需大力推进，例如武器生产就是抗战特殊年代

① 张养吾. 陕甘宁边区算术课本(高级・第一册)[M]. 华北新华书店，1943：4.

② 中国人民解放军历史资料丛书编写委员会. 中国人民解放军历史资料丛书(后勤工作・大事记)[M]. 北京：解放军出版社，1997：156.

必须解决的问题。1945年晋察冀边区《战时新课本：国语常识》初级小学通用第六册中就描写了模范英雄“李仕亮”“暴文生”“甄容典”积极制造武器的事迹。如第二十课《甄容典》：

> 炮弹王甄容典，是河北唐县人，从小打杂烧火，打短工，修铁路，当工人啥苦都吃过。八路军到了冀中，他参加了抗日工作来太行山，他到工厂当学徒，学造炮弹，这种工作又出力，又容易出危险，别人干两天就要求调工作，他却没有说过一句怨言。他在生产上水平远超过别人，别人生产五六十颗炮弹，他能生产一百颗，别人生产一百颗，他就生产一百五十颗，竞赛中熟练工人，由三百增加到四百，他便由四百颗增加到四百八十颗，以后大家叫他炮弹王。①

这篇文章体现出了普通劳动者的吃苦耐劳的精神，也反映出了当时工业生产的机械化程度不高，虽然制造炮弹是重要的工业生产活动，但是都是以人力为主，鼓励大家积极加入工业生产的大潮，为工业生产贡献力量。

2. 了解重要的工业资源

中小学教科书对工业经济内容进行分析，让学生初步了解工业资源。学生回家又把自己学到的内容讲述给家人听，用这种口耳相传的方式，引导广大劳动人民在工业生产上贡献自己的一份力，从而推动根据地工业经济的发展。例如，教科书中多处出现了介绍工业的主要原料“煤”的文章，1942年晋冀鲁豫边区《地理课本》高级第三册第二十九课《煤的话》：

> 我们几千年以前，是森林。有高大的枝干，碧绿的叶子，日子过得很快乐。不料，有一天，地动起来，四面的山都倒了，把我压在地底下。我被压了数千万年，身上的水分都压干了，骨头也断了。有一天，忽然有人把地打开了，把我救出来。这样才得重见光明，

① 晋察冀边区教育厅. 战时新课本：国语常识(第六册)[M]. 振华印刷厂，1945：42.

可以发挥我自己的力量了，我是多么高兴呀！可是我再也不像原先的样子了，变得浑身墨黑，人们叫我是“煤”。[①]

煤是工业经济发展中的基本原料，只有了解了原料才能更全面认识工业发展的基础。课文用第一人称的方式，真实亲切地将煤的成因娓娓道来，让人们知道煤的形成是长时间的积淀，它来之不易我们要珍惜，把它用在发展工业经济中才能最大限度发挥它的作用。此外，太行文化教育出版社《国防国语》高级第四册第二十课《物力的比较》写道：

煤铁是工业的基础。日本每年产煤二十万吨，我国每天产煤二千万吨。日本的铁，质地很坏，不能炼钢。我国可以炼钢的铁，每年能够出五十七万吨。飞机，军舰，坦克车，都要用煤油。打起仗来，日本的煤油，不够一年用。我国的煤油，只广东茂名一处，就够五十年用。现在日本的粮食，已经发生恐慌，我国的粮食丝毫没有问题。日本的煤，铁，石油，粮食，都不够用。[②]

课文将我国与日本的工业资源状况进行比较，凸显我们的优势，既增强了我们进行工业生产的自信心，又调动了群众的抗日积极性。

综上所述，工业经济内容不同程度地渗入抗日根据地的中小学教科书。在教科书的传播和推动下，根据地的工业经济发展呈现出一片欣欣向荣的景象。以陕甘宁边区为代表的革命根据地，把与人民生活相关的产业（例如纺织、被服、石油、煤炭等）发展起来，不仅减轻了由于日伪等反动势力封锁给根据地经济生活带来的冲击，而且在一定程度上，还促进了边区工业经济的发展，进一步改善了人们生活，为根据地渡过经济困难奠定了物质基础。[③]

---

① 慕冰. 晋冀鲁豫边区地理课本(高级·第三册)[M]. 太岳新华书店，1943:29.

② 胶东国防教材编辑委员会. 国防国语(高级·第四册)[M]. 海阳县文东印刷所，1938:20.

③ 赵凌云. 中国共产党经济工作史(1921—2011年)[M]. 北京：中国财政经济出版社，2011:130.

(三)动员商业发展的措施

商业经济是抗日根据地经济体系中的重要组成部分,在根据地承担着保障供给和繁荣经济的任务。组织和调动抗日根据地内外一切积极力量兴办商业、发展经济是十分必要的。在动员抗日根据地的商业经济发展方面,教科书主要提供一些商业性的知识如记账、货币交易的计算以及商品计量的方法等。

1. 学会记账

抗日根据地国语和算术等科目中集中呈现了“记账”的内容。例如1942年冀中第八专区《初级国语课本》第七册第三课《学记账》:

> 白花村小学的学生,自己成立了一个儿童合作社,专卖应用的文具。每天下午总有同学买笔、买纸。有当下给钱的,也有暂时赊账的,合作社的5个干部都不会记账,他们很着急。第二天合作社主任正君去找姜老师,问怎么记账。姜老师说:“合作社最好分开立账,买入货立一本账,入股的立一本账,平常卖货另立一本流水账。普通记账都是上写收入,下写支出。每日记每日结,一个月总结一次。有的半月或一星期总结一次。我现在先给你们记个样子。”①

课文通过一个具体的生活实例,言简意赅地向读者介绍了合作社记账的方式,透明有效的记账方式是保证公平分配的基础,能够吸引更多的劳动者加入合作社,从而推动根据地商业经济的发展。

2. 掌握货币和计量知识

货币是商业流通中重要的媒介,关系到商业贸易能否有序发展。根据地对外严格限制法币、伪币进入,对内自由流通自己发行的货币。1938年胶东根据地《国防算术》初级第六册的课后习题中反复出现边区货币的计算

---

① 晋察冀边区行政委员会教育处. 国语课本(初级·第七册)[M]. 冀中第八专区博古书店,1942:3.

题，例如：

丁二官在三十天内储蓄铜元四百五十枚，平均每天储蓄几枚？铜皮五百个、分做十包，每包几个？白糖每斤铜元七十八枚，八斤值铜元几枚？铜元一元，合大洋几角？①

课文旁边还附上了铜元和大洋的图片。中小学教科书在课文中介绍边区发行的货币，让孩子掌握基本的买卖计算能力，传播基本的商业知识，使商业贸易来往更加顺畅。普及货币等商业知识，一方面有利于边区经济的活跃，另一方面能有效应对敌人对根据地经济的破坏，保障商业活动的顺利开展。

不同物品的计量单位不同，认识和掌握商品计量单位之间的换算是确保贸易秩序化的前提。1938 年胶东革命根据地《国防算术》初级第六册，在每一小节前先学习不同物品的计量单位，例如米十五斗就是一石五斗、一斤等于十六两和一丈等于十尺，还有先学习如何看称，再进行相应的习题计算。例如：

爱国布一尺，计四丈，卖给老王一又十分之二丈，卖给老刘一又十分之四丈，还剩多少？肉二斤十四两，合几两？卖黄豆八又十分之七石，卖青豆七又十分之三石，共卖几石？②

1944 年胶东根据地《国防算术》初级第四册中也有涉及商品基本计量单位的，例如下面两个课后习题：

做大衣用布十一尺，做军裤用去六尺，大衣比军裤子多用布几尺？香墨每块铜币五枚，铅笔每枝铜币四枚，板擦每块铜币二枚。

① 胶东国防教材编辑委员会. 国防算术(初级·第六册)[M]. 海阳县文东印刷所，1938：38.
② 胶东国防教材编辑委员会. 国防算术(初级·第六册)[M]. 海阳县文东印刷所，1938：40.

买香墨三块、铅笔四枝、板搽六个，共用铜币几枚？①

把基本商品计量单位之间的换算写进中小学教科书，并且利用贴近生活的练习题进行巩固，让更多的人学会如何换算不同商品的单位，知道日常生活中的基本商品应该用什么单位。这就让边区的商业贸易交流更加便捷。

3. 掌握基本的商品计算方法

在认识了货币和弄清了基本计量单位之后，在商业贸易中学会计算商品的单价、总价等也是十分必要的。1938 年胶东根据地《国防算术》第六册中，主要学习了 1000 以内的加减法运算；基数除二、除三的退位和不退位除法；基数乘二、乘三的进位和不进位乘法；有限小数丈、石和元的认识和加减法等。例如以下几个课本后的练习题：

于振华同几个好朋友，组成慰劳队去买些糖果，预备慰劳抗日军。

(1)蜜橘四只，每只铜元八枚，共该铜元几枚？

(2)苹果每篮二十四个，二篮共有几个？

(3)后来把这些糖果分给四个抗日军战士，每个人拿到几只蜜橘？几个苹果？

小银元一角可换铜元二十四枚，八角可换铜元几枚？

米每袋重一百六十六斤，四袋重几斤？

小米八石，付银一百四十四元，每石价银多少？

铅笔五百四十枝，共付银四元，每元可买几枝？②

将这些枯燥的数字计算和日常生活中的商品购买联系起来就不会那么无趣，学生会更乐于学习，也能很自然地贴近边区的生活，不会那么突兀。有时候数据过多，计算起来一样会很麻烦，这时候编者会用更便捷的计算方

① 胶东国防教材编辑委员会. 国防算术(初级·第四册)[M]. 海阳县文东印刷所，1944：15—30.

② 胶东国防教材编辑委员会. 国防算术(初级·第六册)[M]. 海阳县文东印刷所，1938：8.

法来帮助他们。1943 年陕甘宁边区《高小算术》第一册就学习了四则运算的简便运算，例如教科书中的几道练习题：

> 延安文化工业社买进小米六斗，第一天吃了一斗四升，第二天吃了一斗六升，第三天买进了二斗，连着两天吃去了三斗，问还存小米几斗？
>
> 张民观领到津贴费 1 元，买茶杯一个用去 0.5 元，买洗脸手巾一条用去 0.25 元，买小刀一把用去 0.125 元，问张民观还剩多少？
>
> 何大勤种小米 4.5 亩，每亩收 0.2 石，如果每石按七十五合价，共价多少？[①]

在学习了整数的四则运算之后，卖家在商品贸易的高峰期也能够迅速地计算出所得金额，买家也能短时间内反映出自己要支付的金额。这样双方都节约了时间，进行着高效的商业贸易。有时候因为自己钱不够购买需要的商品，或者自己所缺的商品在量上比较少，那么小数就不可避免地出现在商品计算中。小数的计算相对于整数计算而言会有些费时，在学习了它的简便运算之后，根据地老百姓买毛巾、水杯和卖自己生产的粮食、蔬菜时计算重量和金额就容易了许多。小小的教科书给边区群众普及了丰富的商业知识，让广大人民群众能自信、轻松地进行商品交换。

总体而言，多样化的商业经济内容进入中小学教科书，为人们从事基本的商业贸易提供了依据。在实际生活中，这些知识也真真切切地促进了商业经济的发展。例如对根据地货币的宣传，粉碎了敌人利用法币控制根据地经济的阴谋，在经济层面对敌人进行了反击，提供了根据地经济发展的动力。据统计，1936 年到 1944 年，陕甘宁边区私商从 123 户增至 473 户，消费合作社从 130 个发展到 690 个，社员由 57847 人增到 280000 人。[②] 其他抗日根据地的消费合作社在这段时间也如雨后春笋般迅速发展起来。教科书

---

① 张养吾. 陕甘宁边区算术课本(高级・第一册)[M]. 华北新华书店，1943：4—37.

② 魏宏运. 抗日战争时期晋察冀边区财政经济史资料选编(工商合作编)[M]. 天津：南开大学出版社，1984：886.

对商业经济内容的呈现再加上教师的引导，让抗日根据地的人们都具备一定的商业知识，有底气地加入到合作社经济发展中来。

第三节　革命根据地中小学教科书的抗战文化动员

“文化自觉”这一概念最早由费孝通先生提出，指的是生活在一定文化历史圈子的人，对其文化有自知之明，并对其发展历程和未来有充分的认识。建设新型的抗日根据地文化，是中国共产党面临的一项迫切任务。文化建设，可以增加民众的凝聚力，使之紧密团结在党的周围，有利于抗战的持续推进。1939 年 11 月，中共陕甘宁边区第二次代表大会就提出：“边区文化教育必须努力除去革命前旧制度对于广大民众所遗留的文化落后状态……为建立中华民族的新文化而斗争。”①这也是指导抗日根据地文化建设的具体方针，是新民主主义的文化发展方向。

“一切文学艺术活动都要弘扬抗日救亡主旋律”，这是抗日救亡的特殊时期，中国共产党提出的重要文化建设口号。弘扬抗日救亡精神，不断鼓舞和引导文化教育界人士投身抗战活动，团结文化领域一切能够团结的力量，为赢得民族解放战争的胜利作出贡献。早在井冈山时期，毛泽东就非常重视文化建设，将红军的文化建设工作当作非常重要的任务来抓，到抗战时期，文化建设依然是中国共产党关注的核心，并且鲜明地提出了“抗日战争是全民族的革命战争，它的胜利……离不开文化的动员”②的判断。

中国共产党领导的抗日根据地非常重视边区文化教育事业。正如当时有评价指出：“在目前的中国甚至在全世界还找不到任何一个政权能像今天边区政府这样，用它的经费的 25％以上的钱来从事教育事业。”③在抗日战

① 任学岭，谭虎娃. 陕甘宁边区史稿［M］. 北京：中央文献出版社，2011：128.

② 张启华. 读懂毛泽东［M］. 成都：四川人民出版社，2014：111—112.

③ 中国延安干部学院. 延安时期党的建设研究［M］. 北京：中央文献出版社，2011：313.

争的特殊历史时期，中国共产党领导的革命根据地经济极其困难，但是文化教育依然没有被搁置。在中国共产党看来，旧式教育是脱离人民的，旧式文化是专制的，所以旧式文化教育必须革新。抗日根据地教科书努力剔除旧的文化的糟粕，呈现和传播具有新民主主义特色的民族的、科学的、大众的文化，这是中国共产党领导的革命根据地抗战文化动员的主要特征。

一、教科书的民族文化动员

中华文化的重要特征是凸显中华民族的民族精神，也就是说，民族文化的精神内核在于民族精神的传承与弘扬。一般认为，民族精神是一个庞大的复合整体，它交织着、包裹着不同形式、不同内容、不同性质、不同层次、不同时空单位的具体的文化。因此，从不同角度去考察它，会得出不同的结论。从内容上看，这种民族精神包括政治的、法律的、哲学的、宗教的、道德的、心理的、文学艺术的、科学技术的以及一般文化知识的；从性质上看，可以归结为意识形态的和非意识形态的；从层次上看，包容有先进的、落后的和介于两者之间的；从空间单位上看，又指个人的、群体的、社区的、民族的和人类的；从时间单位上看，可以分为外显的和内隐的、客观化的和主观化的，乃至社会主义的和资本主义的、无产阶级的和资产阶级的。① 中华民族的民族精神是中国人在从事物质文化基础生产上产生的一种属于中国人所特有的意识形态、气质特征，它是各种意识观念形态的集合。

第一，抗日根据地教科书里蕴藏着光荣的民族历史和保家卫国的民族气节。1938 年陕甘宁边区出版了《中国历史教程》一书，共十三章，详细梳理了自黄帝至抗战爆发的中国历史发展脉络，主要有“中华民族概论”“中华民族的始基”“中华民族的隆兴”“中华民族的衰微”“中华民族的再盛”“中华民族的再衰”等内容。全书对中华民族的起源、形成、发展、兴盛、衰微的演进历程作了详实分析，书写了中华民族的光荣历史，以此振奋民族精神，激发国人的爱国情怀，继承中华民族自强不息的精神。又如 1938 年胶东抗日根据地《国防国语》高级第四册第九课《民族英雄赵同》中写道：

---

① 黄凌东. 精神文化简论[J]. 长白学刊，1990(5).

> 赵同原来是辽宁由岩的一个学生。九一八后，逃到北平求学，和苗可秀结合同志五十多人，又回到了东北，当了义勇军。后来他们见到各义勇军首领头脑简单，内部分子复杂，渐渐的失掉了抗战的真实意义，便另树旗帜，组织“中国少年铁血军”……他们声势很大，日本便派来大军700多人，大施攻击。这时候他们化整为零，分穿山林小路，秘密活动，3个多月，不见他们的行动消息……因为他们行动迅速，出没无常，日本兵对他们简直无法应付。一个日本军官竟仰天长叹：“没了邓铁梅，出现了苗可秀；没了苗可秀，又出现了赵同，将来没有了赵同，或许还有更多更勇猛的英雄出现呢。中华民族是伟大的，决不会永久被人践踏的”……后来赵同成为政府总裁兼任铁血军总司令……①

文中讲述了一个学生如何成为一个义勇军首领并痛击日寇的故事，展示了共产党领导下的抗日义勇军的革命乐观主义精神和超强的战斗力。而民众对赵同的“天兵”“神将”的称呼也反映了共产党军队在人民心中战无不胜的英雄形象，课文还借助日本军官之口，突显出中华民族的民族精神和保家卫国的民族气节。

第二，抗日根据地教科书里透露着中华民族不屈不挠、永不服输的民族精神。例如，1938年胶东根据地《国防国语》课本高级第四册《悲壮的离散》，讲述了一所学校虽然被强制解散了，但该校学生依然抱有爱国的热情，具有不屈不挠、永不服输的精神：

> 我亲爱的弟弟妹妹们：你们还没有离散吧？我和你们分手以后写的这第一封信，还可以在你们大家的手中轮流传递的吧？这第一封信，恐怕也就是你们大家可以聚拢在一块儿共同阅读的最后一封信了……敌人能够把我们的光明公学解散，却不能够解散

① 胶东国防教材编辑委员会.国防国语(高级·第四册)[M].海阳县文东印刷所，1938：12.

我们。大家心里对于中国的前途所抱的光明的信念呀，被强制驱散的小鸟儿们，飞吧！飞向社会的各阶层里面去吧，飞向全世界的每个角落里面去吧……有钱能够转学，就转学去吧……但是，千万不要停留在家庭里呀！不，只要我们抱着光明的信念，只要随时随地都以光明的信念去教育大家，家庭也正是我们的一个小教室……我相信，将来如果有人把我们这次悲壮的离散以后，个人在新的冒险中所获得的新的经验收集起来，一定可以成为一部爱国的救国的最好的教科书的吧。让我趁着你们大家出发之前先来对你们表示一下，爱的教育的敬礼！①

这篇课文表达了被强制解散学校的愤怒和不满。在我们民族危难的关口，即使被解散，也要求学生不忘使命，不要屈服，就算天各一方，也要坚决抗战，抵抗到底。1938年胶东根据地《国防国语》课本高级第四册第八课《九一八纪念歌》写道：

“同胞，同胞：九一八到了，九一八到了！这不抵抗的耻辱的日子，我们要永远牢记！日本的飞机大炮，杀我们无数的同胞，千万里的地方，被敌人白白的拿去了！……我们已经举起抗日的旗号，全国大家的手要紧紧握牢！我们要打倒外敌和汉奸，把九一八的耻辱洗掉，把旧的中华重新改造！”②

文章中作者发出怒吼，号召民族危急之时，不要忘记耻辱，要举起抗日的旗号。“全国大家的手要紧紧握牢！我们要打倒外敌和汉奸，把九一八的耻辱洗掉，把旧的中华重新改造！”中华民族不屈不挠、永不服输的民族精神在这里强烈地展示出来。

第三，抗日根据地教科书里融入了中华民族的风俗文化。各地都有各地的

① 胶东国防教材编辑委员会. 国防国语(高级·第四册)[M]. 海阳县文东印刷所，1938：25.

② 胶东国防教材编辑委员会. 国防国语(高级·第四册)[M]. 海阳县文东印刷所，1938：10.

风俗习惯，这些风俗习惯或者通过人们的言传身教传递，或者通过学校等教育机构传承。抗日根据地教科书中融入了较多的民族风俗，帮助传承当地的质朴文化。例如，“赶集”是在货物不足的年代，偏远地区的群众集中某一时段销售或者采购货物的习惯，教科书中对此就有描写。《赶集（一）》一文中写道：

> 肖家屯，一个三两户人家的村落……大牛起床后，像迫不及待的样子，就收拾着上集去卖的东西。大牛在平常日子，白天就挑了筐子，到附近一些地方去收买些破烂。有钱的时候，还到不满五里的城里，贩卖点洋货来，逢到二七的日子，就赶集上去卖。当实在没办法的时候，也只得把自己家里用不着的东西，或祖上传下来的宝物，一块挑往集市上去卖……①

这篇文章只是介绍一家人简单的生活，但是也从侧面展现了当时大部分人们生活的景象，以及“赶集”这一文化传统。抗日根据地教科书里包含着很多很多的文化因素，体现出了民族特色，并且将之传递下去。总的来看，抗日根据地教科书中的民族文化，更多的集中于民族优秀特质，例如不屈不挠、舍生取义、艰苦奋斗、勤俭节约等优良品质。这些品质以典型案例或者课文主人公的口吻道出，起着鼓舞人心的作用。

二、教科书的科学文化动员

在以往的研究中，学者们大多注意到抗日根据地教科书的两大特色：其一是教科书尤其凸显政治性，集中宣传党的思想并进行抗战动员；其二是教科书内容与生产生活相联系，体现乡村话语的特点。然而笔者还发现，抗日根据地教科书除了以上两个方面的特色之外，还有一个较为重要的特点是教科书中也有关于科学知识和科学文化的内容，这对学生科学知识的启蒙有一定的价值和意义。

翻阅抗日根据地教科书就会发现，在书中较难找到特别系统的学科知

---

① 胶东国防教材编辑委员会. 国防国语（高级・第四册）[M]. 海阳县文东印刷所，1938：35.

识，学科知识体系大多被政治动员和生产生活常识打断。此外，按照系统的学科知识编排教科书也不是当时流行的做法。抗日根据地教科书中虽然没有系统的学科知识，但是在许多科目中，依然有较为清晰的科学知识的呈现，尤其是自然、天文、地理等学科呈现的科学知识，有意或者无意地起到了科学文化动员的作用。图 4－1、图 4－2 所示的是两册自然教科书：

图 4－1 《高级国防自然课本》第五册(1938 年)

图 4－2 《高级自然课本》第三册(1942 年)

《高级国防自然课本》(第五册)目录

第一单元　无生物界

一、地球；二、地球的变迁

三、火山和地震；四、岩石

五、石灰和石油；六、水；七、空气

第二单元　天空的现象

八、太阳和太阳系；九、月球和日月食

十、引力和潮汐；十一、昼夜和四季

十二、风和云；十三、虹和晕

十四、闪和雷；十五、气候的观测

第三单元　生物界

十六、植物的生长；十七、生物的进化(一)；十八、生物的进化(二)

十九、人类从哪里来的；二十、细菌

《高级自然课本》(第三册)目录

一、生物都从哪里来

二、动物的适应环境(一)

三、动物的适应环境(二)

四、动物的生殖和变态

五、植物的生活

六、植物的繁殖

七、选种和混种

八、营养素

九、维生素

十、榨油和做豆腐

十一、醋酱和酱油的制法

十二、食言和糖的来源

从目录可以看出，两册课本中科学文化知识相对丰富，而且较成系统。

虽然在标题的表述上看不出抗战的味道，但是在内容的论述上，这两册课本依然和抗战相结合。此外，如陕甘宁边区政府教育厅审定的《初级国语常识合编》第四册(1942 年)，选入了《蛙的变化》《好蜜蜂》《蝴蝶的话》《地下的农夫(讲蚯蚓)》《猫头鹰》《鹰蛇的斗争》等连续几篇介绍自然界生物的文章，这些文章有意识地贴近生活，而同册的《车的进化》《从木筏到轮船》《飞机的歌》相对就要抽象一些，知识性更强。又如陕甘宁边区政府教育厅审定的《国语常识》初级第六册(1944 年)，选入了《地球太阳和月亮(一)》《地球太阳和月亮(二)》《五带》《大洲和大洋》等文章更多的是纯粹的自然科学知识的启蒙。如《大洲和大洋》一文的科学性就很强：

> 地球的表面，全被水和陆地包围着。水占的地方，比陆地大三倍。水面有江、河、湖、海、洋等分别，陆地有岛、洲等分别。
>
> 地球上的陆地，共分为七大洲。最大的叫亚细亚洲(简称亚洲)。亚洲的西面，是欧罗巴洲(简称欧洲)。亚洲和欧洲是连着的一块大陆。欧洲的南面，是阿非利加洲(简称非洲)。亚洲的东南面，是澳大利亚洲(简称澳洲)。澳洲和亚洲的东面，是阿美利加洲(简称美洲)，是互相连接着的两块大陆，在北部的，叫北阿美利加洲(简称北美洲)；在南部的，叫南阿美利加洲(简称南美洲)。南极洲，在澳洲、非洲和南美洲的南面，是七大洲当中最小的一个。
>
> 地球上的大洋，共有三个，最大的叫太平洋，在我国的东面，正当亚洲和美洲的中间。其次是大西洋，在欧洲、非洲和美洲的中间。第三个叫印度洋，在亚洲的南面，和非洲、澳洲的中间。另外，在苏联的北面，还有一个北极海，从前叫做北冰洋。①

当然为了使这些较为抽象的科学知识较易被学生理解，编者也会结合一定生活实际进行表述。其中，数学科学知识的学习尤其结合抗战来表述。例如，山东省胶东国防教育委员会编《国防算术课本》初级第六册(如图 4－3

① 陕甘宁边区政府教育厅. 国语常识(初级·第六册)[M]. 华北新华书店，1944：51—52.

所示）主要内容如下：

复习前册、方寸方尺的认识和应用、基数乘二位数进位的乘法、基数乘三位数不进位的乘法、基数乘三位数进位的乘法、复习、基数除二位数退位的除法、基数除三位数退位的除法、简除法、法数10或10的倍数的乘法、法数10或10的倍数的除法、复习、有名小数丈的认识和加减法、有名小数石的认识和加减法、有名小数元的认识和加减法、复习、斤两的认识和应用、总复习。①

图4-3　山东省胶东国防教育委员会编《国防算术课本》初级第六册（1938年）

如在讲到加减法时是如此表述的：

小朋友四十九人在野外作防空演习，其中有五人做得不好，那么做得好的有几人？

在学习乘法时的习题有以下一些：

每个抗日军打死十八个日本兵，四个抗日军打死几个日本兵？

载重汽车，每辆载二十四尊钢炮，三辆载几尊？

---

① 山东省胶东国防教育委员会.国防算术课本（初级·第六册）[M].海阳县文东印刷所，1938：目录.

手枪每支国币八十元，买三支该国币几元？
子弹每枚铜元四十二枚，买三枚该铜元几枚？
小炸弹每个值国币十八元，买六个共值国币几元？
枪弹每箱一百十颗，五箱有几颗？
迫击炮每门重一百九十四斤，五门重几斤？

在学习除法时习题有以下一些：

抗日军四百八十六人，分为六队，每队有几人？
子弹一百二十八粒，分做四份，每份几粒？
炮弹七百九十一个，分给七队抗日军，每队得多少？
毒气弹四个，共重六百二十四斤，每个重几斤？
烧夷弹六百七十个，分给五队空军，每队得多少？①

数学科学知识的讲述结合抗战也是当时抗日根据地教科书的主流趋势。正如该册教科书中“编者的话”所提到的：“在此抗战期间，旧有的充分带有贵族化、消费化意味的课本，丝毫不含抗战意义，是太不适用了……这便是我们编这课本的动机。”②但是，鉴于当时局势紧张，对于意识形态不是非常强的学科，在来不及完全重新改编的情况下，根据地也会借鉴国统区已有课本的编写经验。所以这套课本也是参考中华书局的教科书并进行必要的改变，较为系统地增加了一些抗战材料。算术课本中一些习题的设计也参考国统区的教科书，并有意识地与抗战的内容联系起来。因为不是以营利为主，所以翻印在那个特殊的时期是受到鼓励的，这样就实现了数学教材的抗战化。

此外，教科书里面也介绍了一些生活方面的科学知识，比如调味品的制

---

① 山东省胶东国防教育委员会. 国防算术课本(初级·第六册)[M]. 海阳县文东印刷所，1938:29—31.

② 山东省胶东国防教育委员会. 国防算术课本(初级·第六册)[M]. 海阳县文东印刷所，1938:编者的话.

作方法。1942年晋冀鲁豫边区教育厅审定的《高级自然课本》第三册第十一课《醋酱和酱油的制法》一文中提到：

> 醋的种类很多，最普通的一种是高粱和米糠做的。制作的方法是把高粱煮成稀粥，用米糠拌起来，加上些曲面和少量的醋，用桶盛着，露在空气里。高粱里面的淀粉受了曲面菌和酵母菌的作用，慢慢发酵，生成酒精，酒精再受到醋酸菌的作用生成了醋酸，这时我们倒入适量的水，让醋溶解在水里渗流下来，就成了常吃的香醋……①

这篇文章介绍了醋和酱油的简易制法。这些代代相传下来的实用知识和技术，通过教科书进行保存和传播，其中蕴藏着朴素的科学文化。此外，建设新型的根据地文化，尤其要破除迷信，这是中国共产党面临的一项迫切任务。晋察冀边区《初级国语课本》第七册第三十六课《破除迷信歌》写道："不讲卫生得疾病，又让巫神来捉弄，花了银钱害死人，烧香许愿不中用。"②课文通过这种通俗易懂的宣传，引导边区群众相信科学、破除迷信，实现科学文化的动员。

抗战时期的科学知识的启蒙和科学文化的传播通过两种方式实现，一种方式是结合当时抗战的形式，将科学知识融入抗战和学生生活、生产之中，还有一种形式是较为纯粹的科学知识的传授。总之，抗日根据地教科书是根据地教育的重要组成部分，它将科学文化知识撒播到广大人民群众之中，为新中国成立后的教科书建设甚至整个教育的发展奠定了基础。因此，抗日根据地教科书中的科学知识并非全部迎合抗战。我们不能对这一点故意视而不见，更不能忽视，因为它在一定程度上有利于学生获得更加系统和深入的科学知识，起到科学知识启蒙和科学文化动员的作用。

---

① 晋冀鲁豫边区教育厅.自然课本(高级·第三册)[M].太岳新华书店，1942：15.

② 晋察冀边区行政委员会教育处.国语课本(初级·第七册)[M].冀中第八专区博古书店，1942：45.

三、教科书的大众文化动员

1938年，毛泽东在《中国共产党在民族战争中的地位》一文中提出，新的文化应该"有新鲜活泼的、为中国老百姓喜闻乐见的中国作风和中国气派"。[①] 在1941年的《新民主主义论》中，他又进一步提出："大众的，因而即是民主的。它应为全民族中百分之九十以上的工农劳苦民众服务，并逐渐成为他们的文化。"[②]由此看来，中国共产党所宣传的大众文化也就是为劳苦民众服务的文化，是反映他们生活的文化，是为提振劳苦大众精神和服务现实生活的文化。这样的文化才是大众的文化，才"接地气"，才能够在广大群众中流行起来。例如，1942年陕甘宁边区《高小自然》第一册第十五课《为什么要穿衣服?》提道：

> 最古的时候，人和野兽差不多，身上长着很长的毛。那时候的气候又很温暖，一年到头，裸着身体，用不着穿衣服。后来，人类渐渐进化，身上的毛，也渐渐地变少了，人体抵御寒冷的能力渐渐减弱……后来又因寻找食物困难，常常要过着游荡的生活，游荡到较冷的地方，就只好想法子用东西把身体掩蔽起来，抵御寒冷，这就是穿衣服的主要原因。[③]

大众文化总是与边区的生活息息相关的。生活方式的改变会影响到文化氛围的改变，因此，抗日根据地教科书中不断传播生活常识，试图引导边区广大人民群众养成积极、健康的生活习惯。通过自然和卫生常识的学习，培养学生的卫生习惯。由于学生将这些知识在儿童团的生产生活斗争中、在边区群众的日常社会生活中进行实践，新的生活方式逐渐得到推广。中国共产党引导边区人民群众，逐渐建立起了与马克思主义思想相适应的积极、健康的生活方式。边区群众的基本生活常识也得到了显著增加。如1943年小学夏季用《国防常识课本》第五册里先后出现了《可怕的传染病》

---

① 毛泽东. 毛泽东选集(第二卷)[M]. 北京：人民出版社，1991:534.

② 毛泽东. 毛泽东选集(第二卷)[M]. 北京：人民出版社，1991:708.

③ 陕甘宁边区政府教育厅. 初级新课本：高小自然(第一册)[M]. 华北新华书店，1942:18.

《预防传染病》《益鸟和害鸟》《益虫和害虫》《灭除蚊蝇》等，都是与农村日常生活相关的课文。又如1942年陕甘宁边区《初级新课本：国语常识合编》第四册里《吃饭要细嚼》一文：

春生吃饭，总是抢着吃，吞得很快。

妈妈说："春生，你口里的牙齿有什么用呀？"

春生说："当然是吃东西用的。"

妈妈说："对。可是你吃饭并不用牙齿细嚼啊。这很不好。"

春生说："有什么不好呢？"

妈妈说："人吃东西，应当把东西用牙齿嚼烂，把口里的口水掺和进去，然后吞下去，那东西才容易消化。不然食物就不容易消化。这对胃是不好的。"①

除了食品、卫生等日常生活知识外，还有一部分与日常生活息息相关的知识，包括《通行证的写法》《便条的写法》等这类实用性的知识。在根据地内从一村到邻村都需要带上通行证，否则不能随意走动。学生、妇孺等各类放哨的群体都会查验通行证，没有通行证在根据地将寸步难行。在学校教学中，教师也会教孩子们一些与日常生活息息相关的基础知识，例如《通行证的写法》：

为了纪念双十节，模范村的儿童发起募捐运动，以便慰劳杀敌卫国的八路军和新四军。

他们在本村募了许多东西，现在又决定到附近各村去募，恐沿途军队和自卫团阻碍，便去请教师给他们写通行证。

教师问道："你们写通行证做什么？"

他们答道："我们要去募捐，恐怕沿途军队和自卫团阻拦

① 陕甘宁边区政府教育厅. 初级新课本：国语常识合编(第四册)[M]. 华北新华书店，1942：14.

我们。”

教师又问：“你们到什么地方去？同去的有几人？几天能回来？”

他们答道：“我们要到附近各村去，同行的共十二人，今天就可以回来。”

教师笑着说：“这并没有难处，只要把你们要去的地方，做什么事，同行几人，一一写明，再写上村名团体名及年月日，便是通行证了。”①

现有本团团员十二人到邻近各村募捐希望沿途各抗日军队和自卫团放行勿阻　此证限本日交销
模范村儿童团
十月十日

除了通行证，一般的回信及收条也是重要的实用性知识，这也是教科书中重点普及的内容，如《回信和收条》：

鲁迅小学儿童团：

你们交来的款子，本会已代前方将士收下，并代前方将士谢谢你们。

你们的爱国心，是可敬的，若全国的小朋友，都能学你们这样，哪愁打不出日本去呢？

末后请你们今后对救国工作，更加努力，并且希望你们今后努力学习功课，以便将来成为一些抗战建国的人才，这是你们的荣幸也是民族的荣幸。②

① 胶东国防教材编辑委员会.国防常识课本(初级·第六册)[M].北海大东印刷厂，1944:2.

② 胶东国防教材编辑委员会.国防常识课本(初级·第六册)[M].北海大东印刷厂，1944:5.

> 兹收到
>
> 鲁迅小学儿童团慰劳八路军新四军币拾贰元整
>
> 此据
>
> 青年抗日救国会
>
> 十月十三日

艰苦、勤劳、朴素、合作的优良品质正是根据地所在的广大农村贫瘠的战时生活环境所需要的道德要求。抗日根据地教科书编撰各种来自农村生活的事件以及故事，选取与农村日常生活息息相关的大众文化内容。这些内容最便于学生的理解和接受，是直接服务于农村生活的，并且能够塑造学生的劳动观念，同时结合教科书的使用，让学生积极参加各种劳动实践活动，也有利于促进他们将劳动理论和劳动实践相结合。因此，抗日根据地教科书将农村生产和日常生活相关的大众文化的知识融入教科书，极大地提升了学生的生产技能，为根据地经济建设和发展提供了强有力的智力支持。

为了实现教科书的抗战文化动员，抗日根据地教科书通过各种途径塑造中国共产党的文化形象，使马克思主义文化教育观念逐渐深入人心。这种文化观念的形塑，是通过边区生产生活的实践活动而展开的，是在边区的劳动实际中进行锻炼的，是在婚姻、体育、卫生、反迷信等日常中逐渐渗透的。这样的文化动员是深刻且持久的文化动员。通过这种文化动员，中国共产党的文化形象树立起来了，边区的文化教育风貌改变了，封建迷信在边区得到遏制甚至被消灭了。边区学生和群众的文化生活也变得更加丰富多彩，更加高尚纯洁，更加符合抗战时期文化教育的特殊要求。除了教科书作为文化传播和动员的媒介，边区的其他文化群体成员，还创作出众多的反映民众生活的文化作品，一同实现着抗日根据地的文化动员。

总之，抗日根据地教科书努力剔除旧的文化的糟粕，呈现和传播具有新民主主义特色的民族的、科学的、大众的文化，是中国共产党抗日根据地文化发展的总方向。中国共产党带给基层民众全新的文化，以这种方式获得了民众的心。通过文化形象的塑造，中国共产党扫除了传统封建文化的障碍，为边区向着科学和文明进军提供了重要推动力，这也是抗日根据地为我们留下的宝贵文化财富。

第四节　革命根据地中小学教科书的抗战军事动员

在全面抗战的八年时间里，山河破碎，草木含悲！中国共产党在当时日寇封锁，国民党政府挤压孤立，根据地生产生活条件落后、资源匮乏的情况下，仍然重视教育，从基础抓起，通过教育培养抗日的预备队。其中，教科书承担起了抗战军事动员的责任，而在军事方面，敌强我弱，在一定程度上导致了信息沟通不畅。通过学习提升军事素养，同时号召人们踊跃参军，支持前线战斗，成为抗日根据地教科书义不容辞的责任。全面抗战的八年时间里，中国共产党一刻也没有放松军事动员的工作，利用教科书传播科学的军事思想，宣传国际军事形势，鼓励群众积极参军，开展了声势浩大的抗战军事动员活动。

一、传播科学的军事思想

传播科学的军事思想重点在于告诉边区人民"为什么要抗战"和"怎样抗战"两大方面。"为什么要抗战"从抗战的必要性进行论述，"怎样抗战"则从革命乐观主义精神与抗战必胜的信念以及战略战术的传播等方面进行分析。

(一)为何抗战

卢沟桥事变后，国家处于生死存亡之秋，面临亡国灭种之险。穷凶极恶的日军残害着中国同胞，蚕食着中国大地。《新编初小国语读本》第六册课文中揭示了日本军队的狼子野心：

> 肥胖残忍的日本军阀，躺在温柔舒适的被窝里做着美梦：我拿着飞机大炮恐吓着支那，逼着他和我讲和的时候，我便提出条件：

> "(一)支那死心塌地的承认伪满洲国。(二)华北和内蒙成立自治反共政府,听我管。(三)需有一个亲日的总统代替蒋介石做领袖,同时要支那加入德意志反共集团。(四)支那不允许有陆军和军用飞机,只许有维持治安的保安队。(五)通商口岸如上海、福州、厦门、广州等地方都得开辟日租界,在沿海岛屿上可有我修建军用飞机厂。"①

抗日根据地的教科书直接或者间接从多层面阐释着抗战的必要性、合理性和合法性,通过让学生了解中国的屈辱史和被侵略史,唤起学生的危机意识:不抗日就可能亡国,就有可能做亡国奴。教科书引导学生认清日本侵略中国的本质,知晓日本各种侵略行径,揭开日本帝国主义的亡我之心,以此激发民族情感、激起爱国热情。为了说明抗战的原因及其正当性,教科书中不断出现"日本单独侵华""日寇在沦陷区的经济侵略""法西斯的日本""我国沿海的割让地和租借地""东北四省""中日战争""由瓜分至半殖民地""假亲善"等内容。如图4-4所示,胶东国防教材编辑委员会编《国防常识课本》中级第六册《日本单独侵华》一文,就简要介绍了日本侵华的全过程:

> 在第一次帝国主义大战中,日本利用英日同盟的关系,出兵山东把德国占的青岛夺去,后来乘各帝国主义无暇顾及中国便提出二十一条,想要独吞中国。
>
> 大战终结,各帝国主义回过头来又注意到他们在中国的势力,于是日本暂时不敢露出他的野心,中国又在各帝国主义的利害冲突下,得以暂安。
>
> 九一八,日本又打破这种协调局面,他侵占了东三省,又侵占热河,组织伪满洲国,欺骗中国,欺骗世界,此后为完成他独吞的阴谋,使用三种手段:

① 文登县小学教本编审委员会.新编初小国语读本(第六册)[M].文登县城内利记号,1938:1—5.

一、用共同防共的口号，想使中国成为他的奴婢，但遭受全国人民的反对，未能实现。

二、以华制华的手段，利用蒙古德王，破坏察绥行政，也被我们绥远抗战军民把这种阴谋打破了。

三、武装保护走私，破坏中国关税，摧残中国的民族工业，但日本仍不满足，二十六年卢沟桥事件，开始实行他武力吞华的迷梦。但中国为了自卫，也开始抗战了，直打了八年……①

图 4-4　胶东国防教材编辑委员会编《国防常识课本》中级第六册，西楼大众印刷厂印刷(1945 年)

除了有对日本侵略的历史介绍以此激发民众的抗日热情之外，教科书还从中日战争的性质入手，阐述抗战的必要性，将中华民族的解放战争和日本的侵略战争作对比，以阐述抗战的合理和合法性。如图 4-5 所示，胶东根据地《国防政治课本》高级第一册中的《中华民族的解放战争》一文，即是这种表达手法：

① 胶东国防教材编辑委员会. 国防常识课本(中级·第六册)[M]. 西楼大众印刷厂印刷，1945:4.

卢沟桥的炮声一响,中华民族的解放战争便开始了。由于日本是强国,他的兵力、经济力、政治组织力,都是一等的,中国是一个弱国,我们的兵力、经济力、政治组织力,都显得不如敌人,所以决定了这次战争不能避免,中国不能速胜的。

但日本是一个垂死的帝国主义国家,所进行的战争,是侵略战争,是退步的、野蛮的战争,一定能激起中国全民族和日本人民的反抗。中国呢,是一个如日方升的国家,有进步的党派和军队,领导人民进行反抗侵略的战争。这战争是自卫的,也是正义的革命的战争,因此不仅在国内能得到全国人民的拥护,而且在国外也能得到广大的同情和援助。至于日本,因为他所进行的是反革命的战争,所以在国际方面,他们仇人多、友人少,不容易得到外援。照现实条件来说,日本是小国,人力、物力、财力、兵力都缺乏,经不起长期的战争。中国是大国,地大物博,人多兵多,能够支持长期战争的。[①]

图 4-5 胶东国防教材编辑委员会编印

《国防政治课本》高级第一册(1945 年)

除了从理论上阐述抗战的合理性之外,教科书还会结合实际案例,利用

① 胶东国防教材编辑委员会. 国防政治课本(高级·第一册)[M]. 胶东国防教材编辑委员会,1945:20.

同龄人之口来表述抗战的原因。例如,《少年义勇军小老韩》一文写道:

小老韩真了不起!十二岁就当了义勇军。他的家在吉林省磐石县一个乡下。爸爸排老四,租了十多亩地耕耘;妈妈早就死了,只留下两个小弟弟。

小老韩因为家里穷,所以十来岁就去给人家放羊。日本鬼子来了之后,什么租呀,税呀,捐呀,比以前加重了许多许多。韩老四一年忙到头,收到一点东西,把各种捐税和地租一缴,就不够养一家人。

磐石县有很多义勇军,义勇军和老百姓很要好,小老韩也和他们很要好。义勇军常讲故事给小老韩听,还告诉他:东北老百姓过苦日子,是因为受了日本强盗的剥削。

小老韩听了义勇军的话,才明白为什么爸爸耘了许多高粱,自己却吃不饱肚子。

小老韩明白了,好多老百姓去当义勇军,打日本鬼子,就是要赶走日本强盗,大家好好过日子。

小老韩更加仇恨日本鬼子,他也想去参加义勇军。①

"小老韩"的形象得到了广泛的传播,不仅是教科书,报纸、杂志也大力宣传"小老韩"的形象,以至于提起"小老韩",无人不晓。报纸上也报道:"东北有个小老韩,他才十几岁便领导着无数的少年抵抗日本侵略者,三次被捕都不屈服,继续反抗,弄得伪军听到他的名字就害怕。"②抗日根据地教科书通过各种方式,将理论联系现实,通过理论分析和身边事的表达,阐释着抗战的必要性,全方位地传达着抗战的正当性。

(二)如何抗战

科学的战略战术思想是取得战争胜利的要诀。战略是对战争全局的指导,古代就有"运筹帷幄,决胜千里之外"的说法,没有正确的科学的军事战

① 晋察冀边区教育研究会.抗战时期初小国语(第七册)[M].平山县文化合作社翻印,1939:43—44.

② 中国革命博物馆.民族小号手——新安旅行团史资料[M].北京:春秋出版社,1989:172.

略，就不会取得抗战的最后胜利。

在抗战初期，有两种声音。一种是“投降派”，他们天真地认为，投降了，民众少食硝烟之苦，本国发展也不因战争停滞，至少比战争带来的损失要小很多；与“投降派”相比的“速胜派”却显得更为乐观，期待着国际调停出面干涉，以及过分地相信自己的军队。而毛泽东则果断地指出“打倒日本帝国主义和中国反革命势力的事业，不是一天两天可以成功的，必须花费长久的时间。”“帝国主义力量发展的不平衡性，规定了这个持久性。”①毛泽东于1938年5月发表的《论持久战》，驳斥了“投降派”“速胜派”的谬论，并创新性地提出了著名的“持久战”的观点。抗战的历史发展也证明了毛泽东观点的正确性。

抗日根据地教科书传播了打持久战的思想，不断鼓舞民众，宣传抗战，突出坚持“持久战”的战略，并坚持抗日民族统一战线，坚信抗战的胜利属于中国人民。如1938年胶东抗日根据地《国防国语》高级第四册中的《夜战》和《青纱帐》就突出了打“持久战”的思想，喊出了我们只有团结起来，一心一意，勇敢地向前走，才能取得胜利。以《夜战》为例：

> 今夜的月亮那么光明，照着田野战壕和弟兄们一条心，在夜半，我们紧张地等着命令，前进，大家一起前进/前面的兄弟扑下了，后面的就接上去奔跑，我们还没有冲到，吓煞了的敌人已经先逃。这样我们得了胜利，但是要完全消灭敌人可不容易，让大家一心一德，打倒我们的大敌——日本帝国主义。②

文中讴歌了战士们的革命乐观主义精神，彰显了抗战必胜的信念。在《日本人可怕吗》一文中更是鲜明指出只要团结一心，日本军队是无用的！在《民族抗战要诀》中涉及积极防御、运动战、游击战、化整为零等军事思想。《枪杆笔杆》一文则强调了舆论宣传对军事动员的重要性。胶东根据地《国

---

① 毛泽东．论反对日本帝国主义的策略[A]//毛泽东选集(合订本)[C]．北京：人民出版社，1968：138—139.

② 胶东国防教材编辑委员会．国防国语(高级·第四册)[M]．胶东国防教材编辑委员会，1938：15.

防政治课本》高级第一册(1945)中的课文《中华民族的解放战争》《中日战争的持久性》《展开敌后抗日游击战争》《八路军敌后抗战》《巩固与发展敌后抗日根据地》则更为详细系统地论述了科学战略的重要性。持久战战略能否达成,关键就在于能否改变以往的“单纯政府与军队”抗战模式,实行彻底的民主改革,发动人民群众、依靠人民群众,军民一致,实行全民族抗战的全面抗战路线。抗日战争的历史也说明,在中国共产党的积极倡导和实施下,才造成了正面战场与敌后战场相配合,长城内外、大江南北一直抗日的局面,使持久战战略得到了最强大的支撑条件。① 教科书为“持久战”思想的传播提供了有效平台,使得这种战略思想得到了推广,边区学生和群众逐渐接受和认同了持久战的思想,使“持久战”的观点逐渐深入人心。

二、提供有力的军队保障

军队保障是军事动员的重要方面,抗日根据地教科书通过宣传中国共产党严明军纪、优待抗属,传播军事知识和鼓励参军等,为抗战军事动员提供有力保障。

(一)严明军纪

1945 年 4 月,毛泽东在《论联合政府》的报告中对人民军队的宗旨作了精辟的概括:“紧紧地和中国人民站在一起,全心全意为中国人民服务,就是这个军队的唯一的宗旨。”这一宗旨体现了人民军队的本质是人民军队永远立于不败之地的根本保证。②

抗日战争时期,中国共产党对于一些军中存在的不良现象,开展“整风”“整军”运动,使全党全军达到了空前的团结和高度的集中统一,为抗日战争的胜利提供了重要保证。③ 如此政策之下,中国共产党军队所到之处,群众无不踊跃参加并在战争中为共产党军队做掩护,体现了深厚的军民鱼水之情。而抗日根据地的教科书则进一步传播了这种军风、军纪。例如,1945 年晋察冀边区《战时新课本:国语常识》第六册中的《八路军》一文,以歌谣的

① 房功利.中国共产党在抗日战争中的军事战略及其实践[J].理论学刊,2015(8).

② 罗雪萍.毛泽东的人民军队建设理论对现代战争的指导意义[J].教研探索,2010(8).

③ 叶纲.毛泽东军队建设思想与人民军队建设[J].北京党史,2007(4).

形式，展示出八路军纪律严明、作战勇敢、斗志昂扬的形象。在1942年冀中第八专区《国语课本》第七册第二十八课《左权的话》中，左权将军怒斥乱拿百姓大麦的随军马夫：

> 我们的人一天也没有吃饭，不吃饭还得打仗，为了谁啊，就是为了老百姓。八路军为了老百姓，把性命都交出来了，那也不能拿老百姓的一针一线，这就是革命纪律。马饿死了，也不能偷吃百姓的粮食。你这是破坏八路军的纪律。①

左权将军按照纪律对其进行处罚，并以此来教育部队。如此军纪严明的部队，必然得到根据地群众的广大拥护，又如在第二十九课《转移》中，陈家店新四军某营在接到命令转移时，百姓无不箪食浆壶，以送王师，课文详细描写了两鬓发白、拄着拐杖的老人，拉着营长的手喃喃细语，舍不得子弟兵离开；村民摆好酒，妇女往战士的挎包塞鸡蛋和饼，村干部和学生送了三四里地还不愿意离开；百姓和新四军都已哭红了眼的场景。教科书中描述军民关系血溶于水的场景还有很多。如1941年冀中《国语课本》初小第七册中的《五十九个殉难者》，展示了区干部和自卫队成员被鬼子俘虏且在各种酷刑下面不改色，最终高呼“八路军万岁”英勇就义的故事。

“打铁还需自身硬。”如果不是铁一般纪律的军队，如果不是爱护人民的军队，老百姓又怎么能掏心掏肺地像对待亲人一样对待他们。其他如《炸桥》《李延寿双手擒二将》《你们来就好了》等课文，也体现了我党军队严守军纪、所向披靡的英勇气概。军纪严明、军队英勇，人民群众就会更支持军队，军队的战斗力就会加强，形成了良性的循环。

（二）优待抗属

1938年2月，晋察冀边区政府专门制定了《晋察冀边区优待抗日军人家属暂行办法》，明确指出：“抗战军人是为国家争生存，为民族争气节，是中

---

① 晋察冀边区行政委员会教育处．国语课本（初级·第七册）[M]．冀中第八专区博古书店，1942：28．

华民族的优秀分子，是民族英雄，应受全民族的尊崇，其家属亦应受优待。”1943年9月17日又正式公布了《晋察冀边区优待抗日军人家属办法》，详细规定了优待抗属的范围、方式等内容。[①] 抗日根据地教科书中也突出了“优待抗属”的内容。在晋冀鲁豫边区《战时新课本：国语常识》第六册中，就以快板的形式反映了优待抗属的具体内容：

男女老少听我表，抗日家属要优待好。先给他们耕先给他们种，先给他们地里多上粪。耕三遍，锄四遍，每亩平均打一石。打下粮食帮他们送回家，抗属的粮食不困难，日常的水替他们担，日用的柴火替他们捡，过年过节送他们礼，日常的生活要照管。[②]

又如1942年陕甘宁边区《初级新课本：国语常识合编》第四册第二课《帮助抗属》讲述了小学生周末去抗战家属家里做事的故事：

星期六的午后，高庄小学的学生，去帮抗日军人家属做事。玉儿带了三个同学，在本庄帮高大妈做事。高大妈没有人担水和推磨。他们四个人，两个人帮她抬水，两个帮她推磨。李春带了两个同学，到张家村去帮张二娘做事。张二娘没有柴烧了。他们就帮她砍柴。王德带了两个同学，到周家沟去帮黄三婆做事。黄三婆要写信给她前方的儿子，他就代她写信。[③]

教科书中还有很多优待抗属的实例，如抗日根据地还普遍地建立了抗属学校，也就是专门供上前线打仗的军人子女或者已经牺牲的军人子弟就读的学校。边区政府通过优待抗属，稳定军心，让军人能安心在前线杀敌，

① 李军全. 军事动员与乡村传统：以晋察冀抗日根据地优待抗属为例[J]. 历史教学，2011(2).

② 晋冀鲁豫边区教育厅. 战时新课本：国语常识(第六册)[M]. 晋冀鲁豫边区教育厅编审委员会，1945:23.

③ 陕甘宁边区政府教育厅. 初级新课本：国语常识合编(第四册)[M]. 华北新华书店，1942:4—5.

没有后顾之忧。教科书传播优待抗属的内容，进一步体现了中国共产党在对待抗属方面的大义之举。

（三）学习军事常识

中国共产党采取了多种措施提高军队素质。1937 年 11 月，西北青年联合救国会青年十部训练班开班，传授抗战课程和军事理论，培养抗战人才，增加青年为国家民族服务的技能。除了专门的军事训练班以外，在普通中小学里也有传授军事常识及军事技能的训练科目。例如，1938 年 3 月 6 日，陕甘宁边区教育厅要求各根据地小学实行军事化管理，增加队列、射击、战略战术等学习内容，进行“五不”教育，①同时，引导学生学习游击战术，提高自卫意识，加强防奸捉奸教育，课程教材内容也根据这些要求进行了多项改革。

面对抗战的特殊情境，人们尤其应该知道，掌握哪些军事知识才能保住生命，才能适应抗战。这是抗日根据地教科书中另一重要的内容。学生通过学习军事常识来获得服务抗战的基本技能，如《怎样冲破敌人的毒阵》《常用的武器》《军用飞机》《几种急救法》《毒气与简易防毒法》《战时急救法》《怎样看护伤兵》《一个小医院》《挖抗日沟》等课文都是这方面的内容。《挖抗日沟》是这样表述的：

> 敌人的重武器，非在交通便利的地区大路上行驰不可，所以挖抗日沟是我们的重要工作。
>
> 凡险要的桥梁和要路，我们都需要尽量地破坏，并把中间掘成抗日沟，深宽各五尺，可以行人，也可以行军，这样不但敌人的重武器没法通过，而且可使敌人的行动延缓，我们的军队能有充分的时间，准备打击敌人。②

“挖抗日沟”可能很多读者从没听说过，其实就是在战争中给敌人造成

① 中共中央党史研究室. 中国共产党的七十年[M]. 北京：中共党史出版社，1991：243.

② 胶东国防教材编辑委员会. 国防常识课本（初级 · 第六册）[M]. 北海大东印刷厂，1944：1.

破坏，延缓敌人的进攻。教科书的表述使得这项工作的意义更加凸显。此外，在教科书中还介绍了军用飞机的种类，帮助群众识别不同的飞机。《军用飞机》写道：

军用飞机，可分三种：

一、驱逐机也叫战斗机，短小坚固，是担任在空中作战任务的。

二、侦察机，轻迅敏捷，用以侦查敌军情形。

三、轰炸机，带着炸弹，去轰炸敌人的阵地或敌人后方的重要城市。

各国飞机，都有标志：苏联的飞机，身旁的徽，是画着镰刀和锤；日本的飞机，翼下有红日的徽；我国飞机，翼下画着青天白日。①

此外，数学教科书中也贯穿了军事思想，涉及军事方面的计算，如 1938 年《国防算术》初级第六册中：②

“手榴弹二十四个，分给六个抗日军，每人可拿到几个?”

“每个抗日军打死十八个日本兵，四个抗日军可打死几个日本兵?”

“载重汽车，每辆载二十四尊钢炮，三辆载几尊?”

“迫击炮每门重一百九十四斤，五门重几斤?”

抗日根据地教科书中，哪怕是数学教科书，都尽量编入各种武器以及抗日军的计算。把军事常识引入教科书，让学生时时刻刻感受到抗战的紧迫感和“国家兴亡，匹夫有责”的职责，同时，也让学生明确自己在抗战中能做

---

① 胶东国防教材编辑委员会. 国防常识课本（初级・第六册）[M]. 北海大东印刷厂，1944：14.

② 胶东国防教材编辑委员会. 国防算术（初级・第六册）[M]. 胶东国防教育委员会，1938：30.

什么,应该做什么,从而提高他们在战争中的生存能力。

三、介绍国际的军事形势

中国的抗战不是孤立的,而是世界反法西斯战争的一部分。国内战场是为了抗击外辱,在国际上亦是不可或缺的东方主战场。基于此,教科书中亦有不少关于国际反法西斯战争的内容,如1938年文登县新编《初小国语》第六册中的《世界的两大阵线》、1945年胶东抗日根据地《国防常识》中级第六册中的《人类的恶魔法西斯》《反法西斯战争》《中国抗战与国际关系》等课文。其中,《中国抗战与国际关系》阐述了中国抗日战争在二战中的重要性,同时也展现出了战争的残酷性以及法西斯的罪恶。

此外,教科书中还重点描述了苏联的革命领袖和普通民众的生活,宣传了苏联的国情。例如,1944年胶东抗日根据地《国防常识课本》初级第六册里的课文是这样描述苏联的:

> 在第一次帝国主义大战时,苏联的人们推翻了资本家、大地主,建设了一个新国家。苏联自实行三个五年计划后,不但成为全世界最大的工业国,而且农业方面也都使用机器耕种。大家集体劳动,每日只工作七个小时,而工资却不断地增高。日用的东西价钱很低,各样的娱乐也应有尽有。
>
> 在他们的社会内,没有压迫和剥削,人人都是自由平等,过着快乐的生活。①

又如陕甘宁边区政府教育厅审定的《国语常识》初级第六册也有关于苏联的描述:

> 苏联是一个社会主义国家,人口二万万,领土占全世界陆地的

① 胶东国防教材编辑委员会. 国防常识课本(初级·第六册)[M]. 北海大东印刷厂,1944:42.

六分之一，是由十六个苏维埃社会主义共和国自愿联合的。这广大的领土包括俄罗斯、乌克兰、白俄罗斯、外高加索、中亚细亚、西伯利亚六个地区。前三个在欧洲，后三个在亚洲。

莫斯科是苏联的国都，列宁格勒是苏联著名的海港。两处都是全国工业的要地。敖德萨在乌克兰，是全国最大的商埠，巴库在外高加索，是全世界最大的石油产地。

在帝俄时代，俄国是很封建，很落后的，人民被地主资本家压迫剥削得不能生活。自从十月革命以后，经过几个五年计划的建设，到现在，苏联变成世界上最进步的国家了。国内没有人剥削人的事情，人民都吃得饱，穿得暖，住得好，有工作，有书念，过着非常快乐的生活。

法西斯头子希特勒，想破坏苏联人民的快乐生活，又想抢夺巴库的石油，因此，在一九四一年六月二十二日，就进攻苏联。斯大林，领导着苏联的红军和全体人民，和希特勒匪徒已经苦战了三年。到现在为止，消灭了敌人七百八十多万，使敌人损失了飞机六万架、坦克七万辆、大炮九万多门。德国法西斯军队眼看就会崩溃了。①

为了呈现苏联社会主义国家的正面形象，除了对苏联的整体介绍之外，也有人物形象的塑造。其中，苏联领导人(如列宁、斯大林)，苏联的妇女、儿童等都是教科书中经常选用的对象。教科书还把苏军与日军进行对比，展示出盟友苏联的强大，中国与盟军合作必然胜利，进而表达了抗战必胜、正义必胜的信心！教科书的内容开阔了学生的眼界，让他们在艰苦的环境中看到希望，让他们知道，不只是我们一个国家在战斗。

此外，1943年晋冀鲁豫边区出版的《高小地理》课本，还从地理知识方面介绍了中国军队在国际战场的情况。例如，《印度支那半岛》一文写道："现在这个半岛的西部，我国和英美的陆空军正在秣马厉兵，进行收复失地

① 陕甘宁边区政府教育厅. 国语常识(初级·第六册)[M]. 华北新华书店，1944：55—56.

的工作。”①文中还介绍了中国远征军入缅作战，为打通国际运输线——滇缅公路而开辟新战场，英勇顽强、浴血奋战的壮举。

日本、德国、意大利等法西斯的军事末日也在教科书中有诸多描述。因为日本与中国直接开战，而德国和意大利主要在欧洲战场，所以抗日根据地教科书中更多的是对日本的描写。“日本鬼子”“东方的法西斯”“强盗”“侵略者”是日本的主要标签。晋冀鲁豫边区教育厅审定的《高级地理课本》第三册（如图 4-6 所示）第二课《东方的法西斯日本》一文是如此描述日本的：

> 日本是个岛国：日本本部是由四个大岛和六百多个小岛组成，四个大岛叫做本州、四国、九州和北海道，都在太平洋西北角，紧靠亚洲大陆，和我们中国隔海相对。
>
> 面积和人口：日本本部有三十八万二千平方公里，只当我国三十分之一，另外有朝鲜、我国台湾与琉球群岛等，都是侵略来的殖民地。这要占二十九万八千平方公里。至于人口，真正的日本人，只有七千万，才当中国人口七分之一……
>
> 日本法西斯的灭亡：日本现在是法西斯国家，但它国小人少，资源贫乏，进行侵略战争以来……太平洋战争爆发，英美等二十六个国家和它宣战，眼看日本法西斯就要灭亡。②

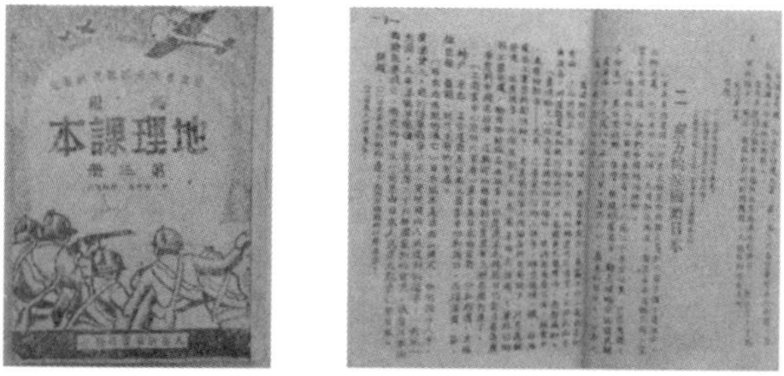

图 4-6　1943 年晋冀鲁豫边区教育厅审定《高级地理课本》第三册，太岳新华书店发行

① 晋冀鲁豫边区教育厅. 地理课本（高级·第三册）[M]. 太岳新华书店，1943:8—13.
② 晋冀鲁豫边区教育厅. 地理课本（高级·第三册）[M]. 太岳新华书店发行，1943:3.

需要注意的是，在全面抗日战争开始后的教科书中，已经有意识地区分日本帝国主义及其侵略者和日本民众，也就是试图让学生明白，所谓“抗日”不是笼统的抗击日本，而是只指日本军队和统治者，不针对日本劳苦大众和平民。

例如，在1938年山东省胶东国防教育委员会编《国防国语课本》高级第四册中，第十一、十二课为《日本帝国主义侵略中国的口实》(一)、《日本帝国主义侵略中国的口实》(二)。全文以彩云和晴秋为主人公，用对话的形式描述了日本帝国主义侵略中国的借口，主要有两条。一条是“日本的人口太多了，国土太小了，粮食太少了，不侵略中国，他们就不能生活”；作者通过彩云的口道出：“日本侵略中国，完全是资本家的主动，我们反抗日本，应该是反抗日本的资本家。”“日本国内的劳苦大众也很同情我们的，反抗日本帝国主义——帝国主义就是资本主义的最后阶段。”另一条是“帝国主义者还有一种侵略理论，就是传播文化……日本，是帝国主义国家，当然也有一套，也大言不惭的，说大和民族是东方文明的代表者，落后的中国人，该请他教育下，把中国人的利己心、残酷性和不洁性都去掉”。作者通过彩云的口引导道：“帝国主义者的这种侵略理论，一来是欺骗了被侵略者，使他们俯首帖耳，甘心为奴；二来是蒙蔽了本国的劳苦大众，使他们唯命是从，来负起侵略政策中的差使。”①

由此可见，教科书中对日本的形象塑造是有意识地区分了日本帝国主义、军队与日本劳苦大众，并非对日本的一切进行全盘否定，这一点在以往的研究中也较少关注。与日本形象在教科书中随处可见不同，德国和意大利的形象就要模糊得多。例如，1944年陕甘宁边区政府教育厅编《国语常识》初级第六册中的课文，对德国的描述如下：

德国，在欧洲中部，面积比我国四川稍大，人口六千多万。国都叫柏林。德国的工业，发展得很快，是欧洲一个很大的工业国

① 胶东国防教育委员会. 国防国语课本(高级·第四册)[M]. 胶东国防教育委员会，1938：11—14.

家。民国二十二年，法西斯头子希特勒，夺去了德国的政权。他一面压迫国内的人民，一面扩大陆军空军，要向国外侵略。他首先占领了欧洲十四个国家，同时向英、美进攻。在民国三十年六月，又进攻社会主义的苏联。

德国和日本，都是凶恶的法西斯国家，中国和日本血战了七年，苏联对德国也血战了三年。现在苏、英、美在欧洲开始由东向西南三面夹击希特勒，眼看德国法西斯就要垮台。希特勒在西方垮台之后，在东方，日本军阀的命运也不会很长了。①

在晋冀鲁豫边区教育厅审定的《地理课本》高级第三册里也有对德意志和意大利的描述：

德意志：德意志又称日耳曼，是中欧北部的一个大国，占有约五十万方公里的土地，七千万的人口，西面和法兰西、比利时等国为邻，东面和苏联、波澜、捷克等国接界，南面是奥地利、瑞士等国，全国地形南面多山，北方低下。

意大利：意大利像一个靴形的半岛，伸在地中海上，一个西西利大岛，像个皮球一样丢在海中，远望着非洲大陆。意大利本土，东西南三面环海，北面隔着阿尔卑斯山，和瑞士与法兰西为邻，全国土地面积有三十万方公里，人口约五千万，属于拉丁民族……

德意两国合伙打劫：意大利自从墨索里尼上台后，法西斯的凶焰万丈，屡屡侵略别的国家。德国的希特勒，也仿效他，实行国社党的专政，吞并了不少小国。他们和东方的日本强盗，合起来扰乱天下，称为三个轴心国家。这次世界大战的罪魁祸首就是他们。可是，法西斯的鼻祖，意大利就首先倒台投降了，接着自然该是德国的希特勒了。真正的欧洲人民和意大利人民的翻身日期，眼看

① 陕甘宁边区政府教育厅．国语常识（初级·第六册）[M]．华北新华书店，1944：59—60．

就要到了。①

总的来看，抗日根据地教科书描述了当时两大军事阵营。一组是苏联、美国、英国等二战同盟国家，其中对苏联的描述最多，且给予了最积极的评价，将苏联描述成“全世界弱小民族的救星”“中国抗战最好的朋友”，且不断通过苏联领导人和苏联的农民、工人、学生来证明和巩固这一判断。与之相反，另外一组日本、德国和意大利是法西斯的代表，是一切动乱的根源，而日本由于直接与中国开战，是侵略中国的罪魁祸首，因此在教科书中所占笔墨最重。由于日本在地理、政治、经济上所受的限制，加上中国人民的坚强意志和苏美英的帮助，教科书传达出中国军事上必胜的信念。抗日根据地教科书通过呈现国际军事形势的大势，增强了中国人民抗战必胜的信心，为争取抗战的胜利作了充分的军事动员。

四、动员群众踊跃参军

抗战时期中国共产党进行军事动员的最主要目的，就是引导人民支持抗战，积极投入到抗日救国中来。因为当时中国军队装备落后、给养缺乏、兵源不足，很难抵挡住日军的侵略，所以要动员群众积极参军，补充军队人数，增强军队力量。因此教科书中不断出现鼓励参军的内容，如 1945 年晋察冀边区《战时新课本：国语常识》第六册的第二十一课《八路军》的歌谣是这样唱的：

我们本是老百姓，如今当了八路军，铜筋铁骨身体强，年纪轻轻好壮丁，拿起刀枪上前线，坚持抗战打日本。敌人派兵来扫荡，我们打他往外滚，敌人建立封锁墙，我们把他要踏平，扩大解放区，准备胜利大反攻。②

---

① 晋冀鲁豫边区教育厅. 地理课本(高级・第三册)[M]. 太岳新华书店，1943：19—20.

② 晋察冀边区教育厅委员会. 战时新课本：国语常识(第六册)[M]. 振华印刷厂，1945：24.

课文鼓励边区身体好的男性都去参军，冲到最前方去保家卫国，努力取得抗战胜利。文登县《新编初小国语课本》第六册第六课《救亡民歌》里面好几首民歌都鼓励人们要上战场杀敌、保家卫国，而第七课《送出征勇士歌》更是写出当时我们除了抗战别无退路，第三课《我在前线等候你们》更具有号召力和感染力：

> 朋友们！国难严重了，有志气的男儿，都要上战场去抗敌，我在前线上等候着你们！
>
> 朋友们听吧：战马已在长嘶，炮声已在雷鸣。朋友们看吧：血泊中已飘浮着为国牺牲者的尸身，荒郊中已堆满了为国牺牲者的血骨。朋友们，快来吧！马革裹尸，才是大丈夫的气概；投笔从戎，才是好男儿的本色——我们要有这种勇敢的精神。
>
> 朋友们，努力吧！磨亮我们的钢刀，擦好我们的枪尖，照着敌人的头颅砍去，对着敌人的胸膛射击！我们是国家的先锋军，我们是国家的敢死队，国家全由我们来挽救！朋友们，快来吧！我在前线上等候着你们。①

中国共产党通过教科书，号召一切抗日组织积极地援助军队不断动员人们积极参加军队，号召替军队运输粮食。教科书还动员群众展开袭击运动、侦察敌情、清除奸细、运送伤兵和保护伤兵，直接或者间接地帮助军队作战。② 一时间，群众参战热情被激发出来，边区人民以不同形式支持抗战，积极支援前线，形成了“母亲叫儿打东洋，妻子送郎上战场”的参军热潮，“好男儿勇敢上前线”的吼声激荡在抗日根据地。以教科书为载体的宣传教育，有力地保证了抗战急需的兵源，实现了最广泛的抗日军事动员。

---

① 文登县小学教本编审委员会．新编初小国语读本（第六册）[M]．文登县小学教本编审委员会，1938：5—6.

② 毛泽东．毛泽东选集（第三卷）[M]．北京：人民出版社，1966：942.

第五章　革命根据地中小学教科书抗战社会动员的效果与评估

革命根据地中小学教科书从政治、经济、文化和军事等多方面实施了抗战社会动员。这种社会动员产生了积极的效果，主要表现在为抗日战争的胜利提供了舆论支持，巩固和加强了中国共产党的领导，全面促进了抗日根据地的生产发展，显著提升了根据地群众的文化水平，培养了众多为抗战和建设服务的新型知识分子。这种社会动员在目标上有典型的为民性，在内容上有明显的针对性，在形式上有独特的时代烙印，在时间上是持续推进的过程。

时至今日，中国共产党通过中小学教科书进行抗战社会动员的历史经验仍然值得借鉴。

第一节 革命根据地中小学教科书抗战社会动员的效果评析

抗战时期革命根据地的中小学教科书，承担起抗战社会动员的任务，为抗日战争的胜利提供了重要的舆论支持，为根据地的生产发展提供了重要支援，提升了边区人民的文化水平。同时，通过中小学教科书的宣传教育，边区群众的思想得到了改造，对中国共产党的认同感也进一步增强。抗日根据地教科书在第二次国内革命战争时期苏区教科书的基础上不断发展和完善。经过多年的实践，中国共产党成功探索出一条通过中小学教科书进行社会动员的道路，并在以下几方面产生了积极的社会动员功效。

一、为抗日战争的胜利提供舆论支持

革命根据地中小学教科书，为争取抗日战争的胜利提供了政治、经济、文化和军事等全方位的舆论支持。在马列主义、毛泽东思想的正确引领下，中国共产党带领全国各族人民建立了最广泛的抗日民族统一战线。全国人民齐心协力，打败了日本侵略者。抗战时期，中国社会最主要的矛盾是民族的矛盾而非阶级的矛盾。因此，抗日根据地教育和教科书，与苏区教育和教科书存在一定的差别。抗日根据地以教科书为教育的核心载体，将中国共产党的各种政策进行了宣教，产生了广泛而深入的社会动员效果。在抗日根据地建立以前，农村地区相对闭塞落后，固守着几千年流传下来的封建思想，难以支持抗日活动。民众通过自残和逃逸来躲避兵役屡见不鲜，缺乏国家意识、民族意识的人也很多。因此，把广大人民群众动员起来，积极投身于革命洪流之中就显得尤为重要。这就需要提高他们的思想觉悟和军事水

平，告诉他们为什么要抗战、怎样抗战。中国共产党要让民众坚信只有建立全民族抗日统一战线，只有持久战，才能使侵略者陷入人民战争的汪洋大海中无所遁形，才能克服一切困难，最终打败侵略者。这种社会动员需要多种手段共同作用，学校教育以及边区学生面对的教科书就成为非常重要的动员载体。

抗日根据地教科书营造的舆论场极大地支持了抗战活动。毛泽东反复强调："动员群众要靠报纸书册，靠学校……而且一次不够，必须经常动员。"[①]一场广泛而深刻的社会动员显得尤为重要。在教科书方面，教学内容具体体现了教育为抗战社会动员服务的宗旨，增强了人民群众的抗战意识。而教科书中通俗易懂的句子，口语化、歌谣化、乡土化的表达，不仅使反映抗战的课文读起来朗朗上口，而且降低了学习的难度，使得边区学生更容易接受，使得我党的抗战政策能顺利渗透进边区群众的心中。如"优待抗属"是非常好的一项政策，这项政策的宣讲通过各种方式进行，教科书也以各种方式呈现对"抗属"的照顾，给予抗战家属的各种实惠和看得见的优待政策，课文多次提到儿童放学后踊跃到抗属家中做家务、去田间义务劳作等帮助"抗属"的实际行动。

边区教科书还通过表彰先进典型人物，激励人们的抗战热情，不仅有众人皆知的领袖人物，还有默默无闻为抗战作贡献的平民的事迹，如模范英雄"炮弹王"甄荣典，作为很平凡的兵工厂工人，他在危险的炮弹生产工作中争分夺秒，发扬不服输的精神超额完成任务而被称为"炮弹王"。通过教科书的形象塑造和有力宣传，中国共产党及其所领导的军队得到了边区群众的广泛认可。通过教科书可以看出，人民军队纪律严明，不拿群众一针一线。老百姓在八路军、新四军离开驻地时热泪盈眶、依依不舍的情景便是社会动员落到实处的生动写照。除此之外，抗日根据地教科书中不断宣传着"三三制"，团结了一切能团结的抗日力量，巩固和发展了抗日民族统一战线。中国共产党利用教科书对边区群众发起的社会动员，壮大了革命的队伍，巩固了根据地政权，为夺取抗战最后的胜利奠定了基础。

---

① 孙绪闻，费志杰.论抗战时期中国共产党的国防动员工作[J].知与行，2016(2).

在根据地的发展历程中，教科书的社会动员效应也逐渐显现出来。抗战时期，根据地内的信息相对闭塞，边区群众获取信息的渠道非常有限。教科书是非常重要的信息载体，有着最大的受众群体。因此，通过教科书来动员边区群众就显得非常重要。运用教科书对他们进行思想政治动员，可以起到潜移默化的影响。正如毛泽东所言："政治上动员军民的问题实在太重要了，实在是没有这一点就没有胜利。"①教科书成为宣传中国共产党、激励人们积极抗战的重要载体，为抗战取得胜利发挥了不可替代的作用。

正如有学者研究指出，教科书拥有不可抵抗的强大力量，它所传播的思想最能深入人心。② 尤其是在战争年代，教科书的政治动员功能更加明显。抗日根据地教科书旗帜鲜明地以"抗战"为核心，召唤着人们向抗战靠拢。同时，教科书本身在中国传统文化中就具有较高的地位，加上抗战特殊形势的渲染，其社会动员效果成倍放大，其导向性和号召力明显增强。因为教科书的发行量巨大，比一般的图书文本有更多的读者，其影响和辐射更加广泛。大量的教科书发行，伴随着大量的教科书读者，一本教科书影响一个学生，一个学生影响一个家庭，一个家庭影响一个乡村，一个一个的乡村最终影响了整个根据地。教科书的特质使得教科书的价值，在特殊的抗战年代，有效地凸显出来，其动员和宣传效应，明显强于其他的文本。

中国共产党敏锐地意识到了这一点，并将教科书的编写当作了"边区事权"。从中国共产党的领袖到普通教师，都积极推进教科书的编写、使用和改革，"充分运用教科书作为宣传抗战思想，激发爱国热情，传播共产党政策的有效工具"。③ 从这个层面来看，抗战时期的教科书充当了舆论中介的作用，有效地宣传了抗战，为抗战的胜利提供了强大的舆论支持。

二、巩固和加强了中国共产党的领导

中国共产党的领导地位是在历史的发展中不断得到巩固和加强的。在带领全国人民进行抗日战争的历程中，广大人民群众通过学校教育和教科

① 毛泽东. 毛泽东选集(第二卷)[M]. 北京：人民出版社，1991：513.

② 石鸥. 课本也抗战——国防教科书研究[J]. 河北师范大学学报(教育科学版)，2015(5).

③ 石鸥，吴驰. 中国革命根据地教科书的政治宣传效应[J]. 教育学报，2011，7(3).

书的学习，逐渐接受了中国共产党的政治主张，认同了中国共产党的领导，将教科书中的内容和边区的现实生活进行关联，印证了中国共产党的主张，证明了中国共产党主张的科学性和合理性，这又进一步巩固和加强了中国共产党的领导。由此可以看出，学校教科书在边区群众认同中国共产党领导方面起到的动员作用，这一作用伴随着抗日战争的进行而逐步加强。

敌后抗日根据地在残酷的战争环境下，军民一致，上下一心。在中国共产党的领导下，根据地学校教育制度逐渐完备，教育教学方式有所创新，课程教材也在一定程度上得到了保障。这种特殊时期的教育和教科书形成的社会动员，沉重地打击了敌人，教育了人民，传播了中国共产党的思想，树立了中国共产党的威信，巩固和加强了中国共产党的领导。因此，中国共产党充分利用教科书展开政治动员，在提高广大人民群众的识字水平和认知水平的同时，有效树立了党的形象和威望，激发了广大民众的革命热情，提高了人民群众的政治觉悟和积极性，赢得了广大人民群众的信任和支持，为党聚集革命力量和中国革命的最终胜利奠定了坚实的基础。

在中国共产党的领导下，抗日根据地教育部门对教科书进行了适时改编。党在教材编撰过程中贯彻群众路线，同时理论联系实际，对学校进行有意识的改革，生动活泼地开展教学活动。教科书的内容注重培养边区群众爱国主义精神和民族意识，使得边区群众更加认同和拥护中国共产党。此外，抗日根据地的干部教材、社会教材和普通学校教材都有较大的改变。在群众路线的指引下，中国共产党对办什么学校、学什么内容、用什么方法有了更加深刻的认识，根据边区实际情况，不断进行调整，满足边区社会的现实需要。为了推动边区教材的变革，从中国共产党的领袖到中小学教材编撰者，都坚持“从群众中来，到群众中去”的做法。毛泽东就曾多次对陕甘宁边区教科书的编写工作作出指示。各根据地及时总结经验，同时互相借鉴，防止教科书的编写出现偏差。正是中国共产党这种求真务实的做法，进一步提高了边区教科书的质量，使教科书中宣讲的内容更容易得到群众的认可，提高了中国共产党在群众心中的地位。

通过教科书的社会动员，根据地的民众更加拥护中国共产党，践行中国共产党的各项的主张，愿意全身心地投入到抗战中来。这不仅有利于根据地红色政权的稳固和扩大，也有利于凝聚人心，推动全民族抗战，为抗战胜利提供有力的保障。

三、全面促进了抗日根据地生产发展

抗日战争是一个长期的、持久的战争，没有经济的支持就无法坚持下去。在经济十分落后的抗日根据地，发展经济就显得尤其重要。抗日根据地教科书尤其重视选入经济内容，全面宣传根据地的经济政策，号召开展大生产运动。抗日根据地教科书全面促进抗日根据地生产发展主要表现在以下两方面：

（一）为抗日根据地经济发展提供了智力支持

毛泽东曾明确指出："战争不但是军事和政治的竞赛，还是经济的竞赛。"[①]为了让共产党在经济的竞赛中能够胜利，教科书提供了源源不断的经济动员力。革命根据地中小学教科书的社会动员促进了根据地经济的发展，尤其表现在为根据地经济发展提供的智力支持。例如，减租减息、扶助农民大生产等惠民政策让农民拥有了自己的土地，这是农民最大的心愿，他们从这些惠民政策中感受到了幸福，生产的积极性更高了。诚如王稼祥所说："凡是减了租的地方，广大劳动人民的抗战热情和生产积极性都大大增强了。"[②]大生产运动大幅度地提升了革命根据地的农业发展水平。根据地的粮食产量逐年增长，人民群众的生活也得到了改善。

中小学教科书还以大篇幅传播农业经济中农作物的种植、基本牲畜的养殖技术，工业经济中家庭手工业和合作社的鼓励措施，商业经济中基本的买卖流通知识等。在那样一个知识匮乏的年代，大部分的人民都是依据经验来行事。但是，经验也是因时因地而变化的，不具备普遍性。这时候薄薄的一本教科书中涵盖的工业、农业和商业方面的内容，犹如生产指南一样帮助着边区人民，传递着最为准确和及时的信息。无论是大的经济方针政策，还是经济生产、日常生活方面的细节，教科书通过薄薄的纸张传递着便捷的

---

① 邓光荣，王文荣.毛泽东军事思想辞典[M].北京：国防大学出版社，1993：58.

② 军事科学院军事历史研究部.中国抗日战争史（下）[M].北京：解放军出版社，2015：96.

方法，极大地提高了劳动生产效率，为抗战胜利提供了经济发展的智力支持。

(二)推动了抗日根据地经济的发展

革命根据地大多是在交通相对闭塞的山区，而且各个根据地面积较大、地域宽广。为了与革命根据地的实际情况相契合，中小学教科书都是选择反映地方特色又不失趣味的、能调动学习积极性的内容。除此之外，各个革命根据地的教科书并没有规定统一的教学模式，其目的就是创造条件，让每个适龄儿童都有机会学习。我们可以从抗日根据地教科书中看到搞卫生、记账、种植技巧、制作肥料等有关农业生产的内容，以及钱的换算、计量单位之间的关系、商品加减乘除运算等有关商业贸易的内容。将这些常见的经济生活中的学习内容，以儿童能够理解的形式出现，激发了学生对经济知识的学习兴趣，让学生在学得基本知识的同时，也能了解自己所在的地方，知道怎么合理利用现有资源再结合所学来发展生产。尤其重要的是，学生不是在学校学完就结束了，而是通过“小先生制”，把自己学到的经济知识口耳相传地讲述给家人甚至更多人，将智慧的火花撒在辽阔的革命根据地，让教育不再局限在学校课堂上。中小学教科书成为大生产运动的媒介，推动了抗日根据地经济的发展。

四、显著提升了边区人民的文化水平

抗战时期革命根据地教科书用抗战文化凝聚边区群众。通过教科书的宣教，边区群众形成了一种高度认同的抗战文化共识。这种文化共识的达成，有利于形成一致的行为方式，也有利于改变人民的生活方式、话语模式，形成共同的精神文化，最终提高文化水平，实现文化动员的目标。

(一)抗日根据地教科书的文化宣讲，提升了边区群众对中国共产党红色文化的认知

前面我们已经提到，抗日根据地教科书是在土地革命战争时期苏区教科书的基础上进一步发展而来的。苏区教材在文化熏陶方面已经积累了丰富的经验，指向了“共产主义”文化，指向培养“苏维埃革命斗争的新后代”，号召儿童“努力共产”“努力革命”。如 1930 年 5 月，苏区出版的《红孩儿读

本》,以及之后出版的《共产儿童读本》《苏维埃课本》等都打上了鲜明的红色文化烙印。

全面抗战期间,陕甘宁边区群众的文化水平随着边区教育的开展不断提高,红色文化进一步渗透到边区群众的生活之中。抗日根据地教科书在内容主题和编撰形式上随着抗战进入不同阶段而有针对性地改变。全面抗战初期,中国共产党建立了正规化的教育制度。抗日根据地教科书为符合教育正规化的需要,从内容到形式都做了相应的变革。为了凸显红色文化和乡村文化的精神内核,教科书在内容的选择上与本土经验紧密结合,与马克思主义、毛泽东思想紧密结合。通过教科书的宣讲,红色文化和乡村文化浸润到学生的心里。教科书通过不断修订或重编,来调整文化的导向,并且产生了极其重要的影响。人们对红色文化的认知也经由教科书而传播到边区社会的各个角落,逐渐深入边区群众的头脑。

(二)抗日根据地教科书普及了文化知识

传统农村无论是社会环境还是人文环境都相对闭塞,农民的思想落后、保守,他们通常日出而作、日落而息,缺乏对周边环境的认识。有些“农民还穿着明朝时代的服饰,直到民国十八年才知道天下是变成‘民国’了”,①某些民众到了抗战还不知道日本是个怎样的国家,日军打到哪个地方了。农村社会带有浓浓的血缘和地缘烙印,绝大多数农民都被繁重赋税束缚在土地上。农村文盲率非常高,使得基本的文化知识都很难普及。随着抗日战争的爆发,民族危机的加深,国家面临着亡国灭种之险。中国共产党深入到人民群众之中,通过根据地教科书的宣教,给守旧封闭的农村注入活力。抗日根据地全面废除了以前不合时宜的课程和内容,新的文化知识被植入教科书。例如,在教科书中加入与军事战争相关的知识元素,增加队列队形、枪炮射击、战略战术等知识,传授学生游击战法;在数学课本中加入“手榴弹”“子弹”“迫击炮”等的计算;在历史课本中揭露日本帝国主义为侵吞中国在各个时间段所犯下的滔天罪行;在国防国语课本中宣传各类先进典型人

① 李军全.军事动员与乡村传统:以晋察冀抗日根据地优待抗属为例[J].历史教学,2011(2).

物，普及“防奸”“挖战壕”“躲防空洞”“五不教育”等知识。此外，教科书中还有大量的农村生产生活知识，这种知识学习与抗战紧密结合。通过这些知识的学习，学生不仅提高了文化水平，而且增强了应战能力。

通过对教科书中知识的学习，边区儿童、妇女的文化水平都有所提高。正如1945年晋察冀边区战时新课本《国语常识》第六册第三十八课《学习计划》中所述：

> 青年妇女班全体十天的学习计划是：一、写仿：每天一盘，共十盘。二、认字：每天认生字两个。三、了解问题：所讲过的，讨论过的问题，保证记住大意，了解到十分之七。学会一个歌儿。透过这篇课文我们能了解到，边区妇女不再作为男人的附属品，而是抗日中不可或缺的群体。她们努力学习，积极提高文化水平，以自己独特的魅力创造着价值，为抗战作着力所能及的贡献。

在抗日根据地教科书中，随处可见的抗战知识、生产生活知识、基本读写算知识等，对提高普通群众的文化知识水平有着极其重要的作用。只有让边区群众提高文化水平，才有可能读书看报，才有可能接受中国共产党的宣传教育，才有可能更好地开展农业生产，才能有效地躲避敌人的军事袭击。我们抗日战争的胜利，除了需要一直能够英勇作战的军队，也需要一群通情达理的群众，更需要有文化的政党做支撑。

总之，边区人民文化水平的提升，是多种因素共同作用的结果。其中，教科书起到了基础性作用，它把文化知识撒播到了边区的各个角落，使得边区人民脱离了文盲队伍，在文化水平上有了一个显著的提升。

五、培养了众多为抗战和根据地建设服务的新型知识分子

在全面抗战的八年时间里，抗日根据地各类学校通过课程和教材培养出了一大批具有民主意识、拥护中国共产党、在抗日民族统一战线的大旗下为新民主主义事业奋斗的新型知识分子。毛泽东指出：“一切比较完全的知识都是由两个阶段构成的。第一阶段是感性知识，第二阶段是理性知识，理

性知识是感性知识的高级发展阶段。”①抗日根据地的知识分子的培养恰好经历了这两个知识发展阶段。他们先接触实际工作,然后再学习书本知识。

抗战时期革命根据地的学校教科书,尤其是高级小学和中学的教科书,其内容除了为升学服务之外,有很大一部分是为培养干部服务。当时抗日根据地的干部,大体由两部分人员构成,一部分是从工农群众中提拔的干部和土地革命时期的红军干部,还有一部分是从国统区过来的知识分子以及根据地已有的知识分子。这些知识分子要成长为干部,都必须经过一段时间的学习,以提高自身的文化科学知识和理论水平。抗日根据地的高小毕业生和中学毕业生,有一部分直接充实到干部队伍中。抗日根据地教科书的编撰者、讲授者和学习者,不断成长,成为解放战争时期乃至中华人民共和国成立后社会各界的中坚力量。

抗日根据地教科书包含着大量的马克思主义和中国革命的道路等内容,意在改造学习者的人生观、世界观和价值观,让他们能够从理论上弄清楚中国革命的道路和前进的方向,然后将理论和实践进行结合,运用到抗日实践之中。教科书引导学习者在实际工作中学习,解决现实中的问题,引导他们参加生产劳动,培养同情劳动人民的情感。教科书成为推动理论知识学习和社会生产实践的重要指引,这是整个教育环节中非常重要的一环。因此,可以这样说,抗日根据地广大新型知识分子的培养过程就是教科书知识学习和社会实践相结合而共同促进的过程,也是理性知识(书本知识)和感性知识(边区实践)相结合的过程。在这个不断摸索和结合的过程中,抗日根据地借助教科书培养了一大批德才兼备的干部,不仅满足了抗战的需要,而且为今后各条战线培养了大批合格的人才,也在一定程度上解决了解放战争和新中国储备干部的问题。

抗日根据地教科书的编撰者主要包括本地知识分子和从国统区转移至抗日根据地的知识分子。这些知识分子在教科书的编撰过程中,不断吸收和借鉴马克思主义理论,将马克思主义和毛泽东思想融入边区教科书的内容之中。在全面抗战时期,教科书曾多次改编修订,每一次改编修订都是对

① 毛泽东. 毛泽东选集(第三卷)[M]. 北京:人民出版社,1966:818.

编撰者思想的洗礼。这一批参与抗日根据地教科书编撰的知识分子，大部分成长为解放战争时期和新中国成立后教育领域的骨干力量。例如，陕甘宁边区教科书的主要编者董纯才，为抗日根据地教科书的编撰作出了重大贡献，新中国成立后担任了教育部党组书记、副部长，兼任中央教育科学研究所所长，为中国教育事业发展倾尽了全力。他作为国统区到根据地来的知识分子，从编教科书开始起步，最后成长为一名马克思主义者、一名坚定的共产主义战士、一名新型的知识分子，这也体现了教科书本身的力量。除了董纯才，还有辛安亭、皇甫束玉等一大批知识分子，最后都成长为新中国教育事业的中坚力量，为新中国教育事业的发展作出了重要贡献。

第二节　革命根据地中小学教科书抗战社会动员的特点剖析

一、教科书抗战社会动员在目标上有典型的为民性特征

革命根据地中小学教科书的抗战社会动员，是在中国共产党的领导下实施的，抗战社会动员目标的为民性是这一社会动员最重要的特征之一。抗战时期，国民党政府也通过一系列手段开展了社会动员活动。但是，国民党政府的社会动员，从根本上看不是为民的，而是充满了两面性、矛盾性，是为了巩固国民党政府的独裁统治，代表着大地主、大资产阶级的利益，遵循着片面抗日的路线，从事着反共、反人民的勾当。国统区的教科书中亦表现出这种片面抗战和反共、反人民的思想。与之形成鲜明对比的是，中国共产党领导下的抗日根据地的社会动员鲜明地体现出了为民性的特征，广泛地发动人民群众，其根本出发点和归宿是为了中华民族和中国人民的根本利益。这种为民性主要表现在以下几方面。

（一）中国共产党领导下的革命根据地教科书抗战社会动员，是为了反抗日本的侵略、争取民族解放的社会动员

中国人民抗日战争是中国人民反抗日本帝国主义侵略的正义战争，也是中国近代以来取得完全胜利的民族解放战争。革命根据地教科书的抗战社会动员不同于以往任何时期的社会动员。19 世纪末 20 世纪初，清政府为了维护腐朽的统治，对学校教科书进行了彻底的变革，废除了科举制度，作为学校教科书的“四书五经”被新式教科书所取代。虽然学校教科书的内容开始西化，新式学堂教科书如国语、算术、格致、修身等课本陆续出现，但是清末教科书变革的根本目的还是为了维护摇摇欲坠的清政府的统治。因为这种变革不是为了民族解放的大义，也不是为了劳苦大众，所以最终还是以失败收场。国民党政府组织编写的教科书，同样是为了维护国民党的一党专政，代表的是大地主、大资产阶级的利益，而将中华民族的根本利益丢在了一边。只有中国共产党领导的抗日根据地的教科书，将民族大义放在首位，充分体现为民性的特点。革命根据地的教科书，以抗战为首要任务，将民族解放的大义熔铸进教科书，这是革命根据地教科书抗战社会动员为民性的重要方面。

（二）中国共产党领导下的革命根据地教科书抗战社会动员，是为了全面提高人民整体素质而进行的社会动员

革命根据地教科书所进行的抗战政治、经济、文化和军事动员，都是为了提高人民的整体素质。要想让广大农民接受新思想、支持抗战，必须提高他们的整体素质，包括政治素质、军事素质、文化素质等，这样他们才会有民主政治意识，才会愿意接受新式教育，才有可能产生政治认同。由于文化素质的提高，边区人民对中国共产党的各项政策由怀疑慢慢变成接受，最后全力支持，从而进一步提高了边区人民的政治参与意识，促进了边区抗战事业的发展。因此，革命根据地教科书社会动员以提高边区人民文化素质为己任，这也是它为民性的体现。

（三）中国共产党领导下的革命根据地教科书抗战社会动员，是为了满足广大人民群众利益需要而进行的社会动员

一个政党要赢得人民的支持，必须给予广大人民看得见的利益，其中最

重要的是物质利益。人民群众是否愿意学习中国共产党组织编撰的抗日根据地教科书、接受教科书中的宣教，最终还要看，通过这些教科书的学习，是否能够给边区群众带来切身的利益，是否能让边区群众的生活变得更好，是否能够帮助群众解放和发展边区的生产力。正如毛泽东所言："中国一切政党的政策及其实践，在中国人民中所表现的作用的好坏、大小，归根到底，看它对于中国人民的生产力的发展是否有帮助及其帮助之大小，看它是束缚生产力的，还是解放生产力的。"[①]抗日根据地教科书集中传播抗战思想，并且在内容的选择和话语方式上与根据地人民密切结合，传播与人们生活密切相关的生产生活知识，教会边区人民记账、农作物的种植和栽培、如何躲避敌机轰炸、如何防毒，同时还宣传优待抗属、救济事业、垦荒赈灾、保护工人农民的权益、参与边区民主选举等。通过这些教科书的学习，边区人民的生产效率提高了，生活水平改善了，并且能直接参与边区社会治理，成为边区的管理者。这充分体现了抗日根据地教科书的为民性。

为民性决定了向心力，历史已经证明，社会动员主体在多大程度上代表最广大人民群众的根本利益、在多大程度上体现出为民性的特点，它就能够在多大程度上吸引和凝聚广大人民群众，就能在多大程度上取得最终的胜利。

二、教科书抗战社会动员在内容上有明显的针对性

教科书抗战社会动员在内容上具有明显的针对性。这种针对性集中表现在：针对抗战，凡是拥护抗战者、促进抗战者，在教科书中就给予肯定和支持，动员人民向他学习；针对边区社会生产生活，教科书的内容满足了边区农民的现实需要；针对使用主体（即学生）的身心发展的需要，教科书用通俗易懂的话语，保证边区学生对动员内容能够有效领会，提升动员的效果。

（一）针对抗战，从政治、经济、文化、军事等方面全面开展动员

教科书抗战社会动员的内容主要是针对抗战，凡是支持抗战者，在教科书中就予以肯定和宣传；凡是破坏抗战者，在教科书中就予以否定和打击。

① 毛泽东.毛泽东选集（第三卷）[M].北京：人民出版社，1991：1079.

例如，国民党政府在全面抗战初期，积极支持抗战，维护抗日统一战线，边区教科书就积极体现国民党的抗战行动，但是随着抗战形势发展，国民党政府越来越表现出抗战的软弱性，全面抗战的决心开始动摇，尤其是皖南事变爆发后，更突显出国民党政府的反动统治以及不愿意真实抗战的意图，因此，边区教科书中对国民党的所作所为进行全面的揭露。又如一些地主、民族资产阶级积极投身抗战，为抗日民族统一战线作出积极贡献，边区教科书中对他们的行为给予了肯定和支持。由此看来，边区教科书社会动员主要是针对抗战，而不拘泥于阶级、党派，这样团结了一大批可以团结的对象，维护了抗战的力量。

此外，抗日根据地教科书的内容设计，围绕抗战的大主题，从政治、经济、军事、文化等各个方面展开。通过前面章节的分析我们可以看出，全面抗战时期中小学教科书内容的特点，与其他时期的显著不同就在抗战内容的融入方面，而这种抗战内容的融入是全方位的、整体性的融入，是实施抗战教育的大前提下的融入，因此，不论是政治、经济，还是军事、文化，全面体现了“为了抗战胜利”的特点，这种内容特色是其他任何时期教科书所不能比拟的，也正是教科书的编者，将抗战作为了首要任务，全方位地开展教科书的抗战社会动员，这种社会动员内容具有极强的针对性，内容特色非常突出，进一步保证了抗战社会动员的效果。

（二）针对边区生产、生活实际

教科书抗战社会动员内容的针对性还表现为针对边区的生产、生活实际。抗日根据地教科书如果仅仅只是空洞的宣教，或者强插一些抗日的内容，而不关注边区的生产、生活实际，那么这种抗战社会动员的效果就会大打折扣，甚至还有可能起到负面的作用。例如，为了与生产生活实际相联系，陕甘宁边区的高小自然教材，就打破了城市取向的教材编撰模式，农村生活成为主角，风雨雷电等自然现象、实用卫生知识以及边区的农业生产和畜牧改良等成为教科书中的重头戏，而单纯的机械、电学等学科知识相应减少。① 又如边区的算术教科书，也完全从边区生产生活的实际出发，利息、

① 辛安亭. 教材编写琐忆[M]. 西安：陕西人民出版社，1981：11.

钟表等计算内容减少，而边区实际用得多的百分数、不规则面积计算增加；语文教科书结合实际，破除迷信，改进生活习惯，如提倡不喝生水、不吃烂香瓜、不吃青毛杏等，这些都是与边区生活紧密结合。[①] 因此，为了更好地实现抗战社会动员，教科书的内容也必须精挑细选，以是否有利于边区的社会生产和日常生活为标准。凡是有利于边区生产提高、生活提质的内容应该尽量选入教科书，凡是与边区生产脱节、生活无关的内容，就要尽量剔除出教科书。这是因为教科书的容量有限，也就是在内容分量一定的情况下，尽量使得教科书的内容与生产、生活相关。

（三）针对学生身心发展的特点

任何文本都需要考虑阅读者的接受能力。教科书作为一种特殊的文本，其目的是促进学生心智的发展，满足社会现实的需要。因此，教科书更需要考虑学习者的接受能力。抗日根据地教科书的编撰者，非常明确地意识到了，教科书的内容需要遵循学生身心发展规律，因此在教科书编写以及改编时都有意识考虑学生身心发展的差异。全面抗战初期，特别是 1938 年所编的教科书，因为对学生身心发展水平考虑不够，还招致较多的批评。[②] 因此，编撰者在后续的改编中，对不符合儿童身心发展规律的内容进行了及时的纠正，使得教科书既符合抗日政治的需要，同时又体现学科特点和学生身心发展的规律。

边区教科书抗战社会动员针对抗战、针对边区生产生活和针对学生身心发展的特点三方面是互相联系，并行不悖的。因为只有内容上和群众生产生活密切相关，与学生身心发展的规律相适应，才能得到学生及其家庭的认可，抗战动员的效果才会有保证。否则，如果教科书中单单只是一些抗战的文件、政策法规汇编，而不考虑边区生活实际和学生身心发展的实际，那么教科书的抗战社会动员就会失效。

---

① 辛安亭. 教材编写琐忆[M]. 西安：陕西人民出版社，1981：10.

② 中国延安精神研究会. 教育工作史[M]. 北京：中央文献出版社，2016：76.

三、教科书抗战社会动员在形式上有独特的时代烙印

(一)教科书抗战社会动员的话语形式具有独特性

教科书抗战社会动员有一套独特的话语体系——“乡村话语”。乡村话语使得教科书社会动员更具实效,同时也为教科书抗战社会动员打上了独特的时代烙印。话语是后现代哲学中的一个重要概念,法国哲学家福柯把话语当作一种“推理的实践”。① 他在《知识考古学》一书中,将“话语”定义为“隶属于同一的形成系统的陈述整体”。② 福柯认为话语能够反映社会实体,能够描述社会关系,话语自身也构成了社会实体与社会关系,由于话语的不同,而将人们置于不同的社会主体地位。③ 而德国哲学家哈贝马斯将话语理解为一种态度,认为“话语是对待社会协作的一种态度”。④ 因此在哈贝马斯那里,话语就是一种交往行为。法国哲学家保罗·利科则认为“话语是意义加事件”,⑤话语的基本单位是句子而不是单个的符号,他把句子视为一个完整的事件,而事件有自己的意义。

“乡村话语”是“话语”的子项,它包含了“话语”的基本特征,同时也有它特有的所指。我们把“乡村话语”看作一套言说方式,这套言说方式的对象指向乡村学生,言说的内容集中承载着乡村社会的朴素价值观念、行为习惯、生产生活方式等,并且以乡民易于理解的形式呈现。“乡村话语”广泛存在于抗日根据地中小学教科书之中,并且其作为抗战时期根据地的主流话语,比较容易被人们所理解和认同,不需要再做一次认知的转化,因而具有“前理解”的特性,也就是德国哲学家海德格尔所阐释的“先行具有、先行看见及先行把握”的特征。⑥ 另外,这种话语也是一种群体社会的集体记忆,

---

① 王治河. 后现代主义辞典[M]. 北京:中央编译出版社,2004:63.

② 〔法〕米歇尔·福柯. 知识考古学[M]. 谢强、马月译,北京:生活·读书·新知三联书店,2003:118.

③ 〔英〕费尔克拉夫. 话语与社会变迁[M]. 殷晓蓉译,北京:华夏出版社,2003:3.

④ 〔德〕哈贝马斯. 交往行动理论——行动的合理性和社会合理化[M]. 洪佩郁、蔺菁译,重庆:重庆出版社,1994:128.

⑤ 徐友渔等. 语言与哲学——当代英美与德法传统比较研究[M]. 北京:生活·读书·新知三联书店,1996:202.

⑥ 〔德〕海德格尔. 存在与时间[M]. 陈嘉映、王庆节译,北京:生活·读书·新知三联书店,1987:185.

凸显出鲜明的时代特色。①

“乡村话语”体系是抗日根据地中小学教科书文本书写的显著特征。这种“乡村话语”教科书文本的意义由两部分构成:一部分是在教科书中公开的、明示的、语言文字本身直接表达的意义,被称为表层意义世界,这一部分可以借助于对语言文字的理解和对语法、句法结构的分析来把握;另一部分是教科书语言背后所内隐的、镶嵌或附着在文字背后的深层意义世界,它构成了文本的“意义场”,需要通过“意会”“领悟”来把握。② “乡村话语”作为一套言说方式,它或直接或隐蔽地嵌入到抗日根据地教科书中,使得这一时期的教科书能够为边区人民所接受,并迅速地赢得了他们的支持,增强了教科书抗战社会动员的效果。换句话说,这种“乡村话语”的教科书适应了当时特殊时代的需要,易于边区人民接受,起到了社会动员的效果。

(二)教科书抗战社会动员实现形式的独特性

教科书的抗战社会动员是在极其艰苦的条件下进行的,具有鲜明的时代烙印。众所周知,抗日根据地的经济十分困难,纸张、油墨以及印刷工具都非常缺乏,许多教科书用土纸、毛头纸印刷,甚至一本教科书要由杂色纸、杂色油墨印刷而成,有些甚至是手抄版本。这使抗战时期教科书的外观形式,明显区别于其他时代的教科书,具有极高的辨识度。为了延长教科书的使用寿命,人们把一学期的教科书分两册印刷,以保证教科书不至于完全破损。为了最大限度地发挥教科书的作用,在无法保证人手一册的地区,教科书首先满足教师使用,如教师要离开学校,需将教科书妥善传给接替者。教科书的这种社会动员在形式上看是直接作用于学生的,但是关联性地辐射到了教师和边区每一个家庭。这种连锁反应是如此的显著和激烈,以至于成为边区教科书社会动员的一个显著特征,具有鲜明的时代烙印。

---

① 马光亭.乡村话语与观念、记忆——以苏北倚宿村送活殡事件为例[J].西北民族研究,2007(3).

② 刘丽群.从语言到话语:教科书文本分析的话语转向[J].教育学术月刊,2014(6).

四、教科书抗战社会动员在时间上是持续推进的过程

以抗日根据地教科书为中介发起的抗战社会动员是一个持续性的过程。这个过程中的社会动员随着抗战形势的变化而适时调整，并且始终是较为有序地推进的。

全面抗战的八年时间里，教科书抗战社会动员在教科书的政策制度和文本内容两方面都体现出了持续性的特征。从教科书的政策制度上看，抗日根据地教科书的顶层规划一直强调“以抗战为中心”，实施“抗战教育”，在抗战的大框架下进行，其主要目的是为抗战作贡献，赢得人民的认同。因此，教科书持续关注抗战的现实，同时在内容上密切联系群众，增强了人民夺取抗战最后胜利的信心和勇气。此外，抗日根据地教科书还密切关注抗战形势的变化和边区思想变化，在抗战的不同阶段，持续调整以适应不同阶段动员的需要。结合战略防御阶段、战略相持阶段和战略反攻阶段的不同战争形势，教科书内容不断改编更新，一方面符合战争发展形势的需要，另一方面将一些中国共产党的新的政策融入教科书之中，适应政治、经济、文化变革的要求。

总体上看，教科书抗战社会动员是持续且有序地推进的。中国共产党领导下的抗日根据地教科书，把握抗战形势的变化和群众情绪的变化，找准各个不同时间段抗战最核心的任务，围绕党的政策路线持续地宣传和动员边区群众，及时地引导群众的思想和行动朝着预期的目标前进，从而保证了中国共产党抗战社会动员的效果。

第三节　革命根据地中小学教科书抗战社会动员的经验教训

列宁曾指出，要想建立共产主义教育，就必须批判地吸收人类一切知识

的总和。毛泽东也曾提出过"古今中外法"。抗日根据地教科书的编撰经验，以及利用教科书进行社会动员的做法，值得我们学习和借鉴。虽然抗日根据地教科书和当下新时代教科书是出于两个不同的阶段，但是不可否认的是，它都是在中国共产党领导下的教科书实践，其中必然有一些相通之处，有值得借鉴的宝贵经验，需要我们很好的继承和发扬。

一、重新认识教科书作为社会动员工具的重大价值

教科书，不仅仅只是知识的载体，它更是社会动员的重要中介。通过抗战时期革命根据地教科书的研究，我们强烈地感受到，不同时代对于教科书的不同需求。抗战时期革命根据地教科书，作为中国共产党在根据地进行全面深入社会动员的宣传载体，在中国新民主主义的历史画卷上乃至整个中国近现代历史上有着不可替代的地位和作用。可以毫不夸张地说，中国共产党通过教科书的宣传赢得了民众的支持，为取得最后胜利打下了最为重要的群众基础。而以往的研究，多集中在上层精英，受宏大叙事的影响，较少深入学校教科书内部探讨社会动员问题，忽视了抗日根据地海量教科书的作用。①

抗日根据地的教科书，以"乡村话语"体系为表达方式，在普及党的理念、宣传党的政策、确立党的领导的过程中起到了巨大的推动作用。因此从这一点来看，抗日根据地教科书的最大价值在于它借助"乡村话语"这种言说方式，得到了老百姓的广泛拥护和认可，并将中国共产党的思想传播到抗日根据地的各个角落。"乡村话语"融入政治色彩的内容，就实现了"乡村话语"的政治化和抗战化。这种"乡村话语"的教科书，通过系统的"论述"和一系列的"隐喻"，将乡村朴素的价值观、行为习惯和生活方式等易被广大农民接受的内容与中国共产党的方针、政策相联系，最终赢得了广大农民的拥护和支持。

当今教科书应该传承抗日根据地教科书中的经典。正如有学者指出："教科书应该传播'经典'，也应该成为'经典'，应该在泛化的、碎片化的知识

① 石鸥.红色星火——中国革命根据地教科书[M].广州：广东教育出版社 2016：序.

海洋里为学生树立起定海神针般的主流价值，树立起善良而美好的核心品质。”[①]抗战时期革命根据地教科书的编写有许多可取之处值得借鉴，也选入了许多经典的课文对当时的学生起到过重要的启蒙和动员作用，使之成为培育学生政治认同、民族认同、国家认同的重要手段。这些经典虽然在当下看来有些已经是过时之物，但是教科书承载经典的这种精神不能丢。如何重塑教科书的经典定位，让教科书承载经典，让教师教授经典。抗日根据地教科书承载着“抗战”这一主题，围绕这一主题，挖掘各个学科的经典内容，这样才能使得教科书的抗战社会动员更具有说服力，效果才会更好。我们应该以新时代“经典”为标准，重塑教科书的社会动员价值。

教科书的编写出版不仅需要大量的人力资源和物质条件，而且需要相对稳定的社会环境、充足的时间。可是这些条件在战争年代是基本不具备的。不断变化的社会局势也被要求适当反映在教科书里面。例如，各个革命根据地在进行中小学教科书的编写之前，相关人员都要对本区的实际情况进行更为细致的考察，这也是他们在中小学教科书编辑过程中遇到的难题。身处和平年代的我们很难想象在连温饱都难以解决的艰苦岁月里，教科书的编写人员是怎样编写教科书的，中间又经历了什么险阻才把教科书送到学生手中，学校的教师又是抱着什么样的心情一直坚持着自己的教学工作的。现代社会已经把教育放在了非常重要的位置，“教育兴国”是我们坚定不移的信念，在这过程中我们取得了显著的成果，教科书的作用和价值也开始被大量提及，尤其是近年来，教育部着手统编的语文、历史和道德与法制等教科书，让我们重新认识到了教科书的独特价值。

如今，中小学教科书的编辑出版随着时代变迁发生着翻天覆地的变化。但是不管社会怎么变化，教科书的编写以学生为出发点的初心始终坚持不变，必须遵循学生身心发展的规律，把理论和实际相结合，使学生既能学到基本的科学常识，又能培养他们乐于学习、勇于创新的兴趣。有鉴于此，革命根据地教科书的编辑出版给我们树立了很好的榜样，那就是即使条件再艰苦，也要编好中小学教材，也要保证教科书供应，也要用合适的话语来引

---

① 石鸥.教科书评论(2016)[M].北京:首都师范大学出版社,2017:卷首语.

导学生，以达到预期的目的。

简而言之，教科书作为一种全社会都关注的重要文本，它的意义绝不仅仅只是知识传播的载体。教科书关系到为谁培养人、培养什么人以及如何培养人的重大问题，甚至在一定意义上说，有什么样的教科书，就有什么样的青年一代，就有什么样的祖国未来。通过对抗战时期革命根据地教科书的分析，我们更加真切地体会到教科书的重大价值。教科书在价值观的塑造、社会意识形态的认同等方面都有不可替代的作用。因此在新时代，我们确实需要重新审视教科书的价值，认识到教科书作为社会动员工具和意识形态形塑工具的重大价值。只有这样，我们才能培养出社会主义的建设者和接班人，才能实现新时代中国特色社会主义建设大动员。虽然今天的时代和抗日战争的战争年代相比已经完全不一样了，但是教科书的价值和功能依然如初，它的强大动员功效不是削弱了，而是增强了。抗日根据地教科书的研究表明，我们对教科书的重大价值必须要有清醒的认识，对教科书作为意识形态形塑和社会动员工具的价值必须要有清醒的认识，需要对教科书进行顶层设计和总体把控，这样才能发挥教科书的独特价值。

二、坚持党的领导是确保教科书社会动员效果之本

从井冈山到陕甘宁，最后走向全中国，在革命根据地积累的关于教科书的宝贵经验决不能丢。在新时代、新社会，如何传承根据地时期教科书编撰的经验，也是当前教育研究所极度缺乏的。20 世纪 90 年代后，关于根据地教育的系统研究几乎没有进展，还是 90 年代初期中央教育科学研究所老一辈教研人员的成果，而对于革命根据地教科书的研究近几年才刚刚起步。因此，寻找新中国教科书之根、探寻教科书社会动员的力量之源、系统梳理教科书建设的基本经验也就成了当务之急。

坚持党的领导是确保教科书抗战社会动员效果的根本。抗日战争，是一场极其艰难复杂、曲折持久的战争，解决这场战争的方法，无论在哪一本共产主义书本里都找不到。但是，中国人民在中国共产党的带领下，取得了最终的胜利，这是中国共产党与各大抗日民主力量共同努力的结果，而教科书起到了重要的宣教作用。从旧式教育到抗日救国的抗战教育，学校课程

和教材发生了重大变化，传统乡村教育格局在一定程度上被打破。从抗日根据地抗战教育的实践和抗战教科书的编撰和使用来看，中国共产党才是抗战社会动员的领导力量。

（一）坚持党的领导，才能真正从人民的立场出发实施教科书的社会动员

在长期抗战的实践中，中国共产党以人民利益为出发点，坚持人民利益与民族利益的统一，在抗击日军的同时，积极在抗日民主根据地进行教育改革和课程教材改革，直接领导了抗日根据地的教育实践，得到了广大边区人民的高度认可，显示出了勃勃生机。在中国共产党的带领下，抗日根据地教科书里宣传着民族团结精神，宣传着抗日民族统一战线。抗日根据地教科书正是在中国共产党的直接领导下，才充分发挥了它的社会动员作用，极大程度地为抗战胜利贡献了力量。

中国共产党在抗战时期的教育方针根据抗战的不同情况而及时调整，在统一规划的情况下，实行公办和民办等多种办学形式，学校教育获得了大发展。抗战时期根据地教育的成功，证明了中国共产党的教育政策和教育举措是得当的，也是可行的。如今的教育发展与抗战时期根据地的教育状况相比有了巨大的进步，但是依然要看到，我们的教育发展还有较多的问题，尤其是地区发展不平衡、城乡发展不平衡的问题。为了推动教育事业的发展，中国共产党应该继续引领并推动各种社会力量，从解决人民对优质教育的需要和优质教育资源供给不足的基本矛盾出发，继续推进课程和教材的改革，以适应新形势下教育的高质量发展。

（二）坚持党的领导，才能根据实际情况对社会动员的具体方向进行科学调整

在抗日战争时期，中国共产党形成了自己独特的教育理念，开展新民主主义教育实践，编撰新民主主义教科书。革命根据地的教科书正是在中国共产党的领导下才得以蓬勃发展的。在抗日战争的特殊历史环境下，中国共产党依据社会主要矛盾，将教科书的社会动员指向了抗战领域。抗战时期中小学教科书的社会动员主要是抗战动员，而解放战争时期，由于国内主要矛盾发生了变化，教科书的内容随之进行了改编。新中国成立后，社会主

义建设成为最关键的问题，教科书在推动社会主义建设方面开始重点发力。因此，总体来看，中国共产党根据主要矛盾的变化、根据地社会发展的实际情况，不断调整教科书社会动员的主要方向。

(三)中国共产党有丰富的执政经验，能够有效领导教科书的社会动员

中国共产党经过百年发展，在各方面都已经开始走向成熟。现在的中国共产党，正在领导全国人民建设中国特色社会主义。现代化建设中离不开中国共产党的领导，离不开广大人民群众的大力支持和参与，也离不开教科书的广泛宣教。当然，中国共产党也在不断增强自身实力，提升领导水平，调动人民参与新时代中国特色社会主义建设的积极性。新时代教科书也在进行着新的社会动员工作，与党的各项政策紧密结合，全面推进新时代人才培养进程。历史已经一再证明，中国共产党的正确领导，是教科书社会动员方向正确、效果显著的根本保证。

三、教科书应以合适的形式来承担时代赋予的使命

抗战时期革命根据地中小学教科书主题鲜明、内容翔实、通俗易懂且极富时代的气息，赢得了广大人民群众的信赖，为抗战胜利贡献了自己的力量，完成了时代赋予的使命。

(一)教科书话语体系应凸显时代特色以期达到社会动员的效果

不同时代的教科书，有不同的话语体系，教科书话语体系应凸显时代特色，才能起到更好的社会动员的功效。抗日根据地教科书的“乡村话语”特色，可以从“论述”和“隐喻”两个方面进行阐释。

第一，以“论述”作为抗日根据地教科书中“乡村话语”的“言说单元”。我们可以把“论述”看作是一种规范性的、被管制的说话方式，它规范了我们在某个社会情境下说什么以及怎么说。具体到抗日根据地教科书领域，抗日救国、党的宣传、农村生产生活等内容是集中论述的内容，论述的方式则以老百姓能理解和接受的“乡村话语”形式展开。以乡村话语为基调的教科书不仅带给农民生活常识、科学知识，同时也带有主流政治文化的宣传，使“乡村话语”渐趋国家化、革命化。

以董纯才编撰的《初级新课本》为例，该课本是抗战爆发后陕甘宁抗日根据地编撰的新课本。这套课本被许多根据地模仿、翻印，具有一定的代表性。该套课本1938年首次出版时的内容以抗战和生产劳动等为主，“初级小学《国语》第二册编有三十四课，其中约有六成是以抗日为主题，其余则是鼓励生产劳动和宣传政府工作各半”。① 到1942年该套课本改编时，“将战争经验均衡地纳入到课本当中，主要是向学生宣传抗战中的职责，传达抗日必胜的政治信念”。② 如《放哨》《帮助抗属》《慰劳伤兵》《捉舅舅》《“扫荡”和反“扫荡”》等课文用孩子们熟悉的语言论述抗战的重要性，传达抗战必胜的信念；而《鹰蛇的斗争》《猫头鹰》《地下农夫》《好蜜蜂》《蛙的变化》等课文用孩子们熟悉的语言介绍他们身边的各种事物。全书以抗战为核心，搭配生产生活实际的内容，用老百姓的话说着老百姓关心的事，以此宣传抗战思想，宣传中国共产党的主张。这种话语言说方式是诸多根据地教科书的共同特征，乡村话语也成为当时论说的主流。

“乡村话语”的论述方式除了嵌入人文社科类的课程外，在其他课程中同样有所体现。以1942年3月晋察冀边区行政委员会编印的《抗战时期初级小学用 算术课本》第三册为例，具体内容如下：

> 丈、尺、寸的认识和应用；石、斗、升的认识和应用；不进位加法；不退位减法；物价调查；正方形和长方形的认识；单双数的认识；2的乘法；2的除法；3的乘法；3的除法；进位的加法；退位的减法；4的乘法；4的除法；5的乘法；5的除法。

从内容的直观感受来看，这些内容大多与日常生活相关，论述的都是孩子们熟悉的事物，使用的都是老百姓自己的语言。不论是正文内容还是课后练习，都体现了这种话语风格。如：

---

① 陕西师范大学教育研究所.陕甘宁边区教育资料：小学教育部分(上)[M].北京：教育科学出版社，1981：298.

② 石玉.“为抗战服务”的根据地课本[J].湖南师范大学教育科学学报，2015(4).

嫂嫂给子弟兵做衣服用布 3 丈 2 尺，缝手套用去 5 尺，缝手榴弹袋用去 7 尺，共用几丈几尺？

南庄和北庄两村，参加子弟兵的共 18 人，平均一村几人？

华民的爸爸在冬学里 2 天认了 12 个字，1 天认字几个？

总之，教科书，哪怕是数学教科书，编者的论述也是以老百姓理解和熟悉的方式展开，以乡村话语为纽带，将知识的习得和主流意识形态连接起来。

抗战时期教科书的乡村话语逐渐成为一种主流风气，将教科书的内在特质彰显出来。这种话语体系也成为教科书本身的内在规定性：符合这种话语的教科书被保留下来，不符合这种话语的教科书被要求修订。尤其是在整风运动中，以往脱离边区实际的内容选择与城市取向的论述方式受到批判，被大幅删减和修订。乡村话语的教科书被生产出来，并且具有当时时代独特的意义和价值。它生产的场域是乡村，它使用的场域亦主要为乡村，它的受众群体同样为乡村的师生百姓，由此注定了它的言说方式必定是乡村的，它在与乡民的互动中，生成了自己的文本逻辑，形塑了乡民的思想观念与行为方式，同时也满足了国家利益和乡民利益。

第二，以“隐喻”作为抗日根据地教科书中“乡村话语”的表达策略。古希腊思想家亚里士多德认为：“隐喻就是把一个事物的名称转用于另一个事物，要么从种转向类或由类转向种，要么根据类比关系从种转向种。”[①]德国学者卡西尔认为，隐喻是“有意识地以彼思想内容的名称指代此思想内容，是真正的‘移译’或‘翻译’”。[②] 英国学者麦克格拉斯认为隐喻“是一种言说方式，言此而意彼”。[③] 而赛尔给出了更为数学化的表达，指出隐喻就是“说 S 是 P 时，意味的是 S 是 R”。[④] 量化的隐喻分析一般借助隐喻载体词，即隐喻使用的具体词语，这些词语的语义会因隐喻的出现而发生转移，转移表现

---

① 〔法〕保罗·利科. 活的隐喻[M]. 汪堂家译，上海：上海译文出版社，2004：8.

② 黄欣荣. 复杂性科学的方法论研究[M]. 重庆：重庆大学出版社，2006：121.

③ 赵维森. 隐喻文化学[M]. 西安：西北大学出版社，2007：92.

④ 牛宏宝. 现代西方美学史[M]. 北京：北京大学出版社，2014：573.

在具体化、拟人化和非拟人化三个过程。① 量化的隐喻分析可以通过词频分析的方式进行。因为教科书中的隐喻可以是一句话，也可以是一段文字、一篇文章，或者许多文章形成一系列的集体隐喻，所以教科书中的隐喻也可以进行整体性的隐喻分析。

抗日根据地教科书将乡民接受和理解的内容以及根深蒂固的观念，与抗战、拥护共产党等联系起来，起到了解释、说服和移情等作用。如 1945 年晋冀鲁豫边区教育厅编撰的《战时新课本 国语常识合编》第六册第二十九课《星期六》：

> 一二三，一二三，一走走到王家滩。王家滩有个王大娘，儿子抗战在前方。叫一声，王大娘，今天又是星期六，我们给你来帮忙。
>
> 要挑水，水缸挑的满又满；要推磨，磨儿推的团团转。有啥事情都提出，我们都能照着办。

从整体性隐喻的观点来看，这篇课文看似在写孩子们周末去王大娘家帮忙挑水、推磨，做些力所能及的事情，但是把“王家滩”“王大娘”“儿子”“抗战”这些关键词汇连接一起就会发现，其实编者想表达的更深层的意义是照顾抗战人员家属。这类优待“抗属”的课文其实有很多，都是用乡民容易接受的语言，通过真实的乡村生活进行表达，进而赢得乡民的支持。

总之，乡村话语的教科书中内嵌着许多隐喻，而这些文章整体上塑造了这样一个集体隐喻：积极抗战和拥护中国共产党。这些内容通过乡民周围熟悉的人、熟悉的事表述出来，让乡民们感同身受，切身体会。乡民行为在意识形态化过程中，并非一味地接受，而是具有主体性和选择性，与他们生活相近的、发生在身边的、看得见的人和事是接受和模仿的对象，乡村话语也就在这样的环境中有了它的根基。

抗日根据地教科书社会动员采取“乡村话语”的方式进行，是中国共产党领导下的教科书编撰的重要实践，这种经验值得我们借鉴。“乡村话语”

① 孙亚. 隐喻与话语[M]. 北京：对外经济贸易大学出版社，2013：78.

的教科书在当时达到了抗战社会动员的目的，对书中内容熟读熟记的过程，实际上是对根据地乡村社会意识形态的改造和重塑的过程。中国共产党运用“乡村话语”的教科书，使得抗战这一重大的社会事件，转化为了边区人民所能理解、愿意接受的事情。边区民众的行为准则和规范，也在乡村话语的教科书中体现和规定着，进而使得他们的思想意识和行为与中国共产党的主张和要求保持了一致。当成千上万的学生接受了“乡村话语”教科书的宣教之后，抗战的方针政策、中国共产党的政治主张等都深入人心。

(二)教科书应不断革新以适应新时代社会动员的需要

在抗战期间，中国共产党将中小学教科书作为社会动员的中介。中小学教科书内容以抗战救国为主，宣传了中国共产党的抗日民族统一战线和全面抗战思想，提高了群众的抗战意识，为人民树立了抗战必胜的信念。同时，其内容具有极其鲜明的政治导向，号召人们参与抗战，为抗战作出贡献。抗日根据地教科书发展经历了三个阶段，教科书的社会动员重心根据抗战的重心变化而有所变化，教科书的内容选择和呈现方式也随之作出了相应的调整，不断与抗战和根据地生产生活实际相结合。例如，晋鲁豫边区课本在 1942 年到 1945 年做了多次调整，1943 年晋鲁豫高小地理第三册的封面是一群军人英勇上前线杀敌的画面，这一时期是抗战最为艰难的时期，而到了 1945 年，晋察冀战时新课本的封面开始关注后方的经济建设，突出生产和生活的景象。

教科书的革新还表现在遵循教科书自身发展的规律方面。抗日根据地教科书宣传抗战和民主科学思想，联系实际生活，根据儿童身心发展的特点，以更好地实现教科书社会动员的目标。如 1941 年 2 月，《陕甘宁边区小学教育实施纲要》中规定，边区小学教育“启发儿童的科学思想，发展儿童的审美观念，提高儿童的劳动兴趣，锻炼儿童的健壮体格，增进儿童生活所必需的知识”。[①] 在当时教育环境恶劣、经济落后、军事封锁、教科书缺乏的情况下，教师和学员白天上课，晚上进行抗战侦察活动，抑或白天生产，晚上到

① 周惠英. 中国教育同生产劳动相结合大事记(1930—1993)[M]. 北京：教育科学出版社，1995：16.

夜校培训。在如此艰难的条件下，根据地加紧发展学校教育，优化课程和教材，使之符合教育发展的课程规律，在尊重客观规律的基础上适当革新改造，使得教科书的社会动员价值得到了最大程度的发挥。

总之，每个时代的教科书都有它特有的时代使命。中国特色社会主义进入新时代，我国社会的主要矛盾是人民日益增长的美好生活需要和不平衡不充分的发展之间的矛盾。因此，教科书的社会动员要为人民美好生活的需要贡献力量，要有利于促进社会生产力的平衡和充分发展。教科书应该把准时代的脉搏，通过内容的选择和组织，以教科书的话语言说方式，来适应不同时代的需要。教科书最终回答的是“为谁培养人”“培养什么样的人”和“如何培养人”的问题。革命战争年代，教科书的使命是完成“革命”、是“救亡图存”、是“争得解放”；新时代的教科书要为新时代的社会发展添砖加瓦，要为建设新时代中国特色社会主义出力。只有顺应时代发展的潮流、顺势而为，教科书的社会动员价值才能得到有效发挥。

四、教科书的社会动员须顺应教科书的特性和规律

任何事物都有其自身所特有的属性和规律。教科书作为学校教学用书，是一种特殊的文本，也有其自身所特有的属性和规律，这也是教科书区别于其他事物之根本所在。教科书是传播知识、普及道理的教学用书，是学校教学中重要的和基本的教学材料。这也是对教科书本质的基本认识。

教科书有众多属性，如教育性、教学性、思想性、文化性等，然而在众多属性中，教学性是教科书的根本属性。[①] 教科书的教学性是指教科书作为教与学的特殊文本，具有特有的便于教和便于学的特性。教科书之所以是教科书，而不是其他的报纸、杂志、小说等读物，就在于教科书是专门用于教与学的学习材料，是学校教育最重要的中介。教科书的教学性主要从可教性、易学性、增效性、合宜性等方面进行具体考量。正如当代著名语言学家、教育家张志公所言：“教材……你编得再好，那里面的道理讲得多么透彻，理论讲得多么深刻，学生接受不了，也没有用；教师不好操作，你也没能达到目

① 李新，石鸥．教学性作为教科书的根本属性及实践路径[J]．课程・教材・教法，2016(8)．

的，完成任务。”[①]美国学者戴顿也认为：“教科书是为学生设计的某一学程的学科内容的书面性指导材料，这是教科书的明显的本质特征。”[②]由此可见，教科书的教学性是教科书的立身之本，这一观点得到了较多教育家的支持。我们不能以教科书的政治性为由，打压甚至抛弃教科书的教学性，否则教科书的社会动员功效会被严重削弱。

此外，教科书在编写过程中还有一些基本的原则，例如教科书的开发需要按照不同学科的特点，体现科学性与思想性；强调内容的基础性；在保证科学性的前提下，教材还要考虑大多数学生和大多数学校的适用性；合理体现各科知识的逻辑顺序和受教育者学习的心理顺序；兼顾同一年级各门学科内容之间的关系和同一学科各年级教材之间的衔接等。[③] 我们在编写和使用教科书时，需要遵循这些基本规律和原则，否则就可能走弯路，教科书的开发质量也会受到影响，进而影响到教科书的社会动员效果。

在全面抗战初期，中国共产党在敌后抗日根据地教育和教科书建设方面经验相对欠缺，在教科书的编写方面有一些过度政治化的倾向。参与当时教科书编写的辛安亭就在此后的总结中提及：“由于一般的宣传材料太多，基础知识的教育成分太少，过分注重当时当地，教材的编排太没有系统了。”[④]因此在 1940 年教科书改编时，在贯彻抗日的教育政策、坚持抗日化的前提下，注意教材的科学化与儿童化、长期性与全国性。[⑤]

当然，我们并不否认教科书的政治属性，也不否认教科书的政治功能，因为教材建设自古以来就是重要的国家事权，教科书必须体现一定的政治需要和国家意志。但是，这种政治需要和国家意志，应该在尊重教科书本质属性和基本

---

① 张志公. 语文教材的编写与使用——在北京顺义县语文教师培训会上的讲话[J]. 中学语文教学，1996(2).

② 孔凡哲. 教科书质量研究方法的探索：以义务教育数学课程标准实验教科书为例[M]. 北京：人民教育出版社，2008：136.

③ 姚玲，雍克勤. 教育学基础与案例教程[M]. 北京：国防工业出版社，2014：151.

④ 《中国教育大系》编纂出版委员会. 中国教育大系：马克思主义与中国教育(下)[M]. 武汉：湖北教育出版社，1994：1208.

⑤ 《中国教育大系》编纂出版委员会. 中国教育大系：马克思主义与中国教育(下)[M]. 武汉：湖北教育出版社，1994：1208.

规律的基础上进行。如果脱离了教学，教科书纯粹沦为政治宣教的工具，那么它就达不到政治宣教的作用，甚至连存在的根本价值也将被动摇，最终功亏一篑。所以，把教科书作为社会动员工具使用时，需要充分考虑教科书的独特性，尤其应该顺应教科书的特性和规律，不能不顾教科书的本质特性，不能逆教科书的基本规律而行，否则教科书的社会动员将会偏离方向，社会动员的效果也会大打折扣。

结 语

抗日战争的胜利是中华民族伟大复兴的历史转折点。这场旷日持久的反侵略战争之所以能取得胜利，与中国共产党带领广大人民群众共同抗战密不可分。在此期间，革命根据地中小学教科书发挥了巨大的抗战社会动员作用。仔细翻阅这些破旧的教科书，你就不难理解，为什么在艰苦卓绝的烽火岁月，中国共产党能够以如此微弱的力量，成功地动员千百万民众拥护党的领导、接受党的教育、投身全民抗战、实现救亡图存。

我们将抗战时期革命根据地中小学教科书的发展分为了三个阶段，分别是逐步正规化阶段（1937 年至 1938 年）、规范与整顿阶段（1939 年至 1943 年）、发展与改造阶段（1944 年至 1945 年），并对每个阶段的发展历史作了翔实梳理。接着，分析了各阶段根据地教科书的出版发行情况，对陕甘宁、晋察冀、晋冀鲁豫等主要抗日根据地的教科书出版情况进行了介绍，对抗日根据地的出版发行机构（如新华书店、华北书店等）进行了简要介绍；在此基础上分析了教科书的编审流程和主要编撰群体（尤其是编撰者董纯才、辛安亭等）。在对抗日根据地中小学教科书有了总体把握的基础上，我们进一步从理论层面阐释教科书的社会动员问题，对社会动员、教科书社会动员等核心概念作了词源学上的讨论，并且重点阐释了教科书社会动员的基本内涵及其本质。同时，我们分析了一般意义上的教科书社会动员的特征，主要包括目的性、参与性、协同性和教化性等。教科书的社会动员也有一个基本的动员过程，包括动员的准备阶段、动员的实施阶段、动员的评价与改进阶段。

我们还将教科书的社会动员划分为政治动员、经济动员、文化动员和军事动员四个主要类型，作为社会动员的基本分析框架。

抗日根据地教科书社会动员的历史分析和理论分析是后续研究的重要基础。在对教科书社会动员基本问题有所把握的前提下，我们从革命根据地中小学教科书抗战社会动员的指导思想与目标定位、主要内容、历史审思三个大的维度深入讨论革命根据地教科书的抗战社会动员问题。我们认为，革命根据地中小学教科书抗战社会动员的指导思想包括新民主主义思想、全面抗战思想、抗战优先思想，四个目标分别为服务抗战大局、争取抗战胜利，加强党的领导、实现民主政治，坚持自力更生、助力社会生产，学习实用知识、提高文化水平。这也是评价教科书抗战社会动员的效果的基本依据。

根据前面的理论分析，我们将革命根据地中小学教科书抗战社会动员划分为抗战政治动员、经济动员、文化动员和军事动员。抗战政治动员表现在加强“政治宣传”，追求“政治认同”，实现“政治参与”；抗战经济动员集中体现在描绘抗日根据地的经济形势，宣传中国共产党的经济政策，阐释抗日根据地经济发展的措施；抗战文化动员重点体现在新民主主义文化动员方面，包括教科书的民族文化动员、科学文化动员、大众文化动员；抗战军事动员集中体现在传播科学的军事思想，提供有力的军队保障，介绍国际国内军事形势，动员群众踊跃参军等方面。

全面分析研究革命根据地中小学教科书之后，我们开始系统反思其抗战社会动员问题。从效果上看，它为抗日战争的胜利提供了舆论支持，巩固和加强了中国共产党的领导，全面促进了抗日根据地的生产发展，显著提升了边区人民的文化水平，培养了众多为抗战和根据地建设服务的新型知识分子，总体上较好地实现了预期的社会动员目标。同时，我们专门分析了革命根据地中小学教科书抗战社会动员的特点，认为其除了有教科书社会动员的一般特征之外，还突出地体现在目标上有为民性、内容上有全面性、形式上有时代性、过程上有持续性等特点。其抗战社会动员作用给我们提供了诸多启示、经验和教训，促使我们重新认识教科书作为社会动员工具的重大价值，同时认识到坚持党的领导是确保教科书社会动员效果之本。我们认为教科书应以合适的形式来承担时代赋予的使命，此外也应清醒地认识到，通过教科书进行社会动员必须符合教科书的特性和规律。

研究不止，反思不止。正如有学者指出："作为根据地拥有最多读者的宣传载体，教科书在普及党的理念、宣传党的政策、确立党的领导过程中的作用和经验远没有被挖掘出来。"[①]当我们回眸曾经的沧桑岁月时，我们不能忽视也无法忽视共产党人将自己对历史、对世界、对国家前途的总体理解和把握熔铸在小小的课本中，以此传播共产主义理想，启迪广大民众，发动全民族的持久抗战。这些教科书成为抗日战争赢得最后胜利的生动注解。

对革命根据地教科书的研究才刚刚起步，本研究也还存在一些问题。从研究的时间范围来看，整个抗战时期应该是1931年至1945年，而我们的研究局限在了全面抗战时期，未能反映14年抗战的全貌。这既是本研究的不足，也是今后需要继续深入研究的方向。此外，对革命根据地中小学教科书的定量分析还有待进一步加强。本研究重点采用了文献研究法、理论分析法、历史研究法等方法，同时对教科书进行了一些话语分析和内容分析，但是对教科书进行定量研究以论证其抗战社会动员方面还有待进一步加强。

"始生之物，其形必丑。"唯愿更多的学者加入到根据地教科书研究的队伍中来，用高水平的研究成果彰显红色教材培根铸魂、启智增慧的时代使命。抗日根据地教科书研究领域还有许多的问题，留待后来者继续探究和寻求解答。希望本研究能起到抛砖引玉的作用，如有不足与谬误之处，敬请方家指正。

① 石鸥．红色星火——中国革命根据地教科书[M]．广州：广东教育出版社，2016：序．

参考文献

一、著作类

[1]叶波澄.抗战言论集[M].武汉:汉口现代出版社,1937.

[2]包清岑.抗战文选(第1—4辑)[M].南京:拔提书店,1938.

[3]李公朴.民众动员论[M].上海:生活书店,1938.

[4]谭丕模.抗战文化动员[M].长沙:中苏文化协会湖南分会,1938.

[5]舒群.西北特区抗战动员记[M].延安:解放出版社印行,1938.

[6]殷锡琪.战时粮食动员问题[M].南京:中山文化教育馆编印,1938.

[7]韩亮仙.中国经济动员论[M].上海:国际问题研究会,1939.

[8]罗敦伟.战时经济总动员论[M].重庆:南方印书馆印行,1942.

[9]陕西师范大学教育研究所.陕甘宁边区教育资料(教育方针政策部分)[M].北京:教育科学出版社,1981.

[10]陕西师范大学教育研究所.陕甘宁边区教育资料(小学教育部分)[M].北京:教育科学出版社,1981.

[11]陕西师范大学教育研究所.陕甘宁边区教育资料(中等教育部分)[M].北京:教育科学出版社,1981.

[12]江西省档案馆,中共江西省委党校党史研究室.中央革命根据地史料选编[M].南昌:江西人民出版社,1982.

[13]河北省社会科学院历史研究所等.晋察冀抗日根据地史料选编[M].石家庄:河北人民出版社,1983.

[14]龚古今,唐培吉. 中国抗日战争史稿[M]. 武汉:湖北人民出版社,1983.

[15]山东档案馆,山东社会科学院历史研究所. 山东革命历史档案资料选编[M]. 济南:山东人民出版社,1983.

[16]陕西省档案馆,陕西省社会科学院. 陕甘宁边区政府文件选编[M]. 北京:北京档案出版社,1986—1988.

[17]中央教育科学研究所. 老解放区教育资料(二):抗日战争时期[M]. 北京:教育科学出版社,1986.

[18]江西省档案馆. 闽浙赣革命根据地史料选编(下册)[M]. 南昌:江西人民出版社,1987.

[19]皇甫束玉等. 中国革命根据地教育纪事(1927. 8—1949. 9)[M]. 北京:教育科学出版社,1989.

[20][日]池田诚. 抗日战争与中国民众——中国的民族主义与民主主义[M]. 中国人民抗日战争纪念馆编研部译校,北京:求实出版社,1989.

[21]邓力群. 学习《论持久战》哲学笔记[M]. 北京:人民出版社,1990.

[22]王谦. 晋察冀边区教育资料选编·初等教育分册[M]. 石家庄:河北教育出版社,1990.

[23]董纯才. 中国革命根据地教育史[M]. 北京:教育科学出版社,1991.

[24]毛泽东. 毛泽东选集[M]. 北京:人民出版社,1991.

[25]严帆. 中央革命根据地新闻出版史[M]. 南昌:江西高校出版社,1991.

[26]中央档案馆. 中共中央文件选集(11—15 册)[M]. 北京:中共中央党校出版社,1991.

[27]肖效钦,钟兴锦. 抗日战争文化史(1937—1945)[M]. 北京:中共党史出版社,1992.

[28][日]内田知. 山西抗日民族统一战线和民众动员[M]. 田酉如译,北京:中共党史出版社,1992.

[29]陈元晖. 中国近代教育史资料汇编[M]. 上海:上海教育出版

社,1993.

[30]中共中央文献研究室. 毛泽东年谱(1893—1949)[M]. 北京:人民出版社,中央文献出版社,1993.

[31]中央档案馆,陕西省档案馆. 中共陕甘宁边区党委文件汇集(1937年—1939年)[M]. 北京:中央档案馆,1994.

[32]韩永录. 毛泽东战争动员思想概论[M]. 北京:军事科学出版社,1995.

[33]李新,陈铁健等. 中国新民主主义革命史长编[M]. 上海:上海人民出版社,1994—1995.

[34][德]卡尔·马克思,[德]费里德里希·恩格斯. 马克思恩格斯选集[M]. 中共中央马克思恩格斯列宁斯大林著作编译局编绎,北京:人民出版社,1995.

[35]陶自成,王春芳. 毛泽东战役思想概论[M]. 北京:军事科学出版社,1996.

[36]王建军. 中国近代教科书发展研究[M]. 广州:广东教育出版社,1996.

[37]中共中央宣传部办公厅,中央档案馆编研部. 中国共产党宣传工作文献选编(1937—1949)[M]. 北京:学习出版社,1996.

[38][法]米歇尔·福柯. 知识考古学[M]. 谢强,马日译,北京:生活·读书·新知三联书店,2003.

[39]唐正芒. 南方局领导的大后方抗战文化运动[M]. 长沙:湖南师范大学出版社,1999.

[40]金一鸣. 中国社会主义教育的轨迹[M]. 上海:华东师范大学出版社,2000.

[41]陈向明. 教师如何作质的研究[M]. 北京:教育科学出版社,2001.

[42]李国强. 中央苏区教育史[M]. 南昌:江西教育出版社,2001.

[43]李智勇. 陕甘宁边区政权形态与社会发展(1937—1945)[M]. 北京:中国社会科学出版社,2001.

[44][德]卡尔·曼海姆. 意识形态和乌托邦[M]. 艾彦译,北京:华夏出

版社,2001.

[45]高凌飚.基础教育教材评价:理论与工具[M].北京:人民教育出版社,2002.

[46][英]诺曼·费尔克拉夫.话语与社会变迁[M].殷晓蓉译,北京:华夏出版社,2003.

[47]郑保卫.中国共产党新闻思想史[M].福州:福建人民出版社,2004.

[48]张羽.战争动员发展史[M].北京:军事科学出版社,2004.

[49]樊吉厚,李茂盛等.华北抗日战争史[M].太原:山西人民出版社,2005.

[50][美]阿普尔,史密斯.教科书政治学[M].侯定凯译,上海:华东师范大学出版社,2005.

[51][英]彼得·卡尔佛特.革命与反革命[M].张长东等译,长春:吉林人民出版社,2005.

[52][美]沃尔特·李普曼.公众舆论[M].阎克文、江红译,上海:上海人民出版社,2006.

[53]文贵良.话语与生存——解读战争年代文学(1937—1948)[M].上海:上海书店出版社,2007.

[54]肖去岭,钱刚.井冈山革命根据地文化建设史[M].南昌:江西人民出版社,2007.

[55][德]汉娜·阿伦特.论革命[M].陈周旺译,南京:译林出版社,2007.

[56]孔凡哲.教科书质量研究方法的探索——以义务教育数学课程标准实验教科书为例[M].北京:人民教育出版社,2008.

[57]汪家熔.民族魂——教科书的变迁[M].北京:商务印书馆,2008.

[58]谢利民,钱扑.中小学教材比较研究[M].北京:中国人民大学出版社,2009.

[59][美]斯蒂芬·李特约翰,[美]凯伦·福斯.人类传播理论(第9版)[M].史安斌译.北京:清华大学出版社,2009.

[60]中共中央党史研究室.中国共产党历史:第一卷(1921—1949)[M].北京:中共党史出版社,2011.

[61]石鸥,吴小鸥.中国近现代教科书史[M].长沙:湖南教育出版社,2012.

二、期刊类

[1]辛安亭.启发心智——《陕甘宁边区编写教材的经验》的一部分[J].西北师大学报(社会科学版),1979(2).

[2]任钟印.论抗日战争时期陕甘宁边区的两次教育改革[J].华中师院学报(哲学社会科学版),1984(2).

[3]郑涵慧.抗日战争时期陕甘宁边区教育方针研讨[J].西北大学学报(哲学社会科学版),1984(2).

[4]张秦英,刘汉华.陕甘宁边区社会教育的特点[J].西北大学学报(哲学社会科学版),1985(3).

[5]葛伟星.中国革命根据地的历史教育初探[J].辽宁教育学院学报,1992(4).

[6]张腾霄.新民主主义教育理论的形成和发展[J].中国人民大学学报,1992(2).

[7]李国强.苏区教育的伟大开拓者与领导者——学习毛泽东苏区教育理论与实践[J].江西教育科研,1993(5).

[8]李忠康.略论党在抗日根据地的教育政策[J].山西师大学报(社会科学版),1995,22(3).

[9]吴洪成.试论抗战时期陕甘宁边地区的小学教育[J].西南师范大学学报(哲学社会科学版),1995(3).

[10]陈辉.革命根据地学校历史课程设置与改革述论[J].四川师范大学学报(社会科学版),1998(3).

[11]邓红.论晋察冀边区的社会教育[J].抗日战争研究,1999(2).

[12]高华.试论延安教育的价值和意义[J].江苏社会科学,1999(6).

[13]宋荐戈.略论新民主主义教育思想的形成和发展[J].河北师范大

学学报(教育科学版),1999(3).

[14]包爱芹.敌后抗日根据地的干部教育[J].山东师范大学学报(人文社会科学版),2002,47(6).

[15]黄正林.论抗战时期陕甘宁边区社会教育的几个问题[J].河北大学学报(哲学社会科学版),2003,28(4).

[16]陈卫京.试论陕甘宁边区小学教育的发展[J].延安教育学院学报,2004,18(3).

[17]唐正芒.中共抗战教育思想与陕甘宁边区的干部教育[J].湖湘论坛,2005(5).

[18]黄正林.社会教育与抗日根据地的政治动员——以陕甘宁边区为中心[J].中共党史研究,2006(2).

[19]郭夏云.简论抗战时期晋冀农村冬学教育的意义[J].晋阳学刊,2007(2).

[20]郭夏云.中国乡村教育的改革与实践——以抗战时期根据地的小学教育为例[J].教育理论与实践(学科版),2007(12).

[21]刘建德,梁严冰.论抗战时期陕甘宁边区的干部教育[J].云南行政学院学报,2008,10(3).

[22]苏泽龙.1941—1949年的山西冬学与乡村社会——以文化变迁为视角的区域社会史研究[J].社会科学战线,2008(2).

[23]张玮,杨优帅.抗战时期陕甘宁边区的干部教育[J].教育理论与实践,2008,28(16).

[24]张孝芳.抗战时期陕甘宁边区的社会教育运动与乡村社会变迁[J].山东社会科学,2008(8).

[25]牛文琴.山西抗日根据地国民小学教育初探[J].史志学刊,2009(6).

[26]王涛.晋察冀边区干部教育的实践与反思[J].中共山西省委党校学报,2009,32(5).

[27]赵娟.试论革命根据地的教材建设及其现实启示[J].河北师范大学学报(教育科学版),2009,11(7).

[28]李波.论陕甘宁边区干部教育的历史经验[J].理论学刊,2010(1).

[29]石鸥,曾艳华.小课本大宣传——根据地教科书研究之一[J].湖南师范大学教育科学学报,2010,9(5).

[30]吴小鸥,葛越.从星星之火到燎原之势——革命根据地教科书发展概览[J].湘南学院学报,2010(6).

[31]吴小鸥,杨红波.试论革命根据地教科书的政治动员[J].广西社会主义学院学报,2010(6).

[32]张丽梅.抗战时期中国共产党民众社会动员方式研究[J].社会科学战线,2010(12).

[33]程晓敏.马克思主义大众化视域中的陕甘宁边区社会教育[J].重庆文理学院学报(社会科学版),2011(2).

[34]李祥兴,程晓敏.抗战时期陕甘宁边区的社会教育与政治社会化[J].山西师大学报(社会科学版),2011(1).

[35]石鸥,吴驰.中国革命根据地教科书的政治宣传效应[J].教育学报,2011,7(3).

[36]王廷军.戏剧与抗战时期的社会动员[J].社会科学战线,2011(10).

[37]徐彬.概念史与中国共产党的历史演进——以抗战时期中国共产党政治动员为考察中心[J].中共浙江省委党校学报,2011(4).

[38]金红宇.略论中央苏区时期的教育——以苏区小学教材建设为考察中心[J].学术评论,2012(2).

[39]张红春,雷国珍.论《群众》周刊在抗战初期的政治动员[J].中共党史研究,2013(6).

[40]石鸥,廖巍.课本也抗战——试论“战时教科书”[J].课程·教材·教法,2015,35(9).

[41]石玉.“为抗战服务”的根据地课本[J].湖南师范大学教育科学学报,2015,14(4).

[42]马小泉,尚方超.抗战时期“中华全国文艺界抗敌协会”文化动员考论[J] 中州学刊,2016(11).

[43]李小尉.新四军苏中抗日根据地的“三冬”运动与社会动员[J].中国高校社会科学,2017(1).

[44]郭辉，李百胜.历史记忆与社会动员：抗战动员中的“文天祥”记忆[J].福建论坛（人文社会科学版），2018(6).

[45]刘金菊，李永强.马克思主义社会动员力理论研究——以抗战时期中共为中心[J].社会科学家，2020(3).

三、学位论文类

[1]曾天山.基础教育教材若干理论问题研究[D].西北师范大学博士学位论文，1995.

[2]任丹凤.中小学教科书编制设计的理论与实践研究[D].华东师范大学博士学位论文，2003.

[3]毕苑.中国近代教科书研究[D].北京师范大学博士学位论文，2004.

[4]张丽梅.抗日战争时期国共两党社会动员研究[D].东北师范大学博士学位论文，2008.

[5]张红春.《群众》周刊的抗战政治动员研究[D].湘潭大学博士学位论文，2013.

[6]范伟.抗战动员中的《新中华报》研究[D].华中师范大学博士学位论文，2019.

[7]贺治方.国家治理现代化进程中社会动员研究[D].中共中央党校博士学位论文，2019.

[8]黎博.抗战歌曲的爱国主义动员研究[D].中国地质大学博士学位论文，2019.

[9]乔傲龙.《晋绥日报》与边区社会文化动员研究[D].山西大学博士学位论文，2019.

[10]赵沛.全面抗战时期陕甘宁边区经济政策研究[D].西北大学博士学位论文，2019.

四、外文文献

[1]Lawrence K. Rosinger：China’s Wartime Politics(1937—1944)[M].

Princeton University Press, 1944.

[2]Michael Lindsay. Note on educational problems in communist China, 1941—47[J]. New York, International Secretariat, Institute of Pacific Relations, 1950.

[3]Lucian W. Pye, Sidney Verba. Political Culture and Political Development[M]. Princeton University Press, 1965.

[4]Elizabeth M. Eltinge, Carl W. Roberts. Linguistic Content Analysis: A Method to Measure Science as Inquiry in Textbooks[J]. Journal of Research in Science Teaching, 1993, 30(1).

[5]Suzanne Pepper. Radicalism and Education Reform in 20th-Century China: The Search for an Ideal Development Model[M]. New York: Cambridge University Press, 1996.

[6] Vilma Seeberg. The Rhetoric and Reality of Mass Education in Mao's China[M]. New York: E. Mellen Press, 2000.

[7]Deneen Ann Gilmour, Aaron Quanbeck. Hegemony: Quiet Control Over Convergence Textbook Content[J]. Review of Communication, 2010, 10(4).

[8]Katalin Morgan . Reflexive Grappling with Theory and Methods of Text Analysis: Race and Racism Represented in History Textbooks[J]. South African Historical Journal, 2010, 62(4).

[9]Charalambos Y. Charalambous, Seán Dalaney, Vilma Mesa. A Comparative Analysis of the Addition and Subtraction of Fractions in Textbooks from Three Countries[J]. Mathematical Thinking and Learning, 2010, 12(2).

后 记

在抗日战争的特殊历史时期，中国共产党人以其深邃的历史眼光和敏锐的革命意识，拿起了教科书这一思想宣传利器，上演了一出通过小小课本进行抗战社会动员的大戏。本书尝试总结革命根据地中小学教科书抗战社会动员的历史经验，全面审视教科书这一特殊媒介非凡的力量，这对促进新形势下通过教科书进行社会宣传、引导社会舆论具有重要的现实指导意义。

全书借助大量教科书实物，将全面抗战时期革命根据地中小学教科书如何发挥抗战社会动员作用的历史画卷缓缓铺陈开来，阐述了教科书社会动员的特征、过程与类型，分析了革命根据地中小学教科书抗战社会动员的指导思想与目标定位，进而从政治、经济、文化和军事动员等方面深入剖析了教科书的抗战社会动员问题，最后对革命根据地中小学教科书抗战社会动员的效果进行了评析，总结了教科书抗战社会动员特点及经验，认为在全面抗战的大背景下，根据地教科书承担起了抗战社会动员的重要任务，完成了它神圣的使命，为抗日战争的胜利提供了重要的舆论支持。

正所谓“前事不忘，后事之师”，“以史为鉴，可知兴替”，根据地教科书抗战社会动员的这段历史值得我们后人细致爬梳、深入挖掘。

本书所有教科书实物均来自首都师范大学教育学部主任、资深教授石鸥先生的私人收藏，没有这些珍贵的文本支撑，就不可能完成本研究。因此，本书付梓，首先要感谢恩师石鸥教授。本人 2007 年初入“石门”，追随先生从事教科书相关研究，一晃已有 15 个年头。从最初对教科书进行拍照、扫描、存档等基础工作开始，到教科书相关资料收集、整理、汇编，再到参与团队教科书著作的撰写，最后独立开展教科书研究；从硕士时期的“文革”中小学语文教科书研究，到博士时期的乡土教科书研究，再到博士后时期的革命根据地教科书研究，一直在“教科书”这个圈圈里打转。此中诸多坎坷艰辛，亦有不少惊喜收获。“学非探其花，要自拔其根”，接下来的很长一段时间，依然还会深耕教科书这一领域 。

本书是在本人主持的国家社科基金项目“革命根据地中小学教科书的抗战社会动员研究”以及博士后出站报告的基础上修改而成，同时参考吸收了前期参与导师中国近现代教科书史研究的相关成果。在研究过程中，得到了同门的大力支持，尤其是嘉兴学院的石玉副教授和邯郸学院的李彦群博士，他们的成果是本研究的重要基础。另外，我的学生贺美伶、聂莉、杨长伟、蒋盈等参与了本研究的基础性工作，一并予以感谢。

此外，我还要感谢湖南师范大学教育科学学院刘铁芳院长、汪植英书记、容中逵副院长，他们一直支持和关心我的工作、生活，感谢学院以学科经费支持本书的出版；感谢湖南第一师范学院教育学院杨杨博士的辛勤付出，她参与了全书的统筹，撰写了部分内容；感谢安徽教育出版社为本书出版发行所做的工作。我们在写作中也参考借鉴了许多同行专家的成果，特此致谢。

我也要郑重地感谢我的家人，父母年事虽高，但依然坚持数年蜗居在城里帮我带孩子，两个调皮的小男孩，想想得费多少心。没有他们的付出，我也很难安心写作。唯愿二老身体安康，快活到老。感谢大儿子李天然，小儿子李一然，你俩是我生命中最好、最重要的礼物，希望你俩一直健康、快乐。

最后，革命根据地中小学教科书研究属于一个小众领域，目前尚处于研究的起步阶段。本研究亦有诸多疏漏之处，恳请各位读者批评。

是为记。

李新

2022 年 8 月 31 日凌晨于长沙城郊涉外桃园家中